DISCOURS DE LA MÉTHODE ET MÉDITATIONS MÉTAPHYSIQUES

RENÉ DESCARTES

Le Contenu

Table
Des Matières Contenues Dans Le Tome Premier.

RENÉ DESCARTE

PAR THOMAS,

DISCOURS QUI A REMPORTÉ LE PRIX DE L'ACADÉMIE FRANÇAISE EN 1765.

Lorsque les cendres de DESCARTES, né en France et mort en Suède, furent rapportées, seize ans après sa mort, de Stockholm à Paris; lorsque tous les savants, rassemblés dans un temple, rendoient à sa dépouille des honneurs qu'il n'obtint jamais pendant sa vie, et qu'un orateur se préparait à louer devant cette assemblée le grand homme qu'elle regrettait, tout-à-coup il vint un ordre qui défendit de prononcer cet éloge funèbre. Sans doute on pensoit alors que les grands seuls ont droit aux éloges publics; et l'on craignit de donner à la nation l'exemple dangereux d'honorer un homme qui n'avoit eu que le mérite et la distinction du génie. Je viens, après cent ans, prononcer cet éloge. Puisse-t-il être digne et de celui à qui il est offert, et des sages qui vont l'entendre! Peut-être au siècle de Descartes on étoit encore trop près de lui pour le bien louer. Le temps seul juge les philosophes comme les rois, et les met à leur place.

Le temps a détruit les opinions de Descartes, mais sa gloire subsiste. Il est semblable à ces rois détrônés qui, sur les ruines même de leur empire, paroissent nés pour commander aux hommes. Tant que la philosophie et la vérité seront quelque chose sur la terre, on honorera celui qui a jeté les fondements de nos connaissances, et recréé, pour ainsi dire, l'entendement humain. On louera Descartes par admiration, par reconnoissance, par intérêt même; car si la vérité est un bien, il faut encourager ceux qui la cherchent.

Ce seroit aux pieds de la statue de Newton qu'il faudroit prononcer l'éloge de Descartes; ou plutôt ce seroit à Newton à louer Descartes. Qui mieux que lui seroit capable de mesurer la carrière parcourue avant lui?

Aussi simple qu'il étoit grand, Newton nous découvriroit toutes les pensées que les pensées de Descartes lui ont fait naître. Il y a des vérités stériles, et pour ainsi dire mortes, qui n'avancent de rien dans l'étude de la nature: il y a des erreurs de grands hommes qui deviennent fécondes en vérités. Après Descartes, on a été plus loin que lui; mais Descartes a frayé la route. Louons Mage llan d'avoir fait le tour du globe; mais rendons justice à Colomb, qui le premier a soupçonné, a cherché, a trouvé un nouveau monde.

Tout dans cet ouvrage sera consacré à la philosophie et à la vertu. Peut-être y a-t-il des hommes dans ma nation qui ne me pardonneroient point l'éloge d'un philosophe vivant; mais Descartes est mort, et depuis cent quinze ans il n'est plus; je ne crains ni de blesser l'orgueil ni d'irriter l'envie. Pour juger Descartes, pour voir ce que l'esprit d'un seul homme a ajouté à l'esprit humain, il faut voir le point d'où il est parti. Je peindrai donc l'état de la philosophie et des sciences au moment où naquit ce grand homme; je ferai voir comment la nature le forma, et comment elle prépara cette révolution qui a eu tant d'influe nce. Ensuite je ferai l'histoire de ses pensées. Ses erreurs mêmes auront je ne sais quoi de grand. Ou verra l'esprit humain, frappé d'une lumière nouvelle, se réveiller, s'agiter, et marcher sur ses pas. Le mouvement philosophique se communiquera d'un bout de l'Europe à l'autre. Cependant, au milieu de ce mouvement général, nous reviendrons sur Descartes; nous contemplerons l'homme en lui; nous chercherons si le génie donne des droits au bonheur; et nous finirons peut-être par répandre des larmes sur ceux qui, pour le bien de l'humanité et leur propre malheur, sont condamnés à être de grands hommes.

La philosophie, née dans l'Égypte, dans l'Inde et dans la Perse, avoit été en naissant presque aussi barbare que les hommes. Dans la Grèce, aussi féconde que hardie, elle avoit créé tous ces systèmes qui expliquoient l'univers, ou par le principe des éléments, ou par l'harmonie des nombres, ou par les idées éternelles, ou par des combinaisons de masses, de figures et de mouvements, ou par l'activité de la forme qui vient s'unir à la matière. Dans Alexandrie, et à la cour des rois, elle avoit perdu ce caractère original et ce principe de fécondité que lui avoit donné un pays libre. A Rome, parmi des maîtres et des esclaves, elle avoit été également stérile; elle s'y étoit occupée, ou à flatter la curiosité des princes, ou à lire dans les astres la chute des tyrans. Dans les premiers siècles de l'église, vouée aux enchantements et aux mystères, elle avoit cherché à lier commerce avec les puissances célestes ou infernales. Dans Constantinople, elle avoit tourné autour des idées des anciens Grecs, comme autour des bornes du monde. Chez les Arabes, chez ce peuple doublement esclave et par sa religion et par son gouvernement, elle avoit eu ce même caractère d'esclavage, bornée à commenter un homme, au lieu d'étudier la nature. Dans les siècles barbares de l'Occident, elle n'avoit été qu'un jargon absurde et insensé que consacroit le fanatisme et qu'adoroit la superstition. Enfin, à la

renaissance des lettres, elle n'avoit profité de quelques lumières que pour se remettre par choix dans les chaînes d'Aristote. Ce philosophe, depuis plus de cinq siècles, combattu, proscrit, adoré, excommunié, et toujours vainqueur, dictoit aux nations ce qu'elles devoient croire; ses ouvrage s étant plus connus, ses erreurs étoient plus respectées. On négligeoit pour lui l'univers; et les hommes, accoutumés depuis longtemps à se passer de l'évidence, croyoient tenir dans leurs mains les premiers principes des choses, parce que leur ignorance hardie prononçoit des mots obscurs et vagues qu'ils croyoient entendre.

Voilà les progrès que l'esprit humain avoit faits pendant trente siècles. On remarque, pendant cette longue révolution de temps, cinq ou six hommes qui ont pensé, et créé des idées; et le reste du monde a travaillé sur ces pensées, comme l'artisan, dans sa forge, travaille sur les métaux que lui fournit la mine. Il y a eu plusieurs siècles de suite où l'on n'a point avancé d'un pas vers la vérité; il y a eu des nations qui n'ont pas contribué d'une idée à la masse des idées générales. Du siècle d'Aristote à celui de Descartes, j'aperçois un vide de deux mille ans. Là, la pensée originale se perd, comme un fleuve qui meurt dans les sables, ou qui s'ensevelit sous terre, et qui ne reparoît qu'à mille lieues de là, sous de nouveaux cieux et sur une terre nouvelle. Quoi donc! y a-t-il pour l'esprit humain des temps de sommeil et de mort, comme il y en a de vie et d'activité? ou le don de penser par soi-même est-il réservé à un si petit nombre d'hommes? ou les grandes combinaisons d'idées sont-elles bornées par la nature, et s'épuisent-elles avec rapidité? Dans cet état de l'esprit humain, dans cet engourdissement général, il falloit un homme qui remontât l'espèce humaine, qui ajoutât de nouvea ux ressorts à l'entendement, qui se ressaisît du don de penser, qui vît ce qui étoit fait, ce qui restoit à faire, et pourquoi les progrès avoient été suspendus tant de siècles; un homme qui eût assez d'audace pour renverser, assez de génie pour reconstruire, assez de sagesse pour poser des fondements sûrs, assez d'éclat pour éblouir son siècle et rompre l'enchantement des siècles passés; un homme qui étonnât par la grandeur de ses vues; un homme en état de rassembler tout ce que les sciences avoient imaginé ou découvert dans tous les siècles, et de réunir toutes ces forces dispersées pour en composer une seule force avec laquelle il remuât pour ainsi dire l'univers; un homme d'un génie actif, entreprenant, qui sût voir où personne ne voyoit, qui désignât le but et qui traçât la route, qui, seul et sans guide, franchît par-dessus les précipices un intervalle immense, et entraînât après lui le genre humain. Cet homme devoit être Descartes. Ce seroit sans doute un beau spectacle de voir comment la nature le prépara du loin et le forma; mais qui peut suivre la nature dans sa marche? Il y a sans doute une chaîne des pensées des hommes depuis l'origine du monde jusqu'à nous; chaîne qui n'est ni moins mystérieuse ni moins grande que celle des êtres physiques. Les siècles ont influé sur les siècles, les nations sur les nations, les vérités sur les erreurs, les erreurs sur les vérités. Tout se tient dans l'univers; mais qui pourrait tracer la ligne? On peut du moins entrevoir ce rapport général; on peut dire que, sans cette foule d'erreurs qui ont inondé le monde, Descartes peut-être n'eût point trouvé la route de la vérité. Ainsi chaque philosophe en s'égarant avançoit le terme. Mais, laissant là les temps trop reculés, je veux chercher dans le siècle même de Descartes, ou dans ceux qui ont immédiatement précédé sa naissance, tout ce qui a pu servir à le former en influant sur son génie.

Et d'abord j'aperçois dans l'univers une espèce de fermentation générale. La nature semble être dans un de ces moments où elle fait les plus grands efforts: tout s'agite; on veut partout remuer les anciennes bornes, on veut étendre la sphère humaine. Vasco de Gama découvre les Indes, Colomb découvre l'Amérique, Cortès et Pizarro subjuguent des contrées immenses et nouvelles, Magellan c herche les terres australes, Drake fait le tour du monde. L'esprit des découvertes anime toutes les nations. De grands changements dans la politique et les religions ébranlent l'Europe, l'Asie et l'Afrique. Cette secousse se communique aux sciences. L'astr onomie renaît dès le quinzième siècle. Copernic rétablit le système de Pythagore et le mouvement de la terre; pas immense fait dans la nature! Tycho-Brahé ajoute aux observations de tous les siècles; il corrige et perfectionne la théorie des planètes, détermine le lieu d'un grand nombre d'étoiles fixes, démontre la région que les comètes occupent dans l'espace. Le nombre des phénomènes connus s'augmente. Le législateur des deux paroît; Kepler confirme ce qui a été trouvé avant lui, et ouvre la route à des vérités nouvelles. Mais il falloit de plus grands secours. Les verres concaves et convexes, inventés par hasard au treizième siècle, sont réunis trois cents ans après, et forment le premier télescope. L'homme touche aux extrémités de la création. Galilée fait dans les cieux ce que les grands navigateurs faisoient sur les mers; il aborde à de nouveaux mondes. Les satellites de Jupiter sont connus. Le mouvement de la terre est confirmé par les phases de Vénus. La géométrie est appliquée à la doctrine du mouvement. La force accélératrice dans la chute des corps est mesurée; on découvre la pesanteur de l'air, on entrevoit son élasticité. Bacon fait le dénombrement des connoissances humaines et les juge: il annonce le besoin de refaire des idées nouvelles, et prédit quelque chose de grand pour les siècles à venir. Voilà ce que la nature avoit fait pour Descartes avant sa naissance; et comme par la boussole elle avoit réuni les parties les plus éloignées du globe, par le télescope rapproché de la terre les dernières limites des cieux, par l'imprimerie elle avoit établi la communication rapide du mouvement entre les esprits d'un bout du monde à l'autre.

Tout étoit disposé pour une révolution. Déjà est né celui qui doit faire ce grand changement[1]; il ne reste à la nature que d'achever son ouvrage, et de mûrir Descartes pour le genre humain, comme elle a mûri le genre humain pour lui. Je ne m'arrête point sur son éducation[2]; dès qu'il s'agit des âmes extraordinaires, il n'en faut point parler. Il y a une éducation pour l'homme vulgaire; il n'y en a point d'autre pour l'homme de génie que celle qu'il se donne à lui-même: elle consiste presque toujours à détruire la première. Descartes, par celle qu'il reçut, jugea son siècle. Déjà il voit au-delà; déjà il imagine et pressent un nouvel ordre des sciences: tel, de Madrid ou de Gènes, Colomb pressentoit l'Amérique.

La nature, qui travailloit sur cette âme et la disposoit insensiblement aux grandes choses, y avoit mis d'abord une forte passion pour la vérité. Ce fut là pe ut-être son premier ressort. Elle y ajoute ce désir d'être utile aux hommes, qui s'étend à tous les siècles et à toutes les nations; désir qu'on ne s'étoit point encore avisé de calomnier. Elle lui donne ensuite, pour tout le temps de sa jeunesse, une activité inquiète[3], ces tourments du génie, ce vide d'une âme que rien ne remplit encore, et qui se fatigue à chercher autour d'elle ce qui doit la fixer. Alors elle le promène dans l'Europe entière, et fait passer rapidement sous ses yeux les plus grands spectacles. Elle lui présente, en Hollande, un peuple qui brise ses chaînes et devient libre, le fanatisme germant au sein de la liberté, les querelles de la religion changées en factions d'état; en Allemagne, le choc de la ligue protestante et de la ligue catholique, le commencement d'un carnage de trente années; aux extrémités de la Pologne, dans le Brandebourg, la Poméranie et le Holstein, les contre -coups de cette guerre affreuse; en Flandre, le contraste de dix provinces opulentes restées soumises à l'Es pagne, tandis que sept provinces pauvres combattoient depuis cinquante ans pour leur liberté; dans la Valteline, les mouvements de l'ambition espagnole, les précautions inquiètes de la cour de Savoie; eu Suisse, des lois et des moeurs, une pauvreté fière, une liberté sans orages; à Gênes, toutes les factions des républiques, tout l'orgueil des monarchies; à Venise, le pouvoir des nobles, l'esclavage du peuple, une liberté tyrannique; à Florence, les Médicis, les arts, et Galilée; à Rome, toutes les nations rassemblées par la religion, spectacle qui vaut peut-être bien celui des statues et des tableaux; en Angleterre, les droits des peuples luttant contre ceux des rois, Charles Ier sur le trône, et Cromwell encore dans la foule[4]. L'âme de Descartes, à travers tous ces objets, s'élève et s'agrandit. La religion, la politique, la liberté, la nature, la morale, tout contribue à étendre ses idées; car l'on se trompe si l'on croit que l'âme du philosophe doit se concentrer dans l'objet particulier qui l'occupe. Il doit tout embrasser, tout voir. Il y a des points de réunion où toutes les vérités se touchent; et la vérité universelle n'est elle-même que la chaîne de tous les rapports. Pour voir de plus près le genre humain sous toutes les faces, Descartes se mêle dans ces jeux sanglants des rois, où le génie s'épuise à détruire, et où des milliers d'hommes, assemblés contre des milliers d'hommes, exercent le meurtre par art et par principes[5]. Ainsi Socrate porta les armes dans sa jeunesse. Partout il étudie l'homme et le monde. Il analyse l'esprit humain; il observe les opinions, suit leur progrès, examine leur influence, remonte à leur source. De ces opinions, les unes naissent du gouvernement, d'autres du climat, d'autres de la religion, d'autres de la forme des langues, quelques unes des moeurs, d'autres des lois, plusieurs de toutes ces causes réunies: il y en a qui sortent du fond même de l'esprit humain et de la constitution de l'homme, et celles -là sont à peu près les mêmes chez tous les peuples; il y en a d'autres qui sont bornées par les montagnes et par les fleuves, car chaque pays a ses opinions comme ses plantes: toutes ensemble forment la raison du peuple. Quel spectacle pour un philosophe! Descartes en fut épouvanté. Voilà donc, dit-il, la raison humaine! Dès ce moment il sentit s'ébranler tout l'édifice de ses connoissances: il voulut y porter la main pour achever de le renverser; mais il n'avoit point encore assez de force, et il s'arrêta. Il poursuit ses observations; il étudie la nature physique: ta ntôt il la considère dans toute son étendue, comme ne formant qu'un seul et immense ouvrage; tantôt il la suit dans ses détails. La nature vivante et la nature morte, l'être brut et l'être organisé, les différentes classes de grandeurs et de formes, les destructions et les renouvellements, les variétés et les rapports, rien ne lui échappe, comme rien ne l'étonne. J'aime à le voir debout sur la cime des Alpes, élevé, par sa situation, au-dessus de l'Europe entière, suivant de l'oeil la course du Pô, du Rhin, du Rhône et du Danube, et de là s'élevant par la pensée vers les deux, qu'il paroît toucher, pénétrant dans les réservoirs destinés à fournir à l'Europe ces amas d'eaux immenses; quelquefois observant à ses pieds les espèces innombrables de végétaux semés par la nature sur le penchant des précipices, ou entre les pointes des rochers; quelquefois mesurant la hauteur de ces montagnes de glace, qui semblent jetées dans les vallons des Alpes pour les combler, ou méditant profondément à la lueur des orages[6]. Ah! c'est dans ces moments que l'âme du philosophe s'étend, devient immense et profonde comme la nature; c'est alors que ses idées s'élèvent et parcourent l'univers. Insatiable de voir et de connoître, partout où il passe, Descartes interroge la vérité; il la demande à tous les lieux qu'il parcourt, il la poursuit de pays en pays. Dans les villes prises d'assaut, ce sont les savants qu'il cherche. Maximilien de Bavière voit dans Prague, dont il s'est rendu maître, la capitale d'un royaume conquis; Descartes n'y voit que l'ancien séjour de Tycho-Brahé. Sa mémoire y étoit encore récente; il interroge tous ceux qui l'ont connu, il suit les traces de ses pensées; il rassemble dans les conversations le génie d'un grand homme. Ainsi voyageoient autrefois les Pythagore, et les Platon, lorsqu'ils alloient dans l'Orient étudier ces colonnes, archives des nations et monuments des découvertes antiques. Descartes, à leur exemple, ramasse tout ce qui peut l'instruire. Mais tant d'idées acquises dans ses voyages ne lui auroient encore servi de rien, s'il n'avoit eu l'art de se les approprier par des méditations profondes; art si nécessaire au philosophe, si inconnu au vulgaire, et peut-être si étranger à l'homme. En effet, qu'est-ce que méditer? C'est ramener au dedans de nous notre existence répandue tout entière au dehors; c'est nous retirer de l'univers pour habiter dans notre âme; c'est anéantir toute l'activité des sens pour augmenter celle de la pensée; c'est rassembler en un point toutes les forces de l'esprit; c'est mesurer le temps, non plus par le mouvement et par l'espace, mais par la succession lente ou rapide des idées. Ces méditations, dans Descartes, avoient tourné en habitude[7]; elles le suivoient partout: dans les voyages, dans les camps, dans les occupations les plus tumultueuses, il avoit toujours un asile prêt où son âme se retiroit au besoin. C'étoit là qu'il appeloit ses idées; elles accouroient en foule: la méditation les faisoit naître, l'esprit géométrique venoit les enchaîner. Dès sa jeunesse il s'étoit avidement attaché aux mathématiques, comme au seul objet qui lui présentoit l'évidence[8]. C'étoit là que son âme se reposoit de l'inquiétude qui la tourmentoit partout ailleurs. Mais, dégoûté bientôt de spéculations abstraites, le désir de se rapprocher des hommes le rentraînoit à l'étude de la nature. Il se livroit à toutes les sciences: il n'y trouvoit pas la certitude de la géométrie, qu'elle ne doit qu'à la simplicité de son objet; mais il y transportoit du moins la méthode des géomètres. C'est d'elle qu'il apprenoit à fixer toujours le sens des termes, et à n'en abuser jamais; à décomposer l'objet de son étude, à lier les conséquences aux principes; à remonter par l'analyse, à descendre par la synthèse. Ainsi l'esprit géométrique affermissoit sa marche; mais le courage et l'esprit d'indépendance brisoient devant lui les barrières pour lui frayer des routes. Il étoit né avec l'audace qui caractérise le génie; et sans doute les événements dont il avoit été témoin, les grands spectacles de liberté qu' il avoit vus en Allemagne, en Hollande, dans la Hongrie et dans la Bohème, avoient contribué à développer encore en lui cette fierté d'esprit naturelle. Il osa donc concevoir l'idée de s'élever contre les tyrans de la raison. Mais, avant de détruire tous les préjugés qui étoient sur la terre, il falloit commencer par les détruire en lui-même. Comment y parvenir? comment anéantir des formes qui ne sont point notre ouvrage, et qui sont le résultat nécessaire de mille combinaisons faites sans nous? Il falloit, pour ainsi dire, détruire son âme et la refaire. Tant de difficultés n'effrayèrent point Descartes. Je le vois, pendant près de dix ans, luttant contre lui-même pour secouer toutes ses opinions. Il demande compte à ses sens de toutes les idées qu'ils ont portées dans son âme; il examine tous les tableaux de son imagination, et les compare avec les objets réels; il descend dans l'intérieur de ses perceptions, qu'il analyse; il parcourt le dépôt de sa mémoire, et juge tout ce qui y est rassemblé. Partout il poursuit le préjugé, il le chasse de retraite en retraite; son entendement, peuplé auparavant d'opinions et d'idées, devient un désert immense, mais où désormais la vérité peut entrer[9].

Voilà donc la révolution faite dans l'âme de Descartes: voilà ses idées anciennes détruites. Il ne s'agit plus que d'en créer d'autres. Car, pour changer les nations, il ne suffit point d'abattre; il faut reconstruire. Dès ce moment, Descartes ne pense plus qu'à élever une philosophie nouvelle. Tout l'y invite; les exhort ations de ses amis, le désir de combler le vide qu'il avoit fait dans ses idées, je ne sais quel instinct qui domine le grand homme, et, plus que tout cela, l'ambition de faire des découvertes dans la nature, pour rendre les hommes moins misérables ou plus heureux. Mais, pour exécuter un pareil dessein, il sentit qu'il falloit se cacher. Hommes du monde, si fiers de votre politesse et de vos avantages, souffrez que je vous dise la vérité; ce n'est jamais parmi vous que l'on fera ni que l'on pensera de grandes choses. Vous polissez l'esprit, mais vous énervez le génie. Qu'a-t-il besoin de vos vains ornements? Sa grandeur fait sa beauté. C'est dans la solitude que l'homme de génie est ce qu'il doit être; c'est là qu'il rassemble toutes les forces de son âme. A uroit-il besoin des hommes? N'a-t-il pas avec lui la nature? et il ne la voit point à travers les petites formes de la société, mais dans sa grandeur primitive, dans sa beauté originale et pure. C'est dans la solitude que toutes les heures laissent une trace, que tous les instants sont représentés par une pensée, que le temps est au sage, et le sage à lui-même. C'est dans la solitude surtout que l'âme a toute la vigueur de l'indépendance. Là elle n'entend point le bruit des chaînes que le despotisme et la superstition secouent sur leurs esclaves: elle est libre comme la pensée de l'homme qui existeroit seul. Cette indépendance, après la vérité, étoit la plus grande passion de Descartes. Ne vous en étonnez point; ces deux passions tiennent l'une à l'autre. La vérité est l'aliment d'une âme fière et libre, tandis que l'esclave n'ose même lever les yeux jusqu'à elle. C'est cet amour de la liberté qui engage Descartes à fuir tous les engagements, à rompre tous les petits liens de société, à renoncer à ces emplois qui ne sont trop souvent que les chaînes de l'orgueil. Il falloit qu'un homme comme lui ne fût qu'à la nature et au genre humain. Descartes ne fut donc ni magistrat, ni militaire, ni homme de cour[10]. Il consentit à n'être qu'un philosophe, qu'un homme de génie, c'est-à-dire rien aux yeux du peuple. Il renonce même à son pays; il choisit une retraite dans la Hollande. C'est dans le séjour de la liberté qu'il va fonder une philosophie libre. Il dit adieu à ses parents, à ses amis, à sa patrie; il part[11]. L'amour de la vérité n'est plus dans son coeur un sentiment ordinaire; c'est un sentiment religieux qui élève et remplit son âme. Dieu, la nature, les hommes, voilà quels vont être, le reste de sa vie, les objets de ses pensées. Il se consacre à cette occupation aux pieds des autels. O jour, ô moment remarquable dans l'histoire de l'esprit humain! Je crois voir Descartes, avec le respect dont il étoit pénétré pour la Divinité, entrer dans le temple, et s'y prosterner. Je crois l'entendre dire à Dieu: O Dieu, puisque tu m'as créé, je ne veux point mourir sans avoir médité sur tes ouvrages. Je vais chercher la vérité, si tu l'as mise sur la terre. Je vais me rendre utile à l'homme, puisque je suis homme. Soutiens ma foiblesse, agrandis mon esprit, rends-le digne de la nature et de toi. Si tu permets que j'ajoute à la perfection des hommes, je te rendrai grâce en mourant, et ne me repentirai point d'être né.

Je m'arrête un moment: l'ouvrage de la nature est achevé. Elle a préparé avant la naissance de Descarte s tout ce qui devoit influer sur lui; elle lui a donné les prédécesseurs dont il avoit besoin; elle a jeté dans son sein les semences qui devoient y germer; elle a établi entre son esprit et son âme les rapports nécessaires; elle a fait passer sous ses yeux tous les grands spectacles et du monde physique et du monde moral; elle a rassemblé autour de lui, ou dans lui, tous les ressorts; elle a mis dans sa main tous les instruments: son travail est fini. Ici commence celui de Descartes. Je vais faire l'histoire de ses pensées: on verra une espèce de création; elle embrassera tout ce qui est; elle présentera une machine immense, mue avec peu de ressorts: on y trouvera le grand caractère de la simplicité, l'enchaînement de toutes les parties, et souvent, comme dans la nature physique, un ordre réel caché sous un désordre apparent.

Je commence par où il a commencé lui-même. Avant de mettre la main à l'édifice, il faut jeter les fondements; il faut creuser jusqu'à la source de la vérité; il faut établir l'évidenc e, et distinguer son caractère. Nous avons vu Descartes renverser toutes les fausses opinions qui étoient dans son âme; il fait plus, il s'élève à un doute universel[12]. Celui qui s'est trompé une fois peut se tromper toujours. Aussitôt les cieux, la terr e, les figures, les sons, les couleurs, son corps même, et les sens avec lesquels il voyage dans l'univers, tout s'anéantit à ses yeux. Rien n'est assuré, rien n'existe. Dans ce doute général, où trouver un point d'appui? Quelle première vérité servira de base à toutes les vérités? Pour Dieu, cette première vérité est partout. Descartes la trouve dans son doute même. Puisque je doute, je pense; puisque je pense, j'existe. Mais à quelle marque la reconnoît -il?

A l'empreinte de l'évidence. Il établit donc pour principe de ne regarder comme vrai que ce qui est évident, c'est-à-dire ce qui est clairement contenu dans l'idée de l'objet qu'il contemple. Tel est ce fameux doute philosophique de Descartes. Tel est le premier pas qu'il fait pour en sortir, et la première règle qu'il établit. C'est cette règle qui a fait la révolution de l'esprit humain. Pour diriger l'entendement, il joint l'analyse au doute. Décomposer les questions et les diviser en plusieurs branches; avancer par degrés des objets les plus simples aux plus composés, et des plus connus aux plus cachés; combler l'intervalle qui est entre les idées éloignées et le remplir par toutes les idées intermédiaires; mettre dans ces idées un tel enchaînement que toutes se déduisent aisément les unes des autres, et que les énoncer, ce soit pour ainsi dire les démontrer; voilà les autres règles qu'il a établies, et dont il a donné l'exemple[13]. On entrevoit déjà toute la marche de sa philosophie. Puisqu'il faut commencer par ce qui est évident et simple, il établira des principes qui réunissent ce double caractère. Pour raisonner sur la nature, il s'appuiera sur des axiomes, et déduira des causes générales tous les effets particuliers. Ne craignons pas de l'avouer, Descartes a tracé un plan trop élevé pour l'homme ; ce génie hardi a eu l'ambition de connoître comme Dieu même connoît, c'est-à-dire par les principes: mais sa méthode n'en est pas moins la créatrice de la philosophie. Avant lui, il n'y avoit qu'une logique de mots. Celle d'Aristote apprenoit plus à définir et à diviser qu'à connoître; à tirer les conséquences, qu'à découvrir les principes. Celle des scolastiques, absurdement subtile, laissoit les réalités pour s'égarer dans des abstractions barbares. Celle de Raimond Lulle n'étoit qu'un assemblage de caractères magiques pour interroger sans entendre, et répondre sans être entendu. C'est Descartes qui créa cette logique intérieure de l'âme, par laquelle l'entendement se rend compte à lui-même de toutes ses idées, calcule sa marche, ne perd jamais de vue le point d'où il part et le terme où il veut arriver; esprit de raison plutôt que de raisonnement, et qui s'applique à tous les arts comme à toutes les sciences.

Sa méthode est créée: il a fait comme ces grands architectes qui, concevant des ouvrages nouvea ux, commencent par se faire de nouveaux instruments et des machines nouvelles. Aidé de ce secours, il entre dans la métaphysique. Il y jette d'abord un regard. Qu'aperçoit-il? une audace puérile de l'esprit humain, des êtres imaginaires, des rêveries profondes, des mots barbares; car, dans tous les temps, l'homme, quand il n'a pu connoître, a créé des signes pour représenter des idées qu'il n'avoit pas, et il a pris ces signes pour des connoissances. Descartes vit d'un coup d'oeil ce que devoit être la méta physique. Dieu, l'âme, et les principes généraux des sciences, voilà ses objets[14]. Je m'élève avec lui jusqu'à la première cause. Newton la chercha dans les mondes; Descartes la cherche dans lui-même. Il s'étoit convaincu de l'existence de son âme; il avoit senti en lui l'être qui pense, c'est-à-dire l'être qui doute, qui nie, qui affirme, qui conçoit, qui veut, qui a des erreurs, qui les combat. Cet être intelligent est donc sujet à des imperfections. Mais toute idée d'imperfection suppose l'idée d'un être plus parfait. De l'idée du parfait naît l'idée de l'infini. D'où lui naît cette idée? Comment l'homme, dont les facultés sont si bornées, l'homme qui passe sa vie à tourner dans l'intérieur d'un

cercle étroit, comment cet être si foible a-t-il pu embrasser et concevoir l'infini? Cette idée ne lui est-elle pas étrangère? ne suppose-t-elle pas hors de lui un être qui en soit le modèle et le principe? Cet être n'est -il pas Dieu? Toutes les autres idées claires et distinctes que l'homme trouve en lui ne renferment que l'existence possible de leur objet: l'idée seule de l'être parfait renferme une existence nécessaire. Cette idée est pour Descartes le commencement de la grande chaîne. Si tous les êtres créés sont une émanation du premier être, si toutes les lois qui font l'ordre physique et l'ordre moral sont, ou des rapports nécessaires que Dieu a vus, ou des rapports qu'il a établis librement, en connoissant ce qui est le plus conforme à ses attributs, on connoîtra les lois primitives de la nature. Ainsi la connoissance de tous les êtres se trouve enchaînée à celle du premier. C'est elle aussi qui affermit la marche de l'esprit humain, et sert de base à l'évidence; c'est elle qui, en m'apprenant que la vérité éternelle ne peut me tromper, m'ordonne de regarde r comme vrai tout ce que ma raison me présentera comme évident.

Appuyé de ce principe, et sûr de sa marche, Descartes passe à l'analyse de son âme. Il a remarqué que, dans son doute, l'étendue, la figure et le mouvement s'anéantissoient pour lui. Sa pensé e seule demeuroit; seule elle restoit immuablement attachée à son être, sans qu'il lui fût possible de l'en séparer. Il peut donc concevoir distinctement que sa pensée existe, sans que rien n'existe autour de lui. L'âme se conçoit donc sans le corps. De là naît la distinction de l'être pensant et de l'être matériel. Pour juger de la nature des deux substances, Descartes cherche une propriété générale dont toutes les autres dépendent: c'est l'étendue dans la matière; dans l'âme, c'est la pensée. De l'étendue naissent la figure et le mouvement; de la pensée naît la faculté de sentir, de vouloir, d'imaginer. L'étendue est divisible de sa nature; la pensée, simple et indivisible. Comment ce qui est simple appartiendroit-il à un être composé de parties? comment des milliers d'éléments, qui forment un corps, pourroient-ils former une perception ou un jugement unique? Cependant il existe une chaîne secrète entre l'âme et le corps. L'âme n'est-elle que semblable au pilote qui dirige le vaisseau? Non; elle fait un tout avec le vaisseau qu'elle gouverne. C'est donc de l'étroite correspondance qui est entre les mouvements de l'un et les sensations ou pensées de l'autre, que dépend la liaison de ces deux principes si divisés et si unis[15]. C'est ainsi que Descartes tourne autour de son être, et examine tout ce qui le compose. Nourri d'idées intellectuelles, et détaché de ses sens, c'est son âme qui le frappe le plus. Voici une pensée faite pour étonner le peuple, mais que le philosophe concevra sans peine. Descartes est plus sûr de l'existence de son âme que de celle de son corps. En effet, que sont toutes les sensations, sinon un avertissement éternel pour l'âme qu'elle existe? Peut-elle sortir hors d'elle-même sans y rentrer à chaque instant par la pensée? Quand je parcoure tous les objets de l'univers, ce n'est jamais que ma pensée que j'aperçois. Mais comment cette âme franchit -elle l'intervalle immense qui est entre elle et la matière? Ici Descartes reprend son analyse et le fil de sa méthode. Pour juger s'il existe des corps, il consulte d'abord ses idées. Il trouve dans son âme les idées générales d'étendue, de grandeur, de figure, de situation, de mouvement, et une foule de perceptions particulières. Ces idées lui apprennent bien l'existence de la matière, comme obje t mathématique, mais ne lui disent rien de son existence physique et réelle. Il interroge ensuite son imagination. Elle lui offre une suite de tableaux où des corps sont représentés; sans doute l'original de ces tableaux existe, mais ce n'est encore qu'une probabilité. Il remonte jusqu'à ses sens. Ce sont eux qui font la communication de l'âme et de l'univers; ou plutôt ce sont eux qui créent l'univers pour l'âme. Ils lui portent chaque portion du monde en détail; par une métamorphose rapide, la sensation devient idée, et l'âme voit dans cette idée, comme dans un miroir, le monde qui est hors d'elle. Les sens sont donc les messagers de l'âme. Mais quelle foi peut-elle ajouter à leur rapport? Souvent ce rapport la trompe. Descartes remonte alors jusqu'à Dieu. D'un côté, la véracité de l'Être suprême; de l'autre, le penchant irrésistible de l'homme à rapporter ses sensations à des objets réels qui existent hors de lui: voilà les motifs qui le déterminent, et il se ressaisit de l'univers physique qui lui échappoit.

Ferai-je voir ce grand homme, malgré la circonspection de sa marche, s'égarant dans la métaphysique, et créant son système des idées innées? Mais cette erreur même tenoit à son génie. Accoutumé à des méditations profondes, habitué à vivre loin des sens, à chercher dans son âme ou dans l'essence de Dieu, l'origine, l'ordre et le fil de ses connoissances, pouvoit-il soupçonner que l'âme fût entièrement dépendante des sens pour les idées? N'étoit-il pas trop avilissant pour elle qu'elle ne fût occupée qu' à parcourir le monde physique pour ramasser les matériaux de ses connoissances, comme le botaniste qui cueille ses végétaux, ou à extraire des principes de ses sensations, comme le chimiste qui analyse les corps? Il étoit réservé à Locke de nous donner sur les idées le vrai système de la nature, en développant un principe connu par Aristote et saisi par Bacon, mais dont Locke n'est pas moins le créateur, car un principe n'est créé que lorsqu'il est démontré aux hommes. Qui nous démontrera de même ce que c'est que l'âme des bêtes? quels sont ces êtres singuliers, si supérieurs aux végétaux par leurs organes, si inférieurs à l'homme par leurs facultés? quel est ce principe qui, sans leur donner la raison, produit en eux des sensations, du mouvement et de la vie? Quelque parti que l'on embrasse, la raison se trouble, la dignité de l'homme s'offense, ou la religion s'épouvante. Chaque système est voisin d'une erreur; chaque route est sur le bord d'un précipice. Ici Descartes est entraîné, par la force des conséquences et l'enchaînement de ses idées, vers un système aussi singulier que hardi, et qui est digne au moins de la grandeur de Dieu. En effet, quelle idée plus sublime que de concevoir une multitude innombrable de machines à qui l'organisation tient lieu de principe intelligent; dont tous les ressorts sont différents, selon les différentes espèces et les différents buts de la création; où tout est prévu, tout combiné pour la conservation et la reproduction des êtres; où toutes les opérations sont le résultat toujours sûr des lois du mouvement; où toutes les causes qui doivent produire des millions d'effets sont arrangées jusqu'à la fin des siècles, et ne dépendent que de la correspondance et de l'harmonie de quelque partie de matière? Avouons -le, ce système donne la plus grande idée de l'art de l'éternel géomètre, comme l'appeloit Platon. C'est ce même caractère de grandeur que l'on a retrouvé depuis dans l'harmonie préétablie de Leibnitz, caractère plus propre que tout autre à séduire les hommes de génie, qui aiment mieux voir tout en un instant dans une grande idée, que de se traîner sur des détails d'observations et sur quelques vérités éparses et isolées.

Descartes s'est élevé à Dieu, est descendu dans son âme, a saisi sa pensée, l'a séparée de la matière, s'est assuré qu'il existoit des corps hors de lui. Sûr de tous les principes de ses connoissances, il va maintenant s'élancer dans l'univers physique; il va le parcourir, l'embrasser, le connoître: mais auparavant il perfectionne l'instrument de la géométrie, dont il a besoin. C'est ici une des parties les plus solides de la gloire de Descartes; c'est ici qu'il a tracé une route qui sera éternellement marquée dans l'histoire de l'esprit humain. L'algèbre étoit créée depuis longtemps. Cette géométrie métaphysique, qui exprime tous les rapports par des signes universels, qui facilite le calcul en le généralisant, opère sur les quantités inconnues comme si elles étoient connues, accélère la marche et augmente l'étendue de l'esprit en substituant un signe abrégé à des combinaisons nombreuses; cette science, inventée par les Arabes, ou du moins transportée par eux en Espagne, cultivée par les Italiens, avoit été agrandie et perfectionnée par un Français: mais, malgré les découvertes importantes de l'illustre Viète, malgré un pas ou deux qu'on avoit faits après lui en Angleterre, il restoit encore beaucoup à découvrir. Tel étoit le sort de Descartes, qu'il ne pouvoit approcher d'une science sans qu'aussitôt elle ne prît une face nouvelle. D'abord il travaille sur les méthodes de l'analyse pure: pour soulager l'imagination, il diminue le nombre des signes; il représente par des chiffres les puissances des quantités, et simplifie, pour ainsi dire, le mécanisme algébrique. Il s'élève ensuite plus haut: il trouve sa fameuse méthode des indéterminées, artifice plein d'adresse, où l'art, conduit par le génie, surprend la vérité en paraissant s'éloigner d'elle; il apprend à connoître le nombre et la nature des racines dans chaque équation par la combinaison successive des signes; règle aussi utile que simple, que la jalousie et l'ignorance ont attaquée, que la rivalité nationale, a disputée à Descartes, et qui n'a été démontrée que depuis quelques années[A]. C'est ainsi que les grands hommes découvrent, comme par inspiration, des vérités que les hommes ordinaires n'entendent quelquefois qu'au bout de cent ans de pratique et d'étude; et celui qui démontre ces vérités après eux acquiert encore une gloire immortelle. L'algèbre ainsi perfectionnée, il restoit un pas plus difficile à faire. La méthode d'Apollonius et d'Archimède, qui fut celle de tous les anciens géomètres, exacte

et rigoureuse pour les démonstrations, étoit peu utile pour les découvertes. Semblable à ces machines qui dépensent une quantité prodigieuse de forces pour peu de mouvement, elle consumoit l'esprit dans un détail d'opérations trop compliquées, et le traînoit lentement d'une vérité à l'autre. Il falloit une méthode plus rapide; il falloit un instrument qui élevât le géomètre à une hauteur d'où il pût domine r sur toutes ses opérations, et, sans fatiguer sa vue, voir d'un coup d'oeil des espaces immenses se resserrer comme en un point: cet instrument, c'est Descartes qui l'a créé; c'est l'application de l'algèbre à la géométrie. Il commença donc par traduire les lignes, les surfaces et les solides en caractères algébriques; mais ce qui étoit l'effort du génie, c'étoit, après la résolution du problème, de traduire de nouveau les caractères algébriques en figures. Je n'entreprendrai point de détailler les admirables découvertes sur lesquelles est fondée cette analyse créée par Descartes. Ces vérités abstraites et pures, faites pour être mesurées par le compas, échappent au pinceau de l'éloquence; et j'affoiblirois l'éloge d'un grand homme en cherchant à peindre ce qui ne doit être que calculé.

Contentons-nous de remarquer ici que, par son analyse, Descartes fit faire plus de progrès à la géométrie qu'elle n'en avoit fait depuis la création du monde. Il abrégea les travaux, il multiplia les forces, il donna une nouvelle marche à l'esprit humain. C'est l'analyse qui a été l'instrument de toutes les grandes découvertes des modernes; c'est l'analyse qui, dans les mains des Leibnitz, des Newton et des Bernoulli, a produit cette géométrie nouvelle et sublime qui soumet l'infini au calcul: voilà l'ouvrage de Descartes. Quel est donc cet homme extraordinaire qui a laissé si loin de lui tous les siècles passés, qui a ouvert de nouvelles routes aux siècles à venir, et qui dans le sien avoit à peine trois hommes qui fussent en état de l'entendre? Il est vrai qu'il avoit répandu sur toute sa géométrie une certaine obscurité: soit qu'accoutumé à franchir d'un saut des intervalles immenses, il ne s'aperçût pas seulement de toutes les idées intermédiaires qu'il supprimoit, et qui sont des points d'appui nécessaires à la foiblesse; soit que son dessein fût de secouer l'esprit humain, et de l'accoutumer aux grands efforts; soit enfin que, tourmenté par des rivaux jaloux et foibles, il voulût une fois les accabler de son génie, et les épouvanter de toute la distance qui étoit entre eux et lui[16].

[Note A: Voyez les Mémoires de l'Académie des sciences, année 1741.]

Mais ce qui prouve le mieux toute l'étendue de l'esprit de Descartes, c'est qu'il est le premier qui ait conçu la grande idée de réunir toutes les sciences, et de les faire servir à la perfection l'une de l'autre. On a vu qu'il avoit transporté dans sa logique la méthode des géomètres; il se servit de l'analyse logique pour perfectionner l'algèbre; il appliqua ensuite l'algèbre à la géométrie, la géométrie et l'algèbre à la mécanique, et ces trois sciences combinées ensemble à l'astronomie. C'est donc à lui qu'on doit les premiers essais de l'application de la géométrie à la physique; application qui a créé encore une science toute nouvelle. Armé de tant de forces réunies, Descartes marche à la nature; il entreprend de déchirer ses voiles, et d'expliquer le système du monde. Voici un nouvel ordre de choses: voici des tableaux plus grands peut-être que ceux que présente l'histoire de toutes les nations et de tous les empires[17].

Qu'on me donne de la matière et du mouvement, dit Descartes, et je vais créer un monde. D'abord il s'élève par la pensée vers les cieux, et de là il embrasse l'univers d'un coup d'oeil; il voit le monde entier comme une seule et immense machine, dont les roues et les ressorts ont été disposés au commencement, de la manière la plus simple, par une main éternelle. Parmi cette quantité effroyable de corps et de mouvements, il cherche la disposition des centres. Chaque corps a son centre particulier, chaque système a son centre général. Sans doute aussi il y a un centre universel, autour duquel sont rangés tous les systèmes de la nature. Mais où est -il, et dans quel point de l'espace? Descartes place dans le soleil le centre du système auquel nous sommes attachés. Ce système est une des roues de la machine: le soleil est le point d'appui. Cette grande roue embrasse dix-huit cent millions de lieues dans sa circonférence, à ne compter que jusqu'à l'orbe de Saturne. Que seroit-ce si on pouvoit suivre la marche excentrique des comètes! Cette roue de l'univers doit communiquer à une roue voisine, dont la circonférence est peut-être plus grande encore; celle-ci communique à une troisième, cette troisième à une autre, et ainsi de suite dans une progression infinie, jusqu'à celles qui sont bornées par les dernières limites de l'espace. Toutes, par la communication du mouvement, se balancent et se contre-balancent, agissent et réagissent l'une sur l'autre, se servent mutuellement de poids et de contre-poids, d'où résulte l'équilibre de chaque système, et, de chaque équilibre particulier, l'équilibre du monde. Telle est l'idée de cette grande machine, qui s'étend à plus de centaines de millions de lieues que l'imagination n'en peut concevoir et dont toutes les roues sont des mondes combinés les uns avec les autres.

C'est cette machine que Descartes conçoit, et qu'il entreprend de créer avec trois lois de mécanique. Mais auparavant il établit les propriétés générales de l'espace, de la matière et du mouvement. D'abord, comme toutes les parties sont enchaînées, que nulle part le mécanisme n'est interrompu, et que la matière seule peut agir sur la matière, il faut que tout soit plein. Il admet donc un fluide immense et continu, qui circule entre les parties solides de l'univers; ainsi le vide est proscrit de la nature. L'idée de l'espace est nécessairement liée à celle de l'étendue, et Descartes confond l'idée de l'étendue avec celle de la matière: car on peut dépouiller successivement les corps de toutes leurs qualités; mais l'étendue y restera, sans qu'on puisse jamais l'en détacher. C'est donc l'étendue qui constitue la matière, et c'est la matière qui constitue l'espace. Mais où sont les bornes de l'espace? Descartes ne les conçoit nulle part, parce que l'imagination peut toujours s'étendre au-delà. L'univers est donc illimité: il semble que l'âme de ce grand homme eût été trop resserrée par les bornes du monde; il n'ose point les fixer. Il examine ensuite les lois du mouve ment: mais qu'est-ce que le mouvement? c'est le plus grand phénomène de la nature, et le plus inconnu. Jamais l'homme ne saura comment le mouvement d'un corps peut passer dans un autre. Il faut donc se borner à connoître par quelles lois générales il se distribue, se conserve ou se détruit; et c'est ce que personne n'avoit cherché avant Descartes. C'est lui qui le premier a généralisé tous les phénomènes, a comparé tous les résultats et tous les effets, pour en extraire ces lois primitives: et puisque dans les mers, sur la terre et dans les cieux, tout s'opère par le mouvement, n'étoit-ce pas remettre aux hommes la clef de la nature? Il se trompa, je le sais; mais, malgré son erreur, il n'en est pas moins l'auteur des lois du mouvement: car, pendant trente s iècles, les philosophes n'y avoient pas même pensé; et dès qu'il en eut donné de fausses, on s'appliqua à chercher les véritables. Trois mathématiciens célèbres les trouvèrent en même temps: c'étoit l'effet de ses recherches et de la secousse qu'il avoit donnée aux esprits. Du mouvement il passe à la matière, chose aussi incompréhensible pour l'homme. Il admet une matière primitive, unique, élémentaire, source et principe de tous les êtres, divisée et divisible à l'infini; qui se modifie par le mouvement; qui se compose et se décompose; qui végète ou s'organise; qui, par l'activité rapide de ses parties, devient fluide; qui, par leur repos, demeure inactive et lente; qui circule sans cesse dans des moules et des filières innombrables, et, par l'assemblage de s formes, constitue l'univers: c'est avec cette matière qu'il entreprend de créer un monde. Je n'entrerai point dans le détail de cette création. Je ne peindrai point ces trois éléments si connus, formés par des millions de particules entassées, qui se heurtent, se froissent et se brisent; ces éléments emportés d'un mouvement rapide autour de divers centres, et marchant par tourbillons; la force centrifuge qui naît du mouvement circulaire; chaque élément qui se place à différentes distances, à raison de sa pesanteur; la matière la plus déliée qui se précipite vers les centres et y va former des soleils; la plus massive rejetée vers les circonférences; les grands tourbillons qui engloutissent les tourbillons voisins trop foibles pour leur résister, et les emportent dans leurs cours; tous ces tourbillons roulant dans l'espace immense, et chacun en équilibre, à raison de leur masse et de leur vitesse. C'est au physicien plutôt qu'à l'orateur à donner l'idée de ce système, que l'Europe adopta avec transport, qui a présidé si long-temps au mouvement des cieux, et qui est aujourd'hui tout-à-fait renversé. En vain les hommes les plus savants du siècle passé et du nôtre, en vain les Huygens, les Bulfinger, les Malebranche, les Leibnitz, les Kircher et les Bernoulli ont travaillé à réparer ce grand édifice; il menaçoit ruine de toutes parts, et il a fallu l'abandonner. Gardons-nous cependant de croire que ce système, tel qu'il est, ne soit pas l'ouvrage d'un génie extraordinaire. Personne encore n'avoit conçu une machine aussi grande ni aussi vaste; personne n'avoit eu l'idée de rassembler toutes les observations faites dans tous les siècles, et d'en bâtir un système général du monde; personne n'avoit fait un usage aussi beau des lois de l'équilibre et du mouvement; pers onne, d'un petit nombre de principes simples, n'avoit tiré une foule de conséquences si bien enchaînées. Dans un temps où les lois du mécanisme étoient si peu connues, où les observations astronomiques étoient si imparfaites, il est beau d'avoir même ébauché l'univers. D'ailleurs tout sembloit inviter l'homme à croire que c'étoit là le système de la nature; du moins le mouvement rapide de toutes les sphères, leur rotation sur leur propre centre, leurs orbes plus ou moins réguliers autour d'un centre commun, les lois de l'impulsion établies et connues dans tous les corps qui nous environnent, l'analogie de la terre avec les cieux, l'enchaînement de tous les corps de l'univers, enchaînement qui doit être formé par des liens physiques et réels, tout semble nous dire que les sphères célestes communiquent ensemble, et sont entraînées par un fluide invisible et immense qui circule autour d'elles. Mais quel est ce fluide? quelle est cette impulsion? quelles sont les causes qui la modifient, qui l'altèrent et qui la changent? comment toutes ces causes se combinent ou se divisent-elles pour produire les plus étonnants effets? C'est ce que Descartes ne nous apprend pas, c'est ce que l'homme ne saura peut -être jamais bien; car la géométrie, qui est le plus grand instrume nt dont on se serve aujourd'hui dans la physique, n'a de prise que sur les objets simples. Aussi Newton, tout grand qu'il étoit, a été obligé de simplifier l'univers pour le calculer. Il a fait mouvoir tous les astres dans des espaces libres: dès lors plus de fluide, plus de résistances, plus de frottements; les liens qui unissent ensemble toutes les parties du monde ne sont plus que des rapports de gravitation, des êtres purement mathématiques. Il faut en convenir, un tel univers est bien plus aisé à calculer que celui de Descartes, où toute action est fondée sur un mécanisme. Le newtonien, tranquille dans son cabinet, calcule la marche des sphères d'après un seul principe qui agit toujours d'une manière uniforme. Que la main du génie qui préside à l'univers saisisse le géomètre et le transporte tout-à-coup dans le monde de Descartes: Viens, monte, franchis l'intervalle qui te sépare des cieux, approche de Mercure, passe

l'orbe de Vénus, laisse Mars derrière toi, viens te placer entre Jupiter et Saturne; te voilà à quatre-vingt mille diamètres de ton globe. Regarde maintenant: vois-tu ces grands corps qui de loin te paroissent mus d'une manière uniforme? Vois leurs agitations et leurs balancements, semblables à ceux d'un vaisseau tourmenté par la tempête, dans un fluide qui presse et qui bouillonne; vois et calcule, si tu peux, ces mouvements. Ainsi, quand le système de Descartes n'eût point été aussi défectueux, ni celui de Newton aussi admirable, les géomètres devoient, par préférence, embrasser le dernier; et ils l'ont fait. Quelle main plus hardie, profitant des nouveaux phénomènes connus et des découvertes nouvelles, osera reconstruire avec plus d'audace et de solidité ces tourbillons que Descartes lui-même n'éleva que d'une main foible? ou, rapprochant deux empires divisés, entreprendra de réunir l'attraction avec l'impulsion, en découvrant la chaîne qui les joint? ou peut -être nous apportera une nouvelle loi de la nature, inconnue jusqu'à ce jour, qui nous rende compte également et des phénomènes des cieux et de ceux de la terre? Mais l'exécution de ce projet est encore reculée. Au siècle de Descartes, il n'étoit pas temps d'expliquer le système du monde; ce temps n'est pas venu pour nous. Peut -être l'esprit humain n'est-il qu'à son enfance. Combien de siècles faudra-t-il encore pour que cette grande entreprise vienne à sa maturité! Combien de fois faudra -t-il que les comètes les plus éloignées se rapprochent de nous, et descendent dans la partie inférieure de leurs orbites! Combien faudra -t-il découvrir, dans le monde planétaire, ou de satellites nouveaux, ou de nouveaux phénomènes des satellites déjà connus! combien de mouvements irréguliers assigner à leurs véritables causes! combien perfectionner les moyens d'étendre notre vue aux plus grandes distances, ou par la réfraction ou par la réflexion de la lumière! combien attendre de hasards qui serviront mieux la philosophie que des siècles d'observations! combien découvrir de chaînes et de fils imperceptibles, d'abord entre tous les êtres qui nous environne nt, ensuite entre les êtres éloignés! Et peut-être après ces collections immenses de faits, fruits de deux ou trois cents siècles, combien de bouleversements et de révolutions ou physiques ou morales sur le globe suspendront encore pendant des milliers d'années les progrès de l'esprit humain dans cette étude de la nature! Heureux si, après ces longues interruptions, le genre humain renoue le fil de ses connoissances au point où il avoit été rompu! C'est alors peut-être qu'il sera permis à l'homme de penser à faire un système du monde; et que ce qui a été commencé dans l'Égypte et dans l'Inde, poursuivi dans la Grèce, repris et développé en Italie, en France, en Allemagne et en Angleterre, s'achèvera peut-être, ou dans les pays intérieurs de l'Afrique, ou da ns quelque endroit sauvage de l'Amérique septentrionale ou des Terres australes; tandis que notre Europe savante ne sera plus qu'une solitude barbare, ou sera peut-être engloutie sous les flots de l'océan rejoint à la Méditerranée. Alors on se souviendra de Descartes, et son nom sera prononcé peut-être dans des lieux où aucun son ne s'est fait entendre depuis la naissance du monde.

Il poursuit sa création: des cieux il descend sur la terre. Les mêmes mains qui ont arrangé et construit les corps célestes travaillent à la composition du globe de la terre. Toutes les parties tendent vers le centre. La pesanteur est l'effet de la force centrifuge du tourbillon. Ce fluide, qui tend à s'éloigner, pousse vers le centre tous les corps qui ont moins de force que lui pour s'échapper: ainsi la matière n'a par elle -même aucun poids. Bientôt tout devoit changer: la pesanteur est devenue une qualité primitive et inhérente, qui s'étend à toutes les distances et à tous les mondes, qui fait graviter toutes les parties les unes vers les autres, retient la lune dans son orbite, et fait tomber les corps sur la terre. On devoit faire plus, on devoit peser les astres; monument singulier de l'audace de l'homme! Mais toutes ces grandes découvertes ne sont que des calculs sur les ef fets. Descartes, plus hardi a osé chercher la cause. Il continue sa marche: l'air, fluide léger, élastique et transparent, se détache des parties terrestres plus épaisses, et se balance dans l'atmosphère; le feu naît d'une agitation plus vive, et acquiert son activité brûlante; l'eau devient fluide, et ses gouttes s'arrondissent; les montagnes s'élèvent, et les abîmes des mers se creusent; un balancement périodique soulève et abaisse tour à tour les flots et remue la masse de l'océan, depuis la surface jusqu'aux plus grandes profondeurs; c'est le passage de la lune au-dessus du méridien qui presse et resserre les torrents de fluide contenus entre la lune et l'océan. L'intérieur du globe s'organise, une chaleur féconde part du centre de la terre, et se distribue dans toutes ses parties; les sels, les bitumes et les soufres se composent; les minéraux naissent de plusieurs mélanges; les veines métalliques s'étendent; les volcans s'allument; l'air, dilaté dans les cavernes souterraines, éclate, et donne des secousses au globe. De plus grands prodiges s'opèrent: la vertu magnétique se déploie, l'aimant attire et repousse, il communique sa force, et se dirige vers les pôles du monde; le fluide électrique circule dans les corps, et le frottement le rend actif. Tels sont les principaux phénomènes du globe que nous habitons, et que.

Descartes entreprend d'expliquer. Il soulève une partie du voile qui les couvre. Mais ce globe est enveloppé d'une masse invisible et flottante, qui est entraînée du même mouvement que la te rre, presse sur sa surface, et y attache tous les corps: c'est l'atmosphère; océan élastique, et qui, comme le nôtre, est sujet à des altérations et à des tempêtes; région détachée de l'homme, et qui, par son poids, a sur l'homme la plus grande influence; lieu où se rendent sans cesse les particules échappées de tous les êtres; assemblage des ruines de la nature, ou volatilisée par le feu, ou dissoute par l'action de l'air, ou pompée par le soleil; laboratoire immense, où toutes ces parties isolées et extraites d'un million de corps différents se réunissent de nouveau, fermentent, se composent, produisent de nouvelles formes, et offrent aux yeux ces météores variés qui étonnent le peuple, et que recherche le philosophe. Descartes, après avoir parcouru la terre, s'élève dans cette région [18]. Déjà on commençoit dans toute l'Europe à étudier la nature de l'air. Galilée le premier avoit découvert sa pesanteur. Torricelli avoit mesuré la pression de l'atmosphère. On l'avoit trouvée égale à un cylindre d'eau de même base et de trente-deux pieds de hauteur, ou à une colonne de vif-argent de vingt-neuf pouces. Ces expériences n'étonnent point Descartes: elles étoient conformes à ses principes. Il avoit deviné la nature avant qu'on l'eût mesurée. C'est lui qui donne à Pascal l'idée de sa fameuse expérience sur une haute montagne[B]; expérience qui confirma toutes les autres, parce qu'on vit que la colonne de mercure baissoit à proportion que la colonne d'air diminuoit en hauteur. Pourquoi Pascal n'a-t-il point avoué qu'il devoit cette idée à Descartes? N'étoient-ils pas tous deux assez grands pour que cet aveu pût l'honorer? [Note B: Le Puy de Dôme, en Auvergne.]

Les propriétés de l'air, sa fluidité, sa pesanteur et son ressort le rendent un des agents les plus univers els de la nature. De son élasticité naissent les vents. Descartes les examine dans leur marche. Il les voit naître sous l'impression du soleil, qui raréfie les vapeurs de l'atmosphère; suivre entre les tropiques le cours de cet astre, d'orient en occident; changer de direction à trente degrés de l'équateur; se charger de particules glacées, en traversant des montagnes couvertes de neiges; devenir secs et brûlants en parcourant la zone torride; obéir, sur les rivages de l'océan, au mouvement du flux et du re flux; se combiner par mille causes différentes des lieux, des météores et des saisons; former partout des courants, ou lents ou rapides, plus réguliers sur l'espace immense et libre des mers, plus inégaux sur la terre, où leur direction est continuellement changée par le choc des forêts, des villes et des montagnes, qui les brisent et qui les réfléchissent. Il pénètre ensuite dans les ateliers secrets de la nature; il voit la vapeur en équilibre se condenser en nuage; il analyse l'organisation des neiges et des grêles; il décompose le tonnerre, et assigne l'origine des tempêtes qui bouleversent les mers, ou ensevelissent quelquefois l'Africain et l'Arabe sous des monceaux de sable.

Un spectacle plus riant vient s'offrir. L'équilibre des eaux suspendues dans le nuage s'est rompu, la verdure des campagnes est humectée, la nature rafraîchie se repose en silence, le soleil brille, un arc, paré de couleurs éclatantes, se dessine dans l'air. Descartes en cherche la cause; il la trouve dans l'action du soleil sur les gouttes d'eau qui composent la nue: les rayons partis de cet astre tombent sur la surface de la goutte sphérique, se brisent à leur entrée, se réfléchissent dans l'intérieur, ressortent, se brisent de nouveau, et vont tomber sur l'oeil qui les reçoit. Je ne cherche point à parer Descartes d'une gloire étrangère; je sais qu'avant lui Antonio de Dominis avoit expliqué l'arc-en-ciel par les réfractions de la lumière; mais je sais que ce prélat célèbre avoit mêlé plusieurs erreurs à ces vérités. Descartes expliqua ce phénomène d'une manière plus précise et plus vraie: il découvrit le premier la cause de l'arc -en-ciel extérieur; il fit voir qu'il dépendoit de deux réfractions et de deux réflexions combinées. S'il se trompa dans les raisons qu'il donne de l'arr angement des couleurs, c'est que l'esprit humain ne marche que pas à pas vers la vérité; c'est qu'on n'avoit point encore analysé la lumière; c'est qu'on ne savoit point alors qu'elle est composée de sept rayons primitifs, que chaque rayon a un degré de réfrangibilité qui lui est propre, et que c'est de la différence des angles sous lesquels ces rayons se brisent que dépend l'ordre des couleurs. Ces découvertes étoient réservées à Newton. Mais, quoique Descartes ne connût pas bien la nature de la lumière, quoiqu'il la crût une matière homogène et globuleuse répandue dans l'espace, et qui, poussée par le soleil, communique en un instant son impression jusqu'à nous; quoique la fameuse observation de Roemer sur les satellites de Jupiter n'eût point encore appris aux hommes que la lumière emploie sept à huit minutes à parcourir les trente millions de lieues du soleil à la terre, Descartes n'en explique pas avec moins de précision, et les propriétés générales de la lumière, et les lois qu'elle suit dans son mouvement, et son action sur l'organe de l'homme. Il représente la vue comme une espèce de toucher, mais un toucher d'une nature extraordinaire et plus parfaite, qui ne s'exerce point par le contact immédiat des corps, mais qui s'étend jusqu'aux extrémités de l'espace, va saisir ce qui est hors de l'empire de tous les autres sens, et unit à l'existence de l'homme l'existence des objets les plus éloignés. C'est par le moyen de la lumière que s'opère ce prodige. Elle est, pour l'homme éclairé, ce que le bâton est pour l'aveugle: par l'un, on voit, pour ainsi dire, avec ses mains; par l'autre, on touche avec ses yeux. Mais, pour que la lumière agisse sur l'oeil, il faut qu'elle traverse des espaces immenses; ces espaces sont semés de corps innombrables, les uns opaques, les autres transparents ou fluides. Descartes suit la lumière dans sa route, et à travers tous ces chocs: il la voit, dans un milieu uniforme, se mouvoir en ligne droite; il la voit se réfléchir sur la surface des corps solides, et toujours sous un angle égal à celui d'incidence; il la voit enfin, lorsqu'elle traverse différents milieux, changer son cours, et se briser selon différentes lois.

La lumière, mue en ligne droite, ou réfléchie, ou brisée, parvient jusqu'à l'organe qui doit la recevoir. Quel est cet organe étonnant, prodige de la nature, où tous les objets acquièrent tour à tour une existence successive; où les espaces, les figures et les mouvements qui m'environnent sont créés; où les astres qui existent à cent millions de lieues deviennent comme partie de moi-même; où, dans un demi-pouce de diamètre, est contenu l'univers? Quelles lois président à ce mécanisme? quelle harmonie fait concourir au même but tant de parties différentes? Descartes analyse et dessine toutes ces parties, et celles qui ont besoin d'un certain degré de convexité pour procurer la vue, et celles qui se rétrécissent ou s'étendent à proportion du nombre de rayons qu'il faut recevoir; et ces humeurs, d'une nature comme d'une densité différente, où la lumière souffre trois réfractions successives; et cette membrane si déliée, composée des filets du nerf optique, où l'objet vient se peindre; et ces muscles si agiles qui impriment à l'oeil tous les mouvements dont il a besoin. Par le jeu rapide et simultané de tous ces ressorts, les rayons rassemblés viennent peindre sur la rétine l'image des objets; et les houppes nerveuses transmettent par leur ébranlement leur impression jusqu'au cerveau. Là finissent les opérations mécaniques, et commencent celles de l'âme. Cette peinture si admirable est encore imparfaite, et il faut en corriger les défauts; il faut apprendre à voir. L'image peinte dans l'oeil est renversée; il faut remettre les objets dans leur situation: l'image est double; il faut la simplifier. Mais vous n'aurez point encore les idées de distance, de figure et de grandeur; vous n'avez que des lignes et des angles mathématiques. L'âme s'assure d'abord de la distance par le sens du toucher et le mouvement progressif; elle juge ensuite les grandeurs relatives par les distances, en comparant l'ouverture des angles formés au fond de l'oeil. Des distances et des grandeurs combinées résulte la connoissance des figures. Ainsi le sens de la vue se perfectionne et se forme par degrés; ainsi l'organe qui touche prête ses secours à l' organe qui voit; et la vision est en même temps le résultat de l'image tracée dans l'oeil et d'une foule de jugements rapides et imperceptibles, fruits de l'expérience. Descartes, sur tous ces objets, donne des règles que personne n'avoit encore développée s avant lui; il guide la nature, et apprend à l'homme à se servir du plus noble de ses sens. Mais, dans un être aussi borné et aussi foible, tout s'altère; cette organisation si étonnante est sujette à se déranger; enfin, le genre humain est en droit d'accuser la nature, qui, l'ayant placé et comme suspendu entre deux infinis, celui de l'extrême grandeur et celui de l'extrême petitesse, a également borné sa vue des deux côtés, et lui dérobe les deux extrémités de la chaîne. Grâces à l'industrie humaine appliquée aux productions de la nature, à l'aide du sable dissous par le feu, on a su faire de nouveaux yeux à l'homme, prescrire de nouvelles routes à la lumière, rapprocher l'espace, et rendre visible ce qui ne l'est pas. Roger Bacon, dans un siècle barbare, prédit le premier ces effets étonnants; Alexandre Spina découvrit les verres concaves et convexes; Métius, artisan hollandais, forma le premier télescope; Galilée en expliqua le mécanisme: Descartes s'empare de tous ces prodiges; il en développe et perfectionne la théorie; il les crée pour ainsi dire de nouveau par le calcul mathématique; il y ajoute une infinité de vues, soit pour accélérer la réunion des parties de la lumière, soit pour la retarder, soit pour déterminer les courbes les plus propres à la réfraction, soit pour combiner celles qui, réunies, feront le plus d'effet; il descend même jusqu'à guider la main de l'artiste qui façonne les verres, et, le compas à la main, il lui trace des machines nouvelles pour perfectionner et faciliter ses travaux. Tels sont les objets et la marche de la dioptrique de Descartes[19], un des plus beaux monuments de ce grand homme, qui suffiroit seul pour l'immortaliser, et qui est le premier ouvrage où l'on ait appliqué, avec autant d'étendue que de succès, la géométrie à la physique. Dès l'âge de vingt ans il avoit jeté un coup d'ceil rapide sur la théorie des sons, qui peut-être a tant d'analogie avec celle de la lumière[20]. Il avoit porté une géométrie profonde dans cet art, qui chez les anciens tenoit aux moeurs et faisoit partie de la constitution des états, qui chez les modernes est à peine créé depuis un siècle, qui chez quelques nations est encore à son berceau; art étonnant et incroyable, qui peint par le son, et qui, par les vibrations de l'air, réveille toutes les passions de l'âme. Il applique de même les calculs mathématiques à la science des mouvements; il détermine l'effet de ces machines qui multiplient les bras de l'homme, et sont comme de nouveaux muscles ajoutés à ceux qu'il tient de la nature. L'équilibre des forces, la résistance des poids, l'action des frottements, le rapport des vitesses et des masses, la combinaison des plus grands effets par les plus petites puissances possibles; tout est ou développé ou indiqué dans quelques lignes que Descartes a jetées presque au hasard[21]. Mais, comme, jusque dans ses plus petits ouvrages, sa marche est toujours grande et philosophique, c'est d'un seul principe qu'il déduit les propriétés différentes de toutes les machines qu'il explique.

Un plus grand objet vient se présenter à lui: une machine plus étonnante, composée de parties innombrables, dont plusieurs sont d'une finesse qui les rend imperceptibles à l'oeil même le plus perçant; machine qui, par ses parties solides, représente des leviers, des cordes, des poulies, des poids et des contre-poids, et est assujettie aux lois de la statique ordinaire; qui, par ses fluides et les vaisseaux qui les contiennent, suit les règles de l'équilibre et du mouvement des liqueurs; qui, par des pompes qui aspirent l'air et qui le rendent, est asservie aux inégalités et à la pression de l'atmosphère; qui, par des filets presque invisibles répandus à toutes ses extrémités, a des rapports innombrables et rapides avec ce qui l'environne; machine sur laquelle tous les objets de l'univers viennent agir, et qui réagit sur eux; qui, comme la plante, se nourrit, se développe et se reproduit, mais qui à la vie végétale joint le mouvement progressif; machine organisée, mécanique vivante, mais dont tous les ressorts sont intérieurs et dérobés à l'oeil, tandis qu'au dehors on ne voit qu'une décoration simple à la fois et magnifique, où sont rassemblés et le charme des couleurs, et la beauté des formes, et l'élégance des contours, et l'harmonie des proportions: c'est le corps humain. D escartes ose le considérer dans son ensemble et dans tous ses détails. Après avoir parcouru l'univers et toutes les portions de la nature, il revient à lui-même. Il veut se rendre compte de sa vie, de ses mouvements, de ses sens. Qui lui expliquera un nouvel univers plus incompréhensible que le premier? Ce n'est point dans les auteurs qui ont écrit qu'il va puiser ses connoissances, c'est dans la nature; c'est elle qui fait la raison d'un grand homme, et non point ce qu'on a pensé avant lui. On lui demande où sont ses livres. Les voilà, dit-il en montrant des animaux qu'il étoit prêt à disséquer. L'anatomie, créée par Hippocrate, cultivée par Aristote, réduite en art par les travaux d'Hérophile et d'Erasistrate, rassemblée en corps par Galien, suspendue et presque anéantie pendant près de onze siècles, avoit été ranimée tout-à-coup par Vésale. Depuis cent ans elle faisoit des progrès en Europe,

mais les faisoit avec lenteur, comme toutes les connoissances humaines, qui sont filles du temps. Descartes eut aussi la gloire d'être un des premiers anatomistes de son siècle; mais, comme il étoit né encore plus pour lier des connoissances et les ordonner entre elles que pour faire des observations, il porta dans l'anatomie ce caractère qui le suivoit partout. En découvrant l'effet, il remontoit à la cause; en analysant les parties, il examinoit leurs rapports entre elles, et leurs rapports avec le tout. Ne cherchez point à le fixer long-temps sur un petit objet; il veut voir l'ensemble de tout ce qu'il embrasse. Son e sprit impatient et rapide court au devant de l'observation; il la précède plus qu'il ne la suit; il lui indique sa route; elle marche; il revient ensuite sur elle; il généralise d'un coup d'oeil et en un instant tout ce qu'elle lui rapporte; souvent il a vu avant qu'elle ait parlé. Que doit-il résulter d'une pareille marche dans un homme de génie? quelques erreurs et de grandes idées, des masses de lumière à travers des nuages. C'est aussi ce que l'on trouve dans le Traité de Descartes sur l'homme[22]. Il le composa après quinze ans d'observations anatomiques. Il suppose d'abord une machine entièrement semblable à la nôtre: quand il en sera temps, il lui donnera une âme; mais d'abord il veut voir ce que le mécanisme seul peut produire dans un pareil ouvrage. Il lui met seulement dans le coeur un feu secret et actif, semblable à celui qui fait bouillonner les liqueurs nouvelles: dès ce moment s'exécutent toutes les fonctions qui sont indépendantes de l'âme. La respiration appelle et chasse l'air tour à tour. L 'estomac devient un fourneau chimique, où des liqueurs en fermentation servent à la dissolution et à l'analyse des nourritures: ces parties décomposées passent par différents canaux, se rassemblent dans des réservoirs, s'épurent dans leur cours, se transforment en sang, augmentent et développent la masse solide de la machine, et deviennent une portion d'elle-même. Le sang, comme un torrent rapide, circule par des routes innombrables; il se sépare, il se réunit, porté par les artères aux extrémités de la mac hine, et ramené par les veines des extrémités vers le coeur. Le coeur est le centre de ce grand mouvement, et le foyer de la vie interne: c'est de là qu'elle se distribue. Au dehors tous les mouvements s'opèrent. Du cerveau partent des faisceaux de nerfs qui s'épanouissent et se développent aux extrémités, et vont former l'organe du sentiment. Les uns sont propres à réfléchir les atomes imperceptibles de la lumière; les autres, les vibrations des corps sonores; ceux-ci ne seront ébranlés que par les particules odorantes; ceux-là, par les esprits et les sels qui se détacheront des aliments et des liqueurs; les derniers enfin, dispersés sur toute la surface de la machine, ne peuvent être heurtés que par le contact et les parties grossières des corps solides: ainsi se forment les sens. Chaque objet extérieur vient donner ume secousse à l'organe qui lui est propre. Les nerfs qui le composent, ainsi qu'une corde tendue, portent cet ébranlement jusqu'au cerveau: là est le réservoir de ces esprits subtils et rapide s, partie la plus déliée du sang, émanations aériennes ou enflammées, et invisibles comme impalpables. A l'impression que le cerveau reçoit, ces souffles volatils courent rapidement dans les nerfs; ils passent dans les muscles. Ceux-ci sont des ressorts élastiques qui se tendent ou se détendent, des cordes qui s'allongent ou se raccourcissent, selon la quantité du fluide nerveux qui les remplit ou qui en sort. De cette compression ou dilatation des muscles résultent tous les mouvements. Les esprits animaux, principes moteurs, sont eux-mêmes dans une éternelle agitation; et tandis que les uns achèvent de se former et se volatilisent dans le laboratoire, que les autres, au premier signal, s'élancent rapidement, une foule innombrable, dispersée déjà dans la mac hine, circule dans tous les membres, suit les dernières ramifications des nerfs, va, vient, descend, remonte, et porte partout la vie, l'activité et la souplesse. Prenez maintenant une âme, et mettez-la dans cette machine; aussitôt naît un ordre d'opérations nouvelles. Descartes place cette âme dans le cerveau, parceque c'est là que se porte le contre-coup de toutes les sensations; c'est de là que part le principe des mouvements; c'est la qu'elle est avertie par des messagers rapides de tout ce qui se passe aux extrémités de son empire; c'est de là qu'elle distribue ses ordres. Les nerfs sont ses ministres et les exécuteurs de ses volontés. Le cerveau devient comme un sens intérieur qui contient, pour ainsi dire, le résultat de tous les sens du dehors. Là se forme une image de chaque objet. L'âme voit l'objet dans cette image quand il est présent; et c'est la perception: elle la reproduit d'elle-même quand l'objet est éloigné; et c'est l'imagination: elle en fait au besoin renaître l'idée, avec la conscience de l'avoir eue; et c'est la mémoire. A chacune de ces opérations de l'âme correspond une modification particulière dans les fibres du cerveau, ou dans le cours des esprits; et c'est la chaîne invisible des deux substances. Mais l'âme a deux facultés bien distinctes: elle est à la fois intelligente et sensible. Dans quelques unes de ses fonctions elle exerce et déploie un principe d'activité, elle veut, elle choisit, elle compare; dans d'autres elle est passive: ce sont des émotions qu'elle éprouve, mais qu' elle ne se donne pas, et qui lui arrivent des objets qui l'environnent. Telle est l'origine des passions, présent utile et funeste. Le philosophe, errant au pied du Vésuve, ou à travers les rochers noircis de l'Islande, ou sur les sommets sauvages des Cordilières, entraîné par le désir de connoître, approche de la bouche des volcans; il en mesure de l'oeil la profondeur; il en observe les effets; assis sur un rocher, il calcule à loisir et médite profondément sur ce qui fait le ravage du monde. Ainsi Descartes observe et analyse les passions [23]. Avant lui on en avoit développé le moral; lui seul a tenté d'en expliquer le physique; lui seul a fait voir jusqu'où les lois du mécanisme influent sur elles, et où ce mécanisme s'arrête. Il a marqué dans chaque pa ssion primitive le degré de mouvement et d'impétuosité du sang, le cours des esprits, leur agitation, leur activité ou plus ou moins rapide, les altérations qu'elles produisent dans les organes intérieurs. Il les suit au dehors: il rend compte de leurs effets sur la surface de la machine quand l'oeil devient un tableau rapide, tantôt doux et tantôt terrible; quand l'harmonie des traits se dérange; quand les couleurs ou s'embellissent ou s'effacent; quand les muscles se tendent ou se relâchent; quand le mouvement se ralentit ou se précipite; quand le son inarticulé de la douleur ou de la joie se fait entendre, et sort par secousses du sein agité; quand les larmes coulent, les larmes, ces marques touchantes de la sensibilité, ou ces marques terribles du désespoir impuissant; quand l'excès du sentiment affoiblit par degrés ou consume en un moment les forces de la vie. Ainsi les passions influent sur l'organisation, et l'organisation influe sur elles: mais elles n'en sont pas moins assujetties à l'empire de l'âme . C'est l'âme qui les modifie par les jugements qu'elle joint à l'impression des objets; l'âme les gouverne et les dompte par l'exercice de sa volonté, en réprimant à son gré les mouvements physiques, en donnant un nouveau cours aux esprits, en s'accoutumant à réveiller une idée plutôt qu'une autre à la vue d'un objet qui vient la frapper. Mais cette volonté impérieuse ne suffit pas, il faut qu'elle soit éclairée. Il faut donc connoître les vrais rapports de l'homme avec tout ce qui existe. C'est par l'étude de ces rapports qu'il saura quand il doit étendre son existence hors de lui par le sentiment, et quand il doit la resserrer. Ainsi la morale est liée à une foule de connoissances qui l'agrandissent et la perfectionnent; ainsi toutes les sciences réagisse nt les unes sur les autres. C'étoit là, comme nous avons vu, la grande idée de Descartes. Cette imagination vaste avoit construit un système de science universelle, dont toutes les parties se tenoient, et qui toutes se rapportoient à l'homme. Il avoit placé l'homme au milieu de cet univers; c'étoit l'homme qui étoit le centre de tous ces cercles tracés autour de lui, et qui passaient par tous les points de la nature. Descartes sentoit bien toute l'étendue d'un pareil plan, et il n'imaginoit pas pouvoir le remplir seul; mais, pressé par le temps, il se hâtoit d'en exécuter quelques parties, et croyoît que la postérité achèveroit le reste. Il invitoit les hommes de toutes les nations et de tous les siècles à s'unir ensemble; et, pour rassembler tant de forces dispersées, pour faciliter la correspondance rapide des esprits dans les lieux et les temps, il conçut l'idée d'une langue universelle qui établiroit des signes généraux pour toutes les pensées, de même qu'il y en a pour exprimer tous les nombres; projet que plusieurs philosophes célèbres ont renouvelé, qui sans doute a donné à Leibnitz l'idée d'un alphabet des pensées humaines, et qui, s'il est exécuté un jour, sera probablement l'époque d'une révolution dans l'esprit humain.

J'ai tâché de suivre Descartes dans tous ses ouvrages; j'ai parcouru presque toutes les idées de cet homme extraordinaire; j'en ai développé quelques unes, j'en ai indiqué d'autres. Il a été aisé de suivre la marche de sa philosophie et d'en saisir l'ensemble. On l'a vu commencer par tout abattre afin de tout reconstruire; on l'a vu jeter des fondements profonds; s'assurer de l'évidence et des moyens de la reconnoître; descendre dans son âme pour s'élever à Dieu; de Dieu redescendre à tous les êtres créés; attacher à cette cause tous les principes de ses connoissances; simplifier ces principes pour leur donner plus de fécondité et d'étendue, car c'est la marche du génie comme de la nature; appliquer ensuite ces principes à la théorie des planètes, aux mouvements des deux, aux phénomènes de la terre, à la nature des éléments, aux prodiges des météores, aux effets et à la marche de la lumière, à l'organisation des corps bruts, à la vie active des êtres animés; terminant enfin cette grande course par l'homme, qui était l'objet et le but de ses travaux; développant partout des lois mécaniques qu'il a devinées le premier; descendant toujours des causes aux effets; enchaînant tout par des conséquences nécessaires; joignant quelquefois l'expérience aux spéculations, mais alors même maîtrisant l'expérience par le génie; éclairant la physique par la géométrie, la géométrie par l'algèbre, l'algèbre par la logique, la médecine par l'anatomie, l'anatomie par les mécaniques; sublime même dans ses fautes, méthodique dans ses égarements, utile par ses e rreurs, forçant l'admiration et le respect, lors même qu'il ne peut forcer à penser comme lui.

Si on cherche les grands hommes modernes avec qui on peut le comparer, on en trouvera trois: Bacon, Leibnitz, et Newton. Bacon parcourut toute la surface des connoissances humaines; il jugea les siècles passés, et alla au-devant des siècles à venir: mais il indiqua plus de grandes choses qu'il n'en exécuta; il construisit l'échafaud d'un édifice immense, et laissa à d'autres le soin de construire l'édifice. Leibnitz fut tout ce qu'il voulut être: il porta dans la philosophie une grande hauteur d'intelligence; mais il ne traita la science de la nature que par lambeaux, et ses systèmes métaphysiques semblent plus faits pour étonner et accabler l'homme que pour l'éclairer. Newton a créé une optique nouvelle, et démontré les rapports de la gravitation dans les cieux. Je ne prétends point ici diminuer la gloire de ce grand homme, mais je remarque seulement tous les secours qu'il a eus pour ces grandes découvertes. Je vois que Galilée lui avoit donné la théorie de la pesanteur; Kepler, les lois des astres dans leurs révolutions; Huygens, la combinaison et les rapports des forces centrales et des forces centrifuges; Bacon, le grand principe de remonter des phénomènes vers les causes; Descartes, sa méthode pour le raisonnement, son analyse pour la géométrie, une foule innombrable de connoissances pour

la physique, et plus que tout cela peut-être, la destruction de tous les préjugés. La gloire de Newton a donc été de profiter de tous ces avantages, de rassembler toutes ces forces étrangères, d'y joindre les siennes propres, qui étaient immenses, et de les enchaîner toutes par les calculs d'une géométrie aussi sublime que profonde. Si maintenant je rapproche Descartes de ces trois hommes célèbres, j'oserai dire qu'il avoit des vues aussi nouvelles et bien plus étendues que Bacon; qu'il a eu l'éclat et l'immensité du génie de Leibnitz, mais bien plus de consistance et de réalité dans sa grandeur; qu'enfin il a mérité d'être mis à côté de Newton, parce qu'il a créé une partie de Newton, et qu'il n'a été créé que par lui-même; parceque, si l'un a découvert plus de vérités, l'autre a ouvert la route de toutes les vérités; géomètre aussi sublime, quoiqu'il n'ait point fait un aussi gr and usage de la géométrie; plus original par son génie, quoique ce génie l'ait souvent trompé; plus universel dans ses connoissances, comme dans ses talents, quoique moins sage et moins assuré dans sa marche; ayant peut-être en étendue ce que Newton avoit en profondeur; fait pour concevoir en grand, mais peu fait pour suivre les détails, tandis que Newton donnoit aux plus petits détails l'empreinte du génie; moins admirable sans doute pour la connoissance des deux, mais bien plus utile pour le genre humain, par sa grande influence sur les esprits et sur les siècles.

C'est ici le vrai triomphe de Descartes; c'est là sa grandeur. Il n'est plus, mais son esprit vit encore: cet esprit est immortel; il se répand de nation en nation, et de siècle en siècle; il r espire à Paris, à Londres, à Berlin, à Leipsick, à Florence; il pénètre à Pétersbourg; il pénétrera un jour jusque dans ces climats où le genre humain est encore ignorant et avili; peut-être il fera le tour de l'univers.

On a vu dans quel état étoient les sciences au moment où Descartes parut; comment l'autorité enchaînoit la raison; comment l'être qui pense avoit renoncé au droit de penser. Il en est des esprits comme de la nature physique: l'engourdissement en est la mort; il faut de l'agitation et des s ecousses; il vaut mieux que les vents ébranlent l'air par des orages, que si tout demeuroit dans un éternel repos. Descartes donna l'impulsion à cette masse immobile. Quel fut l'étonnement de l'Europe, lorsqu'on vit paroître tout-à-coup cette philosophie si hardie et si nouvelle! Peignez-vous des esclaves qui marchent courbés sous le poids de leurs fers: si tout-à-coup un d'entre eux brise sa chaîne, et fait retentir à leurs oreilles le nom de liberté, ils s'agitent, ils frémissent, et des débris de leurs chaînes rompues accablent leurs tyrans. Tel est le mouvement qui se fit dans les esprits d'un bout de l'Europe à l'autre. Cette masse nouvelle de connoissances que Descartes y avoit jetée se joignit à la fermentation de son esprit. Réveillé par de si grande s idées et par un si grand exemple, chacun s'interroge et juge ses pensées, chacun discute ses opinions. La raison de l'univers n'est plus celle d'un homme qui existoit il y a quinze siècles; elle est dans l'âme de chacun, elle est dans l'évidence et dans la clarté des idées. La pensée, esclave depuis deux mille ans, se relève, avec la conscience de sa grandeur; de toutes parts on crée des principes, et on les suit; on consulte la nature, et non plus les hommes. La France, l'Italie, l'Allemagne et l'Angleterre travaillent sur le même plan. La méthode même de Descartes apprend à connoître et à combattre ses erreurs. Tout se perfectionne, ou du moins tout avance. Les mathématiques deviennent plus fécondes, les méthodes plus simples; l'algèbre, portée si loin par Descartes, est perfectionnée par Halley, et le grand Newton y ajoute encore. L'analyse est appliquée au calcul de l'infini, et produit une nouvelle branche de géométrie sublime. Plusieurs hommes célèbres portent cet édifice à une hauteur immense: l'Alle magne et l'Angleterre se divisent sur cette découverte, comme l'Espagne et le Portugal sur la conquête des Indes. L'application de la géométrie à la physique devient plus étendue et plus vaste: Newton fait sur les mouvements des corps célestes ce que Desca rtes avoit fait sur la dioptrique, et sur quelques parties des météores; les lois de Kepler sont démontrées par le calcul; la marche elliptique des planètes est expliquée; la gravitation universelle étonne l'univers par la fécondité et la simplicité de son principe. Cette application de la géométrie s'étend à toutes les branches de la physique, depuis l'équilibre des liqueurs jusqu'aux derniers balancements des comètes dans leurs routes les plus écartées. Ces astres errants sont mieux connus: Descartes les avoit tirés pour jamais de la classe des météores, en les fixant au nombre des planètes; Newton rond compte de l'excentricité de leurs orbites; Halley, d'après quelques points donnés, détermine le cours et fixe la marche de vingt-quatre comètes. Les inégalités de la lune sont calculées; on découvre l'anneau et les satellites de Saturne; on fait des satellites de Jupiter l'usage le plus important pour la navigation. Les cieux sont connus comme la terre. La terre change de forme; son équateur s'élève et ses pôles s'aplatissent, et la différence de ses deux diamètres est mesurée. Des observatoires s'élèvent auprès des digues de la Hollande, sous le ciel de Stockholm, et parmi les glaces de la Russie. Toutes les sciences suivent cette impulsion générale. La phys ique particulière, créée par le génie de Descartes, s'étend et affermit sa marche par les expériences: il est vrai qu'il avoit peu suivi cette route; mais sa méthode, plus puissante que son exemple, devoit y ramener. Les prodiges de l'électricité se multiplient. Les déclinaisons de l'aiguille aimantée s'observent selon la différence des lieux et des temps. Halley trace dans toute l'étendue du globe une ligne qui sert de point fixe, où la déclinaison commence, et qui, bien constatée, peut-être pourroit tenir lieu des longitudes. L'optique devient une science nouvelle, par les découvertes sublimes sur les couleurs. La Dioptrique de Descartes n'est plus la borne de l'esprit humain: l'art d'agrandir la vue s'étend; on substitue, pour lire dans les cieux, les mét aux aux verres, et la réflexion de la lumière à la réfraction. La chimie, qui auparavant étoit presque isolée, s'unit aux autres sciences; on l'applique à la fois à la physique, à l'histoire naturelle et à la médecine. La circulation du sang, découverte par Harvey, embrassée et défendue par Descartes, devient la source d'une foule de vérités. Le mécanisme du corps humain est étudié avec plus de zèle et de succès: on découvre des vaisseaux inconnus et de nouveaux réservoirs. Borelli tente d'assujettir au ca lcul géométrique les mouvements des animaux. Leuwenhoeck, le microscope à la main, surprend ces atomes vivants qui semblent être les éléments de la vie de l'homme; Ruisch perfectionne l'art de donner par des injections une nouvelle vie à ce qui est mort; Malpighi transporte l'anatomie aux plantes, et remplit un projet que Descartes n'avoit pas eu le temps d'exécuter. Son génie respire encore après lui dans la métaphysique: c'est lui qui, dans Malebranche, démêle les erreurs de l'imagination et des sens; c'e st lui qui, dans Locke, combat et détruit les idées innées, fait l'analyse de l'esprit humain, et pose d'une main hardie les limites de la raison; c'est lui qui, de nos jours, a attaqué et renversé les systèmes. Son influence ne s'est point bornée à la philosophie: semblable à cette âme universelle des stoïciens, l'esprit de Descartes est partout; on l'a appliqué aux lettres et aux arts comme aux sciences. Si dans tous les genres on va saisir les premiers principes; si la métaphysique des arts est créée; si on a cherché dans des idées invariables les règles du goût pour tous les pays et pour tous les siècles; si on a secoué cette superstition qui jugeoit mal parce qu'elle admiroit trop, et donnoit des entraves au génie en resserrant trop sa sphère; si on examine et discute toutes nos connoissances; si l'esprit s'agite pour reculer toutes les bornes; si on veut savoir sur tous les objets le degré de vérité qui appartient à l'homme: c'est là l'ouvrage de Descartes. L'astronome, le géomètre, le métaphysicien, le grammairien, le moraliste, l'orateur, le politique, le poëte, tous ont une portion de cet esprit qui les anime. Il a guidé également Pascal et Corneille, Locke et Bourdaloue, Newton et Montesquieu. Telle est la trace profonde et l'empreinte marquée de l'homme de génie sur l'univers. Il n'existe qu'un moment; mais cette existence est employée tout entière à quelque grande opération, qui change la direction des choses pour plusieurs siècles.

Arrêtons-nous maintenant sur celui à qui le genre humain a eu tant d'obligations, et à qui la dernière postérité sera encore redevable. Quels honneurs lui a-t-on rendus de son vivant? quelles statues lui furent élevées dans su patrie? quels hommages a-t-il reçus des nations?... Que parlons-nous d'hommages, et de statues, et d'honneurs? Oublions-nous qu'il s'agit d'un grand homme? oublions-nous qu'il a vécu parmi des hommes? Parlons plutôt et des persécutions, et de la haine, et des tourments de l'envie, et des noirceurs de la calomnie, et de tout ce qui a été et sera éternellement le partage de l'homme qui aura le malheur de s'élever au-dessus de son siècle. Descartes l'avoit prévu: il connoissoit trop les hommes pour ne les pas craindre; il avoit été averti par l'exemple de Galilée; il avoit vu, dans la personne de ce vie illard, la vérité en cheveux blancs chargée de fers, et traînée indignement dans les prisons [24]. La coupe de Socrate, les chaînes d'Anaxagore, la fuite et l'empoisonnement d'Aristote, les malheurs d'Héraclite, les calomnies insensées contre Gerbert, les gémissements plaintifs de Roger Bacon sous les voûtes d'un cachot, l'orage excité contre Ramus, et les poignards qui l'assassinèrent; les bûchers allumés en cent lieux pour consumer des malheureux qui ne pensoient pas comme leurs concitoyens; tant d'autres qui avoient été errants et proscrits sur la terre, sans asile et sans protecteurs, emportant avec eux de pays en pays la vérité fugitive et bannie du monde: tout l'avertissoit du danger qui le menaçoit; tout lui crioit que le dernier des crimes que l'on pardonne est celui d'annoncer des vérités nouvelles. Mais la vérité n'est point à l'homme qui la conçoit; elle appartient à l'univers, et cherche à s'y répandre. Descartes crut même qu'il en devoit compte au Dieu qui la lui donnoit. Il se dévoua donc [25]; et, grâces aux passions humaines, il ne tarda point à recueillir les fruits de sa résolution.

Il y avoit alors en Hollande un de ces hommes qui sont offusqués de tout ce qui est grand, qui aux vues étroites de la médiocrité joignent toutes les hauteurs du despotisme, insultent à ce qu'ils ne comprennent pas, couvrent leur foiblesse par leur audace, et leur bassesse par leur orgueil; intrigants fanatiques, pieux calomniateurs, qui prononcent sans cesse le mot de Dieu et l'outragent, n'affectent de la religion que pour nuire, ne font servir le glaive des lois qu'à assassiner, ont assez de crédit pour inspirer des fureurs subalternes; espèces de monstres nés pour persécuter et pour haïr, comme le tigre est né pour dévorer. Ce fut un de ces hommes qui s'éleva contre Descartes [26]. Il ne seroit peut-être pas inutile à l'histoire de l'esprit humain et des passions de peindre toutes les intrigues et la marche de ce persécuteur; de le faire voir, du moment qu'il conçut le dessein de perdre Descartes, travaillant d'abord sourdement et en silence, semant dans les esprits des idées et des soupçons vagues d'athéisme, nourrissant ces soupçons par des libelles et des noirceurs anonymes, suivant de l'oeil, et sans se découvrir, les progrès de la fermentation générale; au moment d'éclater, briguant la première place de son corps, afin de pouvoir joindre l'autorité à la haine; alors, marchant à découvert, armant contre Descartes et le peuple et les magistrats, et les fureurs sacrées des ministres; le peignant à tous les yeux comme un athée, qui commençoit par briser les autels, et finiroit par bouleverser l'état; invoquant à grands cris la religion et les lois. Il faudrait raconter comment ce grand homme fut cité au son de la cloche, et sur le point d'être traîné comme un vil criminel; comment ensuite, pour lui ôter même la ressource de se justifier, on travailla à le condamner en silence et sans qu'il en pût être averti; comment son affreux persécuteur, s'il ne pouvoit le perdre tout-à-fait, vouloit du moins le faire proscrire de la Hollande, vouloit faire consumer dans les flammes ces livres d'un athée où l'athéisme est combattu; comment il avoit déjà transigé avec le bourreau d'Utrecht pour qu'on allumât un feu d'une hauteur extraordinaire, afin de mieux frapper les yeux du peuple. Le barbare eût voulu que la flamme du bûcher pût être aperçue en même temps de tous les lieux de la Hollande, de la France, de l'Italie et de l'Angleterre. Déjà même il se préparoit à répandre dans toute l'Europe ce récit flétrissant, afin que, chassé des sept provinces, Descartes fût banni du monde entier, et que partout où il arriveroit il se trouvât devancé par sa honte. Mais c'est à l'histoire à entrer dans ces détails; c'est à elle à marquer d'une ignominie éternelle le front du calomniateur; c 'est à elle à flétrir ces magistrats qui, dupes d'un scélérat, servoient d'instrument à la haine, et combattoient pour l'envie. Et que prétendoient-ils avec leurs flammes et leurs bûchers? Croyoient-ils dans cet incendie étouffer la voix de la vérité? croyoient-ils faire disparoître la gloire d'un grand homme? Il dépend de l'envie et de l'autorité injuste de forger des chaînes et de dresser des échafauds, mais il ne dépend point d'elle d'anéantir la vérité et de tromper la justice des siècles.

Tel est le sort que Descartes éprouva en Hollande. Dans son pays, je le vois presque inconnu, regardé avec indifférence par les uns, attaqué et combattu par les autres, recherché de quelques grands comme un vain spectacle de curiosité, ignoré ou calomnié à la cour [27]. Je vois sa famille le traiter avec mépris; je vois son frère, dont tout le mérite peut-être étoit de partager son nom, parler avec dédain d'un frère qui, né gentilhomme, s'étoit abaissé jusqu'à se faire philosophe [28], et mettre au nombre des jours malheureux celui où Descartes naquit pour déshonorer sa race par un pareil métier. O préjugés! ô ridicule fierté des places et du rang! Il importe de conserver ces traits à la postérité, pour apprendre, s'il se peut, aux hommes à rougir. Où sont aujourd'hui ceux qui, à la vue de Descartes, sourioient dédaigneusement, et disoient avec hauteur: C'est un homme qui écrit? Ils ne sont plus. Ont-ils jamais été? Mais l'homme de génie vivra éternellement: son nom fait l'orgueil de ses compatriotes; sa gloire est un dé pôt que les siècles se transmettent, et qui est sous la garde de la justice et de la vérité. Il est vrai que le grand homme trouve quelquefois la considération de son vivant; mais il faut presque toujours qu'il la cherche à trois cents lieues de lui. Desca rtes, persécuté en Hollande et méconnu en France, comptoit parmi ses admirateurs et ses disciples la fameuse princesse palatine, princesse qui est du petit nombre décolles qui ont placé la philosophie à côté du trône [29]. Elle étoit digne d'interroger Descartes, et Descartes étoit digne de l'instruire. Leur commerce n'étoit point un trafic de flatteries et de mensonges de la part de Descartes, de protection et de hauteurs de la part d'Elisabeth. Dieu, la nature, l'homme, ses malheurs et les moyens qu'il a d'être heureux, ses devoirs et ses foiblesses, la chaîne morale de tous ses rapports, voilà le sujet de leurs entretiens et de leurs lettres. C'est ainsi que les philosophes doivent s'entretenir avec les grands. La nature avoit destiné à Descartes un autre disciple encore plus célèbre: c'étoit la fille de Gustave-Adolphe, c'étoit la fameuse Christine[30]. Elle étoit née avec une de ces âmes encore plus singulières que grandes, qui semblent jetées hors des routes ordinaires, et qui étonnent toujours, même lorsqu'on ne les admire pas. Enthousiaste du génie et des âmes fortes, le grand Condé, Descartes et Sobieski avoient droit dans son coeur aux mêmes sentiments. Viens, dit-elle à Descartes: je suis reine, et tu es philosophe; faisons un traité ensemble: tu annonceras la vérité, et je te défendrai contre tes ennemis. Les murs de mon palais seront tes remparts. C'est donc l'espérance de trouver un abri contre la persécution qui, seule, put attirer Descartes à Stockholm. Sans ce motif, auroit-il été se fixer auprès d'un trône? qu'est-ce qu'un homme tel que Descartes a de commun avec les rois? Leur âme, leur caractère, leurs passions, leur langage, rien ne se ressemble; ils ne sont pas même faits pour se rapprocher, leur grandeur se choque et se repousse. Mais s'il fut forcé par le malheur de se réfugier dans nue cour, il eut du moins la gloire de n'y pas démentir sa conduite; il y vécut tel qu'il avoit vécu dans le fond de la Nord-Hollande; il osa y avoir des moeurs et de la vertu; il ne fut ni vil, ni bas, ni flatteur; il ne fut point le lâche complaisant des princes ni des grands; il ne crut point qu'il devoit oublier la philosophie pour la fortune; il ne brigua point ces places qui n'agrandissent jamais ceux qui sont petits, et rabaisseroient plutôt ceux qui sont grands. Et comment Descartes auroit-il pu avoir de telles pensées? Celui qui est sans cesse occupé à méditer sur l'éternité, sur le temps, sur l'espace, ne doit -il pas contracter une habitude de grandeur, qui de son esprit passe à son âme? celui qui mesure la distance des astres, et voit Dieu au-delà; celui qui se transporte dans le soleil ou dans Saturne pour y voir l'espace qu'occupe la terre, et qui cherche alors vainement ce point égaré comme un sable à travers les mondes, reviendra-t-il sur ce grain de poussière pour y flatter, pour y ramper, pour y disputer ou quelques honneurs ou quelques richesses? Non: il vit avec Dieu et avec la nature; il abandonne aux hommes les objets de leurs passions, et poursuit le cours de ses pensées, qui suivent le cours de l'univers; il s'applique à mettre dans son âme l'ordre qu'il contemple, ou plutôt son âme se monte insensiblement au ton de cette grande harmonie. Je ne louerai donc point Descartes de n'avoir été ni intrigant ni ambitieux. Je ne le louerai point d'avoir été frugal, modéré, bienfaisant, pauvre à la fois et généreux, simple comme le sont tous les grands hommes; plein de respect, comme Newton, pour la Divinité; comme lui, fidèle à la religion; aimant à s'occuper dans la retraite et avec ses amis de l'idée de Dieu. Malheur à celui qui ne trouveroit pas dans cette idée, si grande et si consolante, les plus doux moments de sa vie! D'ailleurs, toutes ces vertus ne distinguoient point un homme aux siècles de nos pères. Mais je remarquerai que, quoique sa fortune ne pût pas suffire à ses projets, jamais il n'accepta les secours qu'on lui offrit. Ce n'étoit pas qu'il fût effrayé de la reconnoissance; un pareil fardeau n'épouvante point une âme vertueuse: mais le droit d'être le bienfaiteur d'un homme est un droit trop beau pour qu'il l'accorde avec indifférence. Peut-être faudroit-il choisir encore avec plus de soin ses bienfaiteurs que ses amis, si ces deux titres pouvoient se séparer: ainsi pensoit Descartes[31]. Avec ses sentiments, son génie et sa gloire, il dut trouver l'envie à Stockholm, comme il l'avoit trouvée à Utrecht, à La Haye et dans Amsterdam. L'envie le suivoit de ville en ville, et de climat en climat; elle avoit franchi les mers avec lui, elle ne cessa de le poursuivre que lorsqu'elle vit entre elle et lui un tombeau[32]: alors elle sourit un moment sur sa tombe, et courut dans Paris, où la renommée lui dénonçoit Corneille et Turenne.

Hommes de génie, de quelque pays que vous soyez, voilà votre sort. Les malheurs, les persécutions, les injustices, le mépris des cours, l'indifférence du peuple, les calomnies de vos rivaux ou de ceux qui croiront l'être, l'indigence, l'exil, et peut-être une mort obscure à cinq cents lieues de votre patrie, voilà ce que je vous annonce. Faut-il que pour cela vous renonciez à éclairer les hommes? Non, sans doute. Et quand vous le voudriez, en êtes-vous les maîtres? Êtes-vous les maîtres de dompter votre génie, et de résister à cette impulsion rapide et terrible qu'il vous donne? N'êtes-vous pas nés pour penser, comme le soleil pour répandre sa lumière? N'avez-vous pas reçu comme lui votre mouvement? Obéissez donc à la loi qui vous domine, et gardez-vous de vous croire infortunés. Que sont tous vos ennemis auprès de la vérité? Elle est éternelle, et le reste passe. La vérité fait votre récompense; elle est l'aliment de votre génie, elle est le soutien de vos travaux. Des milliers d'hommes, ou insensés, on indifférents, ou barbares, vous persécutent ou vous méprisent; mais dans le même temps il y a des âmes avec qui les vôtres correspondent d'un bout de la terre à l'autre. Songez qu'elles souffrent et pensent avec vous; songez que les Socrate et les Platon, morts il y a deux mille ans, sont vos amis; songez que, dans les siècles à venir, il y aura d'autres âmes qui vous ente ndront de même, et que leurs pensées seront les vôtres. Vous ne formez qu'un peuple et qu'une famille avec tous les grands hommes qui furent autrefois ou qui seront un jour. Votre sort n'est pas d'exister dans un point de l'espace ou de la

durée. Vivez pour tous les pays et pour tous les siècles; étendez votre vie sur celle du genre humain. Portez vos idées encore plus haut; ne voyez-vous point le rapport qui est entre Dieu et votre âme? Prenez devant lui cette assurance qui sied si bien à un ami de la vérité. Quoi! Dieu vous voit, vous entend, vous approuve, et vous seriez malheureux! Enfin, s'il vous faut le témoignage des hommes, j'ose encore vous le promettre, non point foible et incertain, comme il l'est pendant ce rapide instant de la vie, mais univers el et durable pendant la vie des siècles. Voyez la postérité qui s'avance, et qui dit à chacun de vous: Essuie tes larmes; je viens te rendre justice et finir tes maux: c'est moi qui fais la vie des grands hommes; c'est moi qui ai vengé Descartes de ceux qui l'outrageoient; c'est moi qui, du milieu des rochers et des glaces, ai transporté ses cendres dans Paris; c'est moi qui flétris les calomniateurs, et anéantis les hommes qui abusent de leur pouvoir; c'est moi qui regarde avec mépris ces mausolées élevés dans plusieurs temples à des hommes qui n'ont été que puissants, et qui honore comme sacrée la pierre brute qui couvre la cendre de l'homme de génie. Souviens -toi que ton âme est immortelle, et que ton nom le sera. Le temps fuit, les moments se succèdent, le songe de la vie s'écoule. Attends, et tu vas vivre; et tu pardonneras à ton siècle ses injustices, aux oppresseurs leur cruauté, à la nature de t'avoir choisi pour instruire et pour éclairer les hommes.

NOTES SUR L'ÉLOGE DE DESCARTES.

Nous réimprimons ici les notes de l'Éloge de Descartes, supprimant celles que remplit une philosophie commune et déclamatoire, et, dans presque toutes, les traits de mauvais goût qui s'y rencontrent fréquemment. Nous avons scrupuleusement conservé toute la partie biographique, propre à bien faire connaître le caractère, les habitudes et toute la carrière de Descartes.

Note 1: René Descartes, seigneur du Perron, dont on fait ici l'éloge, naquit à La Haye en Touraine le 30 mars 1596, de Jeanne Brochard, fille d'un lieutenant-général de Poitiers, et de Joachim Descartes, conseiller au parlement de Bretagne, dont il fut le troisième fils. Sa maison étoit une des plus anciennes de la Touraine. Il avoit eu dans sa famille un archevêque de Tours, et plusieurs braves gentilshommes qui avoient servi avec distinction... Son père, soit par goût, soit par raison de fortune, entra dans la robe... Depuis que le père de Descartes se fut établi à Rennes, ses descendants y ont toujours demeuré. On en compte six qui ont occupé avec distinction des charges dans le parlement de Bretagne. Madame la présidente de Châteaugiron, dernière de la famille, vient de mourir. On dit qu'elle avoit dans son caractère plusieurs traits de ressemblance avec Descartes. Il y a eu aussi une Catherine Descartes, nièce du philosophe, célèbre par son esprit, et par son talent pour les vers agréables. Elle le est morte en 1706.

Note 2: Descartes étoit né avec une complexion très foible, et les médecins ne manquèrent pas de dire qu'il mourroit très jeune; cependant il les trompa au moins d'une quarantaine d'années. Ayant perdu sa mère presque en naissant, il fut très redevable aux soins d'une nourrice, qui suppléa à la nature par tous les soins de la tendresse. Descartes en fut très reconnoissant; il lui fit une pension viagère qui lui fut payée exactement jusqu'à la mort; et, comme il n'étoit pas de ceux qui croient que l'argent acquitte tout, il joignoit encore à ces bienfaits les devoirs et l'attachement d'un fils. Son père ne voulut point fatiguer des organes encore foibles par des études prématurées; il lui donna le temps de croître et de se fortifier. Mais l'esprit de Descartes alloit au-devant des instructions. Il n'avoit pas encore huit ans, et déjà on l'appeloit le philosophe. Il demandoit les causes et les effets de tout, et savoit ne pas entendre ce qui ne signifioit rien. En 1604, il fut mis au collège de La Flèche. Son imagination vive et ardente fut la première faculté de son âme qui se déploya. Il cultiva la poésie avec transport... Ce goût de la poésie lui demeura toujours, et peu de temps avant sa mort il fit des vers français à la cour de Suède.. C'est une ressemblance qu'il eut avec Platon, et que Leibnitz eut avec lui. Il aimoit aussi beaucoup l'histoire, et passoit les jours et les nuits à lire; mais cette passion ne devoit pas durer long-temps... Il étoit encore a La Flèche en 1610, lorsque le coeur du plus grand et du meilleur des rois, assassiné dans Paris, y fut porté pour être déposé dans la chapelle des jésuites. Il fut témoin de cette pompe cruelle, et nommé parmi les vingt-quatre gentilshommes qui allèrent au-devant de ce triste dépôt. Il étudioit alors en philosophie. Il y fit des progrès qui annoncèrent son génie; car, au lieu d'apprendre, il doutoit. La logique de ses maîtres lui parut chargée d'une foule de préceptes ou inutiles ou dangereux; il s'occupoit à l'en séparer, comme le statuaire, dit-il lui-même, travaille à tirer une Minerve d'un bloc de marbre qui est informe. Leur métaphysique le révoltoit par la barbarie des mots et le vide des idées; leur physique par l'obscurité du jargon et par la fureur d'expliquer tout ce qu'elle n'expliquoit pas. Les mathématiques seules le satisfirent; il y trouva l'évidence qu'il cherchoit partout. Il s'y livra en homme qui avoit besoin de connoître . Quelques auteurs prétendent qu'il inventa, étant encore au collège, sa fameuse analyse. Ce seroit un prodige bien plus étonnant que celui de Newton, qui à vingt-cinq ans avoit trouvé le calcul de l'infini. Quoi qu'il en soit de cette particularité, Descartes finit ses études en 1612. Le fruit ordinaire de ces premières études est de s'imaginer savoir beaucoup. Descartes étoit déjà assez avancé pour voir qu'il ne savoit rien. En se comparant avec tous ceux qu'on nommoit savants, il apprit à mépriser ce nom. De là au mépris des sciences il n'y a qu'un pas. Il oublia donc et les lettres, et les livres, et l'étude; et celui qui devoit créer la philosophie en Europe renonça pendant quelque temps à toute espèce de connoissance. Voilà à peu près tout ce que nous savons des premières années de Descartes...

Note 3: Il étoit impossible que Descartes demeurât dans l'inaction. Il faut un aliment pour les âmes ardentes. Dès qu'il eut renoncé aux livres, il s'abandonna aux plaisirs. Eu 1614 il fit à Paris l'essai d'une liberté dangereuse; mais son génie le ramena bientôt. Tout-à-coup il rompt avec ses amis et ses connoissances; il loue une petite maison dans un quartier désert du faubourg Saint-Germain, s'y enferme avec un ou deux domestiques, n'avertit personne de sa retraite, et y passe les années 1615 et 1616 appliqué à l'étude, et inconnu presque à toute la terre. Ce ne fut qu'au bout de plus de deux ans qu'un ami le rencontra par hasard dans une rue écartée, s'obstina à le poursuivre jusque chez lui, et le rentraîna enfin dans le monde. On peut juger par ce seul trait du caractère de Descartes, et de la passion que lui inspirait l'étude...

Note 4: Descartes avait vingt-un ans lorsqu'il sortit de France pour la première fois: c'étoit en 1617. Il alla d'abord en Hollande, où il demeura deux ans; ce dut être pour lui un spectacle curieux, qu'un pays où tout commençoit à naître, et où tout étoit l'ouvrage de la liberté. Mais s'il y vit un terrain 'S nouveau--créé pour ainsi dire, et arraché à la mer, s'il vit le spectacle magnifique des canaux, des digues, du commerce et des villes de la Hollande, il fut aussi témoin des querelles sanglantes des gomaristes et des arminiens. On sait comment l'ambition du prince d'Orange voulut faire servir ces guerres de religion à sa gra ndeur. Barnevelt, âgé de soixante-seize ans, fut condamné, et mourut sur l'échafaud, pour avoir voulu garantir son pays du despotisme. Ce furent les premiers mémoires que l'Europe fournit à Descartes pour la connoissance de l'esprit humain. Eu

1619 il passa en Allemagne. Quelques années plus tôt, il y aurait vu ce Rodolphe qui conversoit avec Tycho- Brahé au lieu de travailler avec ses ministres, et faisoit avec Kepler des tables astronomiques tandis que les Turcs ravageoient ses états. Il vit couronner à Francfort Ferdinand II; et il paroît qu'il observa avec curiosité toutes ces cérémonies, ou politiques, ou sacrées, qui rendent plus imposant aux yeux des peuples le maître qui doit les gouverner. Ce couronnement fut le signal de la fameuse guerre de trente ans. Descartes passa les années 1619 et 1620 en Bavière, dans la Souabe, dans l'Autriche et dans la Bohême. En 1621 il fut en Hongrie; il parcourut la Moravie, la Silesie, pénétra dans le nord de l'Allemagne, alla en Poméranie par les extrémités de la Pologne, visita toutes les côtes de la mer Baltique, remonta de Stettin dans la Marche de Brandebourg, passa au duché de Meckelhourg, et de là dans le Holstein, et enfin s'embarqua sur l'Elbe, d'où il retourna en Hollande. Il fut sur le point de périr dans ce trajet. Pour être plus libre, il avoit pris à Emhden un bateau pour lui seul et son valet. Les mariniers, à qui son air doux et tranquille et sa petite taille n'en imposoient pas apparemment beaucoup, formèrent le complot de le tuer, afin de profiter de se s dépouilles. Comme ils ne se doutoient pas qu'il entendît leur langue, ils eurent l'heureuse imprudence de tenir conseil devant lui; par bonheur Descartes savoit le hollandais: il se lève tout-à-coup, change de contenance, tire l'épée avec fierté, et menace de percer le premier qui oseroit approcher. Cette heureuse audace les intimida, et Descartes fut sauvé... Quatre ou cinq mariniers de la West-Frise pensèrent disposer de celui qui devoit faire la révolution de l'esprit humain... Descartes passa la fin de 1621 et les premiers mois de 1622 a La Haye. C'est là qu'il vit cet électeur palatin qui, pour avoir été couronné roi, étoit devenu le plus malheureux des hommes. Il passoit sa vie à solliciter des secours et à perdre des batailles. La princesse Élisabet h sa fille, que sa liaison avec Descartes rendit depuis si fameuse, avoit alors tout au plus trois ou quatre ans. Elle étoit errante avec sa mère, et partageoit des maux qu'elle ne sentoit pas encore. La même année Descartes traversa les Pays -Bas espagnols, et s'arrêta à la cour de

Bruxelles. La trêve entre l'Espagne et la Hollande étoit rompue. Il y vit l'infante Isabelle, qui, sous un habit de religieuse, gouvernoit dix provinces, et signoit des ordres pour livrer des batailles, à peu près comme on vit Ximenès gouverner l'Espagne, l'Amérique et les Indes, sous un habit de cordelier... En 1623 il fit le voyage d'Italie; il traversa la Suisse, où il observa plus la nature que les hommes; s'arrêta quelque temps dans la Valteline; vit à Venise le mariage du doge avec la mer Adriatique... et arriva enfin à Rome sur la fin de 1624. Il y fut témoin d'un jubilé qui attiroit une quantité prodigieuse de peuple de tous les bouts du l'Europe. Ce mélange de tant de nations différentes était un spectacle intéressant pour un philosophe. Descartes y donna toute son attention. Il comparoit les caractères de tous ces peuples réunis, comme un amateur habile compare, dans une belle galerie de tableaux, les manières des différentes écoles de peinture. En 1625 il passa par la Toscane: Galiléo étoit alors âgé de soixante ans, et l'inquisition ne s'étoit pas encore flétrie par la condamnation de ce grand homme. En 1631 il fit le voyage d'Angleterre, et en 1634 celui de Danemarck. L'Espagne et le Portugal sont les seuls pays de l'Europe où Descartes n'ait pas voyagé.

Note 5: Descartes porta les armes dans sa jeunesse: d'abord en Hollande, sous le célèbre Maurice de Nassau, qui affermit la liberté fondée par son père, et mérita de balancer la réputation de Farnèse; de là en Allemagne, sous Maximilien de Bavière, au commencement de la guerre de trente ans. Il vit dans cette guerre le choc de deux religions opposées, l'ambition des chefs, le fanatisme des peuples, la fureur des partis, l'abus des succès, l'orgueil du pouvoir, et trente provinces dévastées, parce qu'on se disputoit à qui gouverneroit la Bohême. Il passa ensuite au service de l'empereur Ferdinand II, pour voir de plus près les troubles de la Hongrie. La mort du comte de Bucquoy, général de l'armée impériale, qui fut tué, dans une déroute, de trois coups de lance et de plus de trente coups de pistolet, le dégoûta du métier des armes. Il avoit servi environ quatre ans, et en avoit alors vingt-cinq. On croit pourtant qu'au siège de La Rochelle il combattit, comme volontaire, dans une bataille contre la flotte anglaise. On se doute bien que l'ambition de Descartes n'étoit point de devenir un grand capitaine. Avide de connoître, il vouloit étudier les hommes dans tous les états; et malheureusement la guerre est devenue un des grands spectacles de l'humanité. Il avoit d'abord aimé cette profession, comme il l'avouoit lui-même, sans doute parce qu'elle convenoit à l'activité inquiète de son âme; mais dans la suite, un coup d'oeil plus philosophique ne lui laissa voir que le malheur des hommes...

Note 6: Ce fut en 1625, au retour de son voyage d'Italie, que Descartes fît ses observations sur la cime des Alpes. Il est peu d'âmes sensibles ou fortes à qui la vue de ces montagnes n'inspire de grandes idées. L'homme mélancolique y voit une retraite délicieuse et sauvage, le guerrier s'y rappelle les armées qui les ont traversées, et le philosophe s'y occupe des phénomènes de la nature. Descartes y composa une partie de son système sur les grêles, les neiges, les tonnerres et les tourbillons de vents...

Note 7: Dès son enfance, Descartes avoit l'habitude de méditer. Lorsqu'il étoit à La Flèche, on lui permettoit, à cause de la foiblesse de sa santé, de passer une partie des matinées au lit. Il employoit ce temps à réfléchir profondément sur les objets de ses études; et il en contracta l'habitude pour le reste de sa vie. Ce temps, où le sommeil a réparé les forces, où les sens sont calmes, où l'ombre et le demi-jour favorisent la rêverie, et où l'âme ne s'est point encore répandue sur les objets qui sont hors d'elle, lui paroissoit le plus propre à la pensée. C'est dans ces matinées qu'il a fait la plupart de ses découvertes, et arrangé ses mondes. Il porta à la guerre ce même esprit de méditation. En 1619, étant en quartier d'hiver sur le s frontières de Bavière, dans un lieu très écarté, il y passa plusieurs mois dans une solitude profonde, uniquement occupé à méditer. Il cherchoit alors les moyens de créer une science nouvelle. Sa tête, fatiguée sans doute par la solitude ou par le travail, s'échauffa tellement, qu'il crut avoir des songes mystérieux. Il crut voir des fantômes; il entendit une voix qui l'appeloit à la recherche de la vérité. Il ne douta point, dit l'historien de sa vie, que ces songes ne vinssent du ciel, et il y mêla un sentiment de religion...

Note 8: La première étude qui attacha véritablement Descartes fut celle des mathématiques. Dans son enfance, il les étudia avec transport, et en particulier l'algèbre et l'analyse des anciens. A l'âge de dix-neuf ans, lorsqu'il renonça brusquement à tous les plaisirs, et qu'il passa deux ans dans la retraite, il employa tout ce temps à l'étude de la géométrie. En 1617, étant au service de la Hollande, un inconnu fit afficher dans les rues de Bréda un problème à résoudre. Descartes vit un grand concours de passants qui s'arrêtoient pour lire. Il s'approcha; mais l'affiche étoit en flamand, qu'il n'entendoit pas. Il pria un homme qui étoit à côté de lui de la lui expliquer. C'étoit un mathématicien nommé Beckman, principal du collège de Dordrecht. Le principal, homme grave, voyant un petit officier français en habit uniforme, crut qu'un problème de géométrie n'étoit pas fort intéressant pour lui; et, apparemment pour le plaisanter, il lui offrit de lui expliquer l'affiche, à condition qu'il résoudroit le problème. C'étoit une espèce de défi. Descartes l'accepta; le lendemain matin le problème étoit résolu. Beckman fut fort étonné; il entra en conversation avec le jeune homme; et il se trouva que le militaire de vingt ans en savoit beaucoup plus sur la géométrie que le vieux professeur de mathématiques. Deux ou trois ans après, étant à Ulm, en Souabe, il eut une aventure à peu près pareille avec Faulhaber, mathématicien allemand. Celui-ci venoit de donner un gros livre sur l'algèbre, et il traitoit Descartes assez lestement, comme un jeune officier aimable, et qui ne paroissoit pas tout-à-fait ignorant. Cependant un jour, à quelques questions qu'il lui fit, il se douta que Descartes pouvoit bien avoir quelque mérite. Bientôt, à la clarté et à la rapidité de ses réponses sur les questions les plus abstraites, il reconnut dans ce jeune homme le plus puissant génie, et ne regarda plus qu'avec respect celui qu'il croyoit honorer en le recevant chez lui. Descartes fut lié ou du moins fut en commerce avec tous les plus savants géomètres de son siècle. Il ne se passoit pas d'année qu'il ne donnât la solution d'un très grand nombre de problèmes qu'on lui adressoit dans sa retraite; car c'étoit alors la méthode entre les géomètres, à peu près comme les anciens sages et mêmes les rois dans l'Orient s'envoyoient des énigmes à deviner. Descartes eut beaucoup de part à la fameuse question de la roulette et de la cycloïde. La cycloïde est une ligne décrite par le mouvement d'un point de la circonférence d'un cercle, tandis que le cercle fait une révolution sur une ligne droite. Ainsi quand une roue de carrosse tourne, un des clous de la circonférence décrit dans l'air une cycloïde. Cette ligne fut découverte par le P. Mersenne, expliquée par Roberval, examinée par Descartes, qui en découvrit la tangente; usurpée par Toricelli, qui s'en donna pour l'inventeur; approfondie par Pascal, qui contribua beaucoup à en démontrer la nature et les rapports. Depuis, les géomètres les plus célèbres, tels que Huygens, Wa llis, Wren, Leibniz, et les Bernoulli, y travaillèrent encore. Avant de finir cet article, il ne sera peut-être pas inutile de remarquer que Descartes, qui fut le plus grand géomètre de son siècle, parut toujours faire assez peu de cas de la géométrie. Il tenta au moins cinq ou six fois d'y renoncer, et il y revenoit sans cesse...

Note 9: C'est un spectacle aussi curieux que philosophique de suivre toute la marche de l'esprit de Descartes, et de voir tous les degrés par où il passa pour parvenir à changer la face des sciences. Heureusement, en nous donnant ses découvertes, il nous a indiqué la route qui l'y avoit mené. Il seroit à souhaiter que tous les inventeurs eussent fait de même; mais la plupart nous on caché leur marche, et nous n'avons que le résult at de leurs travaux. Il semble qu'ils aient craint, ou de trop instruire les hommes, ou de s'humilier à leurs yeux en se montrant eux-mêmes luttant contre les difficultés. Quoi qu'il en soit, voici la marche de Descartes. Dès l'âge de quinze ans, il commença à douter. Il ne trouvoit dans les leçons de ses maîtres que des opinions; et il cherchoit des vérités. Ce qui le frappoit le plus, c'est qu'il voyoit qu'on disputoit sur tout. A dix-sept ans, ayant fini ses études, il s'examina sur ce qu'il avoit appris: il rougit de lui-même; et, puisqu'il avoit eu les plus habiles maîtres, il conclut que les hommes ne savoient rien, et qu'apparemment ils ne pouvoient rien savoir. Il renonça pour jamais aux sciences. A dix-neuf, il se remit à l'étude des mathématiques, qu'il avoit toujours aimées. A vingt-un, il se mit à voyager pour étudier les hommes. En voyant chez tous les peuples mille choses extravagantes et fort approuvées, il apprenoit, dit-il, à se défier de l'esprit humain, et à ne point regarder l'exemple, la coutume et l'opinion comme des autorités. A vingt-trois, se trouvant dans une solitude profonde, il employa trois ou quatre mois de suite à penser. Le premier pas qu'il fit fut d'observer que tous les ouvrages composés par plusieurs mains sont beaucoup moins parfaits que ceux qui ont été conçus, entrepris et achevés par un seul homme: c'est ce qu'il est aisé de voir dans les ouvrages d'architecture, dans les statues, dans les tableaux, et même dans les plans de législation et de gouvernement. Son second pas fut d'appliquer cette idée aux sciences. Il les vit comme formées d'une infinité de pièces de rapport, grossies des opinions de chaque philosophe, tous d'un esprit et d'un caractère différent. Cet assemblage, cette combinaison d'idées souvent mal liées et mal assorties peut-elle autant approcher de la vérité que le feroient les raisonnements justes et simples d'un seul homme? Son troisième pas fut d'appliquer cette même idée à la raison humaine. Comme nous sommes enfants avant que d'être hommes, notre raison n'est que le composé d'une foule de jugements souvent contraires, qui nous ont été dictés par nos sens, par notre nourrice et par nos maîtres. Ces jugements n'auroient-ils pas plus de vérité et plus d'unité, si l'homme, sans passer par la faiblesse de l'enfance, pouvoit juger en naissant, et composer lui seul toutes ses idées? Parvenu jusque là, Descartes résolut d'ôter de son esprit toutes les opinions qui y étoient, pour y en substituer de nouvelles, ou y remettre les mêmes après qu'il les auroit vérifiées; et ce fut son quatrième pas. Il vouloit, pour ainsi dire, recomposer sa raison, afin qu'elle fût à lui, et qu'il pût s'assurer pour la suite des fondements de ses connoissances. Il ne pensoit point encore à réformer les sciences pour le public; il regardait tout changement comme dangereux. Les établissements une fois faits, disoit-il, sont comme ces grands corps dont la chute ne peut être que très rude, et qui sont encore plus difficiles à relever quand ils sont abattus, qu'à retenir quand ils sont é branlés. Mais comme il seroit juste de blâmer un homme qui entreprendroit de renverser toutes les maisons d'une ville, dans le seul dessein de les rebâtir sur un nouveau plan, il doit être permis à un particulier d'abattre la sienne, pour la reconstruire s ur des fondements plus solides. Il entreprit donc d'exécuter la première partie de ses desseins, qui consistoit à détruire; et ce fut son cinquième pas. Mais il éprouva bientôt les plus grandes difficultés. Je m'aperçut, dit-il, qu'il n'est pas aussi aisé à un homme de se défaire de ses préjugés, que de brûler sa maison . Il y travailla constamment plusieurs années de suite, et il crut à la fin en être venu à bout. Je ne sais si je me trompe, mais cette marche de l'esprit de Descartes me paroît admirable. Continuons de le suivre. A l'âge de vingt-quatre ans, il entendit parler en Allemagne d'une société d'hommes qui n'avoit pour but que la recherche de la vérité: on l'appeloit la confrérie des Rose-Croix. Un de ses principaux statuts étoit de demeurer cachée. Elle avoit, à ce qu'on dit, pour fondateur, un Allemand né dans le quatorzième siècle. On raconte de cet homme des choses merveilleuses. Il avoit profondément étudié la magie, qui étoit alors une science fort importante. Il avoit voyagé en Arabie, en Turquie, en Afrique, en Espagne, avoit vu sur la terre des sages et des cabalistes, avoit appris plusieurs secrets de la nature, et s'étoit retiré enfin en Allemagne, où il vécut solitaire dans une grotte jusqu'à l'âge de cent six ans. On se doute bien qu'il fit des prodiges pendant sa vie et après sa mort. Son histoire ne ressemble pas mal à celle d'Apollonius du Tyane. On imagina un soleil dans la grotte où il étoit enterré; et ce soleil n'avoit d'autre fonction que celle d'éclairer son tombeau. La confrérie fondée par cet homme extraordinaire étoit, dit-on, chargée de réformer les sciences dans tout l'univers. En attendant, elle ne paroissoit pas; et Descartes, malgré toutes ses recherches, ne put trouver un seul homme qui en fût. Il y a cependant apparence qu'elle existoit, car on en parloit beaucoup dans toute l'Allemagne; on écrivoit pour et contre; et même en 1623 on fit l'honneur à ces philosophes de les jouer à Paris, sur le théâtre de l'hôtel de Bourgogne. Descartes, déchu de l'espérance de trouver dans cette société quelques secours pour ses desseins, résolut désormais de se passer des livres et des savants. Il ne vouloit plus lire que dans ce qu'il appeloit le grand livre du monde, et s'occupait à ramasser des expériences. A vingt-sept ans, il éprouva une secousse qui lui fit abandonner les mathématiques et la physique; les unes lui paroissoient trop vides, l'autre trop incertaine. Il voulut ne plus s'occuper que de la morale; mais à la première occasion il retournoit à l'étude de la nature. Emporté comme malgré lui, il s'enfonça de nouveau dans les sciences abstraites. Il les quitta encore pour revenir à l'homme; il espéroit trouver plus de secours pour cette science, mais il reconnut bientôt qu'il s'étoit trompé. Il vit que dans Paris, comme à Rome et dans Venise, il y avoit encore moins de gens qui étudioient l'homme que la géométrie. Il passa trois ans dans ces alternatives, dans ce flux et reflux d'idées contraires, entraîné par son génie tantôt vers un objet, tantôt vers un autre, inquiet et tourmenté, et combattant sans cesse avec lui-même. Ce ne fut qu'à trente-deux ans que tous ces orages cessèrent. Alors il pensa sérieusement à refaire une philosophie nouvelle; mais il résolut de ne point embrasser de secte, et de travailler sur la nature même. Voilà par quels degrés Descartes parvint à cette grande révolution: il y fut conduit par le doute et l'examen...

Note 10: Descartes fut très long-temps incertain sur le genre de vie qu'il devoit embrasser. D'abord il prit le parti des armes, comme on l'a vu, mais il s'en dégoûta au bout de quatre ans. En 1623, dans le temps des troubles de la Valteline, il eut quelque envie d'être intendant de l'armée; mais ses sollicitations ne purent être assez vives pour qu'il réussît: il mettoit trop peu de chaleur à tout ce qui n'intéressoit que sa fortune. En 1625, il fut sur le point d'acheter la charge de lieutenant-général de Châtellerault; et comme il étoit persuadé que pour exercer une charge il falloit être instruit, il manda à son père qu'il iroit se mettre à P aris chez un procureur au Châtelet, pour y apprendre la pratique. Il faut avouer que c'étoit là un singulier apprentissage pour un homme tel que Descartes: il avoit alors vingt-neuf ans. Mais ce projet manqua comme l'autre. S'il avoit réussi, il est à croire que Descartes auroit fait comme le président de Montesquieu, et qu'il ne fût pas long-temps resté juge. Enfin, après avoir passé dix ou douze ans à observer tous les états, il finit par n'en choisir aucun. Il résolut de garder son indépendance, et de s'occuper tout entier à la recherche de la vérité. Il pensoit sans doute que c'étoit assez remplir son devoir d'homme et de citoyen, de travailler à éclairer les hommes.

Note 11: Ce fut en 1629, sur la fin de mars, que Descartes partit pour aller s'établir en Hollande; il avoit alors trente-trois ans. Comme sa résolution auroit paru extraordinaire, il n'en avertit ni ses parents ni ses amis; il se contenta de leur écrire avant son départ. On ne manqua point de murmurer. Il n'y a que celui qui a pu concevoir un tel projet qui soit capable de l'approuver. Mais son parti étoit pris. Il nous rend compte lui-même des motifs qui l'engagèrent à quitter la France. Le premier fut la raison du climat. Il craignoit que la chaleur, en exaltant un peu trop son imagination, ne lui ôtât une partie du sang-froid et du calme nécessaires pour les découvertes philosophiques; le climat de la Hollande lui parut plus favorable à ses desseins. Mais son principal motif fut la passion qu'il avoit pour la retraite, et le désir de vivre dans une solitude profonde. En France, il eut été sans cesse détourné de l'étude par ses parents ou ses amis... au lieu qu'en Hollande il étoit sûr qu'on n'exigeroit rien de lui. Il espéroit vivre parfaitement inconnu, solitaire au milieu d'un peuple ac tif qui s'occuperoit de son commerce, tandis que lui s'occuperoit à penser. Comme son grand but étoit la retraits, il prit toutes sortes de moyens pour n'être pas découvert. Il ne confia sa demeure qu'à un seul ami chargé de sa correspondance. Jamais il ne datoit ses lettres du lieu où il demeuroit, mais de quelque grande ville où il étoit sûr qu'on ne le trouverait pas. Pendant plus de vingt ans qu'il demeura en Hollande, il changea très souvent de séjour, fuyant sa réputation partout où elle le poursuivoit, et se dérobant aux importuns qui vouloient seulement l'avoir vu. Il habitoit quelquefois dans les grandes villes; mais il préféroit ordinairement les villages ou les bourgs, et le plus souvent les maisons solitaires tout-à-fait isolées dans la campagne. Quelquefois il alloit s'établir dans une petite maison aux bords de la mer: on montre encore en plusieurs endroits les maisons qu'il a habitées... Le goût que Descartes avoit pour la Hollande étoit si vif, qu'il cherchoit à y attirer ceux de ses amis qui vouloient se retirer du monde. Je vais traduire une lettre qu'il écrivoit à Balzac sur ce sujet; on la verra peut-être avec plaisir. «Je ne suis point étonné, lui dit-il, qu'une âme grande et forte, telle que la vôtre, ne puisse se plier aux usages serviles de la cour. J'ose donc vous conseiller de venir à Amsterdam, et de vous y retirer, plutôt que dans des chartreuses, ou même dans les lieux les plus agréables de France ou d'Italie. Je préfère même son séjour à cette solitude charmante où vous étiez l'année dernière. Quelque agréable que soit une maison de campagne, on y manque de mille choses qu'on ne trouve que dans les villes; on n'y est pas même aussi seul qu'on le voudroit. Peut-être y trouverez-vous un ruisseau dont le murmure vous fera rêver délicieusement, ou un vallon solitaire qui vous jettera dans l'enchantement; mais aussi vous aurez à vous défendre d'une quantité de petits voisins qui vous assiégeront sans cesse. Ici, comme tout le monde, excepté moi, est occupé au commerce, il ne tient qu'à moi de vivre inconnu à tout le monde. Je me promène tous les jours à travers un peuple immense, presque aussi tranquillement que vous pouvez le faire dans vos allées. Les hommes que je rencontre me font la même impression que si je voyois les arbres de vos f orêts ou les troupeaux de vos campagnes. Le bruit intime de tous ces commerçants ne me distrait pas plus que si j'entendois le bruit d'un ruisseau. Si je m'amuse quelquefois à considérer leurs

mouvements, j'éprouve le même plaisir que vous à considérer ceux qui cultivent vos terres: car je vois que le but de tous ces travaux est d'embellir le lieu que j'habite, et de prévenir tous mes besoins. Si vous avez du plaisir à voir les fruits croître dans vos vergers, et vous promettre l'abondance, pensez-vous que j'en aie moins à voir tous les vaisseaux qui abordent sur mes côtes m'apporter les productions de l'Europe et des Indes? Dans quel lieu de l'univers trouverez-vous plus aisément qu'ici tout ce qui peut intéresser la vanité ou flatter le goût? Y a -t-il un pays dans le monde où l'on soit plus libre, où le sommeil soit plus tranquille, où il y ait moins de dangers à craindre, où les lois veillent mieux sur le crime, où les empoisonnements, les trahisons, les calomnies soient moins connus, où il reste enfin plus de traces de l'heureuse et tranquille innocence de nos pères? Je ne sais pourquoi vous êtes si amoureux de votre ciel d'Italie, la peste se mêle avec l'air qu'on y respire; la chaleur du jour y est insupportable; les fraîcheurs du soir y sont malsaines; l'ombre des nuits y couvre des larcins et des meurtres. Que si vous craignez les hivers du Nord, comment à Rome, même avec des bosquets, des fontaines et des grottes, vous garantirez-vous aussi bien de la chaleur, que vous pourrez ici, avec un bon poêle ou une cheminée, vous garantir du froid? Je vous attends avec une petite provision d'idées philosophiques qui vous feront peut-être quelque plaisir; et, soit que vous veniez ou que vous ne veniez pas, je n'en serai pas moins votre tendre et fidèle ami.» Cette lettre est très intéressante. D'abord elle nous fait voir le goût de Descartes pour la Hollande, et la manière dont il y vivoit. Elle nous montre ensuite son imagination et le tour agréable qu'il savoit donner à ses idées. On a accusé la géométrie de de ssécher l'esprit; je ne sais s'il y a rien dans tout Balzac où il y ait autant d'esprit et d'agrément. L'imagination brillante de Descartes se décèle partout dans ses ouvrages; et s'il n'avoit voulu être ni géomètre, ni philosophe, il n'auroit encore tenu qu'à lui d'être le plus
bel-esprit de son temps.

Note 12: Le Discours sur la méthode parut le 8 juin 1637. Il étoit à la tête de ses Essais de philosophie. Descartes y indique les moyens qu'il a suivis pour tâcher de parvenir à la vérité, et ce qu'il faut faire encore pour aller plus avant. On y trouva une profondeur de méditation inconnue jusqu'alors. C'est là qu'est l'histoire de son fameux doute. Il a depuis répété cette histoire dans deux autres ouvrages, dans le premier livre de ses Principes, et dans la première de ses Méditations métaphysiques. Il falloit qu'il sentît bien vivement l'importance et la nécessité du doute, pour y revenir jusqu'à trois fois, lui qui étoit si avare de paroles. Mais il regardoit le doute comme la base de la philosophie, et le garant sûr des progrès qu'on pourroit y faire dans tous les siècles...

Note 13: Les règles de l'analyse logique, qu'on peut regarder comme la seconde partie de sa Méthode, sont indiquées dans plusieurs de ses ouvrages, et rassemblées en grande partie dans un manuscrit qui n'a été imprimé qu'après sa mort. L'ouvrage est intitulé, Règles pour conduire notre esprit dans la recherche de la vérité . En voici à peu près la marche. Voulez-vous trouver la vérité, formez votre esprit, et rendez-le capable de bien juger. Pour y parvenir, ne l'appliquez d'abord qu'à ce qu'il peut bien connoître par lui-même. Pour bien connoître, ne cherchez pas ce qu'on a écrit ou pensé avant vous; mais sachez vous en tenir à ce que vous reconnoissez vous-même pour évident. Vous ne trouverez point la vérité sans méthode; la méthode consiste dans l'ordre; l'ordre consiste à réduire les propositions complexes à des propositions simples, et vous élever par degrés des unes aux autres. Pour vous perfectionner dans une science, parcourez-en toutes les questions et toutes les branches, enchaînant toujours vos pensées les unes aux autres. Quand votre esprit ne conçoit pas, sachez vous arrêter; examinez long-temps les choses les plus faciles; vous vous accoutumerez ainsi à regarder fixement la vérité, et à la reconnoître. Voulez-vous aiguiser votre esprit et le préparer à découvrir un jour par lui-même, exercez-le d'abord sur ce qui a été inventé par d'autres. Suivez surtout les découvertes où il y a de l'ordre et un enchaînement d'idées. Quand il aura examiné beaucoup de propositions simples, qu'il s'essaie peu à peu à embrasser distinctement plusieurs objets à la fois; bientôt il acquerra de la force et de l'étendue. Enfin, mettez à profit tous les secours de l'entendement, de l'imagination, de la mémoire et des sens, pour comparer ce qui est déjà connu avec, ce qui ne l'est pas, et découvrir l'un par l'autre. Descartes divise tous les objets de nos connoissances en propositions simples et en questions. Les questions sont de deux sortes: ou on les entend parfaitement, quoiqu'on ignore la manière de les résoudre; ou la connoissance qu'on en a est imparfaite. Le plan de Descartes étoit de donner trente-six règles, c'est-à-dire douze pour chacune de ses divisions. Il n'a exécuté que la moitié de l'ouvrage; mais il est aisé de voir par cet essai comment il portoit l'esprit de système et d'analyse dans toutes ses recherches, et avec quelle adresse il décomposoit, pour ainsi dire, tout le mécanisme du raisonnement.

Note 14: Les Méditations métaphysiques de Descartes parurent en 1641. C'étoit, de tous ses ouvrages, celui qu'il estimoit le plus. Il le louoit avec un enthousiasme de bonne foi; car il croyoit avoir trouvé le moyen de démontrer les vérités métaphysiques d'une manière plus évidente que les démonstrations de géométrie. Ce qui caractérise surtout cet ouvrage, c'est qu'il contient sa fameuse démonstration de Dieu par l'idée, démonstration si répétée depuis, adoptée par les uns, et rejetée par les autres; et qu'il est le premier où la distinction de l'esprit et de la matière soit parfaitement développée, car avant Descartes on n'avoit point encore bien approfondi les preuves philosophiques de la spiritualité de l'âme. Une chose remarquable, c'est que Descartes ne donna cet ouvrage au public que par principe de conscience. Ennuyé des tracasseries qu'on lui suscitoit depuis trois ans pour ses Essais de philosophie, il avoit résolu de ne plus rien imprimer. J'aurois, dit-il, une vingtaine d'approbateurs et des milliers d'ennemis: ne vaut-il pas mieux me taire, et m'instruire en silence? Il crut cependant qu'il ne devoit pas supprimer un ouvrage qui pouvoit fournir ou de nouvelles preuves de l'existence de Dieu, ou de nouvelles lumières sur la nature de l'âme. Mais, avant de le risquer, il le communiqua à tous les hommes les plus savants de l'Europe, recueillit leurs objections, et y répondit. Le célèbre Arnauld fut du nombre de ceux qu'il consulta. Arnauld n'avoit alors que vingt-huit ans. Descartes fut étonné de la profondeur et de l'étendue de génie qu'il trouva dans ce jeune homme. Il s'en falloit de beaucoup qu'il eût porté le même jugement des objections de Hobbes et de celles de Gassendi. Il fit imprimer toutes ces objections, avec les réponses, à la suite des Méditations; et, pour leur donner encore plus de poids, le philosophe dédia son ouvrage à la Sorbonne. Je veux m'appuyer de l'autorité, disoit-il, puisque la vérité est si peu de chose quand elle est seule. Il n'avoit point encore pris assez de précautions. Ce livre, approuvé par les docteurs, discuté par des savants, dédié à la Sorbonne, et où le génie s'épuise à prouver l'existence de Dieu et la spiritualité de l'âme, fut mis, vingt-deux ans après, à l'index à Rome.

Note 15: On a été étonné que, dans ses Méditations métaphysiques, Descartes n'ait point parlé de l'immortalité de l'âme. Ses ennemis avoient beau jeu; et ils n'ont pas manqué de profiter de ce silence pour l'accuser de n'y pas croire. Mais il nous apprend lui-même, par une de ses lettres, qu'ayant établi clairement dans cet ouvrage la distinction de l'âme et de la matière, il suivoit nécessairement de cette distinction que l'âme par sa nature ne pouvoit périr avec le corps...

Note 16: La Géométrie de Descartes parut en 1637 avec le Traité de la méthode, son Traité des météores et sa Dioptrique. Ces quatre traités réunis ensemble formoient ses Essais de philosophie. Sa Géométrie étoit si fort au-dessus de son siècle, qu'il n'y avoit réellement que très peu d'hommes en état de l'entendre. C'est ce qui arriva depuis à Newton; c'est ce qui arrive à presque tous les grands hommes. Il faut que leur siècle coure après eux pour les atteindre. Outre que sa Géométrie étoit très profonde et entièrement nouvelle, parce qu'il avoit commencé où les autres avaient fini, il avoue lui-même dans une de ses lettres qu'il n'avoit pas été fâché d'être un peu obscur, afin de mortifier un peu ces hommes qui savent tout. Si on l'eût entendu trop aisément, on n'auroit pas manqué de dire qu'il n'avait rien écrit de nouveau, au lieu que la vanité humiliée étoit forcée de lui rendre hommage. Dans une autre lettre, on voit qu'il calcule avec plaisir les géomètres en Europe qui sont en état de l'entendre. Il en trouve trois ou quatre en France, deux en Hollande, et deux dans les Pays -Bas espagnols...

Note 17: Presque toute la physique de Descartes est renfermée dans son livre des Principes. Cet ouvrage, qui parut en 1644, est divisé en quatre parties. La première est toute métaphysique, et contient les principes des connoissances humaines. La seconde est sa physique générale, et traite des premières lois de la nature, des éléments de la matière, des propriétés de l'espace et du mouvement. La troisième est l'explication particulière du système du monde et de l'arrangement des corps célestes. La quatrième contient tout ce qui concerne la terre...

Note 18: Traité des météores, imprimé en 1637, comme on l'a déjà dit. Ce fut un des ouvrages de Descartes qui éprouva le moins de contradiction. Au reste, ce ne seroit pas une manière toujours sûre de louer un ouvrage philosophique; mais quelquefois aussi les hommes font grâce à la vérité. C'est le premier morceau de physique que Descartes donna...

Note 19: Traité de la dioptrique, imprimé aussi en 1637, à la suite du Discours sur la méthode...

Note 20: Traité de musique, composé par Descartes en 1618, dans le temps qu'il servoit en Hollande. Il n'avoit alors que vingt-deux ans. Cet ouvrage de sa jeunesse ne fut imprimé qu'après sa mort. Il fut commenté et traduit en plusieurs langues; mais il ne fit point de révolution...

Note 21: Il s'en faut de beaucoup que le Traité de mécanique de Descartes soit complet. Descartes le composa à la hâte en 1636, pour faire plaisir à un de ses amis, père du fameux Huygens. C'était un présent que le génie offroit à l'amitié. Il espéroit dans la suite refondre cet ouvrage, et lui donner une juste étendue; mais il n'en eut point le temps. On le fit imprimer après sa mort, par cette curiosité naturelle qu'on a de rassembler tout ce qui est sorti des mains d'un grand homme. Ce petit traité parut pour la première fois en 1668.

Note 22: Tout le monde connaît Descartes comme métaphysicien, comme physicien et comme géomètre; mais peu de gens savent qu'il fut encore un très grand anatomiste. Comme le but général de ses travaux étoit l'utilit é des hommes, au lieu de cette philosophie vaine et spéculative qui jusqu'alors avait régné dans les écoles, il vouloit une philosophie pratique, où chaque connoissance se réalisât par un effet, et qui se rapportât tout entière au bonheur du genre humain. Les deux branches de cette philosophie devoient être la médecine et la mécanique. Par l'une, il vouloit affermir la santé de l'homme, diminuer ses maux, étendre son existence, et peut -être affoiblir l'impression de la vieillesse; par l'autre, faciliter ses travaux, multiplier ses forces, et le mettre en état d'embellir son séjour. Descartes étoit surtout épouvanté du passage rapide et presque instantané de l'homme sur la terre. Il crut qu'il ne seroit peut-être pas impossible d'en prolonger l'existence. Si c'est un songe, c'est du moins un beau songe, et il est doux de s'en occuper. Il y a même un coin de grandeur dans cette idée; et les moyens que Descartes proposa pour l'exécution de ce projet n'étaient pas moins grands: c'étoit de saisir et d'embrasser tous les rapports qu'il y a entre tous les éléments, l'eau, l'air, le feu, et l'homme; entre toutes les productions de la terre, et l'homme; entre toutes les influences du soleil et des astres, et l'homme; entre l'homme enfin, et tous les points de l'univers les plus rapprochés de lui: idée vaste, qui accuse la foiblesse de l'esprit humain, et ne paroît toucher à des erreurs que parceque, pour la réaliser, ou peut-être même pour la bien concevoir, il faudrait une intelligence supérieure à la nôtre. On voit pa r là dans quelle vue il étudioit la physique. On peut aussi juger de quelle manière il pensoit sur la médecine actuelle. En rendant justice aux travaux d'une infinité d'hommes célèbres qui se sont appliqués à cet art utile et dangereux, il pensoit que ce qu'on savoit jusqu'à présent n'étoit presque rien, en comparaison de ce qui restoit à savoir. Il vouloit donc que la médecine, c'est-à-dire la physique appliquée au corps humain, fut la grande étude de tous les philosophes. Qu'ils se liguent tous ensemble, disait-il dans un de ses ouvrages; que les uns commencent où les autres auront fini: en joignant ainsi les vies de plusieurs hommes et les travaux de plusieurs siècles, on formera un vaste dépôt de connoissances, et l'on assujettira enfin la nature à l'homme. Mais le premier pas étoit de bien connoître la structure du corps humain. Il commença donc l'exécution de son plan par l'étude de l'anatomie. Il y employa tout l'hiver de 1629; il continua cette étude pendant plus de douze ans, observant tout et expliquant tout par les causes naturelles. Il ne lisoit presque point, comme on l'a déjà dit plus d'une fois. C'étoit dans les corps qu'il étudioit les corps. Il joignit à cette étude celle de la chimie, laissant toujours les livres et regardant la nature. C'est d'après ces travaux qu'il composa son Traité de l'homme. Dès qu'il parut, on le mit au nombre de ses plus beaux ouvrages. Il n'y en a peut-être même aucun dont la marche soit aussi hardie et aussi neuve. La manière dont il y explique tout le mécanisme et tout le jeu des ressorts dut étonner le siècle des qualités occultes et des formes substantielles. Avant lui on n'avoit point osé assigner les actions qui dépendent de l'âme, et celles qui ne sont que le résultat des mouvements de la machine. Il semble qu' il ait voulu poser les bornes entre les deux empires. Cet ouvrage n'étoit point achevé quand Descartes mourut; il ne fut imprimé que dix ans après sa mort.

Note 23: Descartes composa son Traité des passions en 1646, pour l'usage particulier de la princesse Élisabeth. Il l'avoit envoyé manuscrit à la reine de Suède sur la fin de 1647; il le fit imprimer, à la sollicitation de ses amis, eu 1649. Son dessein, dit-il, dans la composition de cet ouvrage, étoit d'essayer si la physique pourroit lui servir à établir des fondements certains dans la morale. Aussi n'y traite -t-il guère les passions qu'en physicien. C'étoit encore un ouvrage nouveau et tout-à-fait original. On y voit, presque à chaque pas, l'âme et le corps agir et réagir l'un sur l'autre; et on croit, pour ainsi dire, toucher les liens qui les unissent.

Note 24: C'est en 1633 que Galilée fut condamnée par l'inquisition, pour avoir enseigné le mouvement de la terre. Il y avoit déjà quatre ans que Descartes travailloit en Hollande. L'emprisonnement de Galilée fit une si forte impression sur lui qu'il fut sur le point de brûler tous ses papiers...

Note 25: Il est très sûr que Descartes prévit toutes les persécutions qui l'attendoient. Il avoit souvent résolu de ne rien faire imprimer, et il ne céda jamais qu'aux plus pressantes sollicitations de ses amis. Souvent il regretta son loisir, qui lui échappoit pour un vain fantôme de gloire. Newton, après lui, eut le même sentiment; et au milieu des querelles philosophiques, il se reprocha plus d'une fois d'avoir perdu son repos. Ainsi les hommes qui ont le plus éclairé le genre humain ont été forcés à s'en repentir. Au reste, Descartes ne fut jamais plus philosophe que lorsque ses ennemis l'étoient le moins... Descartes crut qu'il valoit mieux miner insens iblement les barrières, que de les renverser avec éclat. Il voulut cacher la vérité comme on cache l'erreur. Il tâcha de persuader que ses principes étaient les mêmes que ceux d'Aristote. Sans cesse il recommandoit la modération à ses disciples. Mais il s'en falloit bien que ses disciples fussent aussi philosophes que lui. Ils étoient trop sensibles à la gloire de ne pas penser comme le reste des hommes. La persécution les animoit encore, et ajoutoit à l'enthousiasme. Descartes eût consenti à être ignoré pour être utile: mais ses disciples jouissoient avec orgueil des lumières de leur maître, et insultoient à l'ignorance qu'ils avoient à combattre. Ce n'étoit pas le moyen d'avoir raison.

Note 26: Gisbert Voétius, fameux théologien protestant, et ministre d'Utrecht, né en 1589, et mort en 1676: il vécut 87 ans, taudis que Descartes mourut à 54. Il étoit tel qu'on l'a peint dans ce discours... Tout ce qu'on raconte de ses persécutions contre Descartes est exactement tiré de l'histoire. Il commença ses hostilités en 1639, par des thèses sur l'athéisme. Descartes n'y étoit point nommé; mais on avoit eu soin d'y insérer toutes ses opinions comme celles d'un athée. En 1640, secondes et troisièmes thèses, où étoit renouvelée la même calomnie. Régius, disciple de Descartes, et professeur de médecine, soutenoit la circulation du sang. Autre crime contre Descartes: on joignit cette accusation à celle d'athéisme; ordonnance des magistrats qui défendent d'introduire des nouveautés dangereuses. En 1641, Voétius se fait élire recteur de l'université d'Utrecht. N'osant point encore attaquer le maître, il veut d'abord faire condamner le disciple comme hérétique. Quatrièmes thèses publiques contre Descartes. En 1642, décret des magistrats pour défendre d'enseigner la philosophie nouvelle. Cependant les libelles pleuvoient de toute part; et le philosophe étoit tranquille au milieu des orages, s'occupant en paix de ses méditations. En 1643, Voétius eut recours à des troupes auxiliaires. Il alla les chercher dans l'université de Groningue, où un nommé Schoock ius s'associa à ses fureurs. C'étoit un de ces méchants subalternes qui n'ont pas même l'audace du crime et qui, trop lâches pour attaquer par eux-mêmes, sont assez vils pour nuire sous les ordres d'un autre. Il débuta par un gros livre contre Descartes, dont le but était de prouver que la nouvelle philosophie menoit droit au scepticisme, à l'athéisme et à la frénésie. Descartes crut enfin qu'il étoit temps de répondre. Il avoit déjà écrit une petite lettre sur Voétius; et celui-ci n'avoit pas manqué de la faire condamner, comme injurieuse et attentatoire à la religion réformée, dans la personne d'un de ses principaux pasteurs. Dans sa réponse contre le nouveau livre, Descartes se proposoit trois choses: d'abord de se justifier lui-même, car jusqu'alors il n'avoit rien répondu à plus de douze libelles; ensuite de justifier ses amis et ses disciples; enfin, de démasquer un homme aussi odieux que Voétius, qui, par une ignorance hardie, et sous le masque de la religion, séduisoit la populace et aveugloit les magistrats. Mais les esprits c'étoient trop échauffés; il ne réussit point. Sentence contre Descartes, où ses lettres sur Voétius sont déclarées libelles diffamatoires. Ce fut alors que les magistrats travaillèrent à lui faire son procès secrètement, et sans qu'il en fût averti. Leur intention étoit de le condamner comme athée et comme calomniateur: comme athée, parce qu'il avoit donné de nouvelles preuves de l'existence de Dieu; comme calomniateur. Parce qu'il avoit repoussé les calomnies de ses ennemis.... Descartes apprit par une espèce de hasard qu'on lui faisoit son procès. Il s'adressa à l'ambassadeur de France, qui heureusement, par l'autorité du prince d'Orange, fit arrêter les procédures, déjà très avancées. Il sut alors toutes les noirceurs de ses ennemis; il sut toutes les intrigues de Voétius: ce scélérat, pour faire circuler le poison, avoit répandu dans toutes les compagnies d'Utrecht des hommes chargés de le décrier. Il vouloit qu'on ne prononçât son nom qu'avec horreur. On le peignoit aux catholiques comme athée, aux protestants comme ami des jésuites. Il y avoit dans tous les esprits une si

grande fermentation, que personne n'osoit plus se déclarer son ami.... Note 27: Depuis que Descartes se fut établi en Hollande, il fit trois voyages en France, en 1644, 1647 et 1648. Dans le premier, il vit très peu de monde, et n'apprit qu'à se dégoûter de Paris. Ce qu'il y fit de mieux fut la connoissance de M. de Chanut, depuis ambassadeur en Suède. Comme leurs âmes se convenoie nt, leur amitié fut bientôt très vive. M. de Chanut mêloit à l'admiration pour un grand homme un sentiment plus tendre et plus fait pour rendre heureux. Il sollicita auprès du cardinal Mazarin, alors ministre, une pension pour Descartes. On ne sait pourquoi la pension lui fut refusée. En 1648, les historiens prétendent qu'il fut appelé en France par les ordres du roi. L'intention de la cour, disoit-on, étoit de lui faire un établissement honorable et digne de son mérite. On lui fit même expédier d'avance le brevet d'une pension, et il en reçut les lettres en parchemin. Sur cette espérance il arrive à Paris; il se présente à la cour. Tout étoit en feu: c'étoit le commencement de la guerre de la Fronde. Il trouva qu'on avoit fait payer à un de ses parents l'expédition du brevet, et qu'il en devoit l'argent. Il le paya en effet; ce qui lui fit dire plaisamment que jamais il n'avoit acheté parchemin plus cher. Voilà tout ce qu'il retira de son voyage. Ceux qui l'avoient appelé furent curieux de le voir, non pour l'entendre et profiter de ses lumières, mais pour connoître sa figure. «Je m'aperçus, dit -il dans une de ses lettres, qu'on vouloit m'avoir en France, à peu près comme les grands seigneurs veulent avoir dans leur ménagerie un éléphant, ou un lion, ou quelques animaux rares. Ce que je pus penser de mieux sur leur compte, ce fut de les regarder comme des gens qui auraient été bien aises de m'avoir à dîner chez eux; mais en arrivant, je trouvai leur cuisine en désordre et leur marmite renversée.» Au reste, il ne faut point omettre ici le juste éloge dit au chancelier Seguier, qui distingua Descartes comme il le devoit, et le traita avec le respect dû à un homme qui honorait son siècle et sa nation.

Note 28: Il s'en falloit de beaucoup que toute la famille de Descartes lui rendît justice, et sentît l'honneur que Descartes lui faisoit. Il est vrai que son père l'aimoit tendrement, et l'appeloit toujours son cher philosophe; mais le frère aîné de Descartes avoit pour lui très peu de considération. Ses parents, dit l'historien de sa vie, sembloient le compter pour peu de chose dans sa famille, et, ne le regardant plus que sous le titre odieux de philosophe, tâchoient de l'effacer de leur mémoire, comme s'il eût été la honte de sa race. On lui donna une marque bien cruelle de cette indifférence, à la mort de son père. Ce vieillard respectable, doyen du parlement de Bretagne, mourut en 1640, âgé de soixante et dix-huit ans; on n'instruisit Descartes ni de sa maladie ni de sa mort. Il y avoit déjà près de quinze jours que ce bon vieillard étoit enterré, quand Descartes lui écrivit la lettre du monde la plus tendre. Il se justifioit d'habiter dans un pays étranger, loin d'un père qu'il aimoit. Il lui marquoit le désir qu'il avoit de faire un voyage en France pour le revoir, pour l'embrasser, pour recevoir encore une fois sa bénédiction... Quand la lettre de Descartes arriva, il y avoit déjà un mois que son père était mort. On se souvint alors qu'il y avoit dans les pays étrangers une autre personne de la famille, et on lui écrivit par bienséance. Descartes ne se consola point de n'avoir pas reçu les dernières paroles et les derniers embrassements de son père. Il n'eut pas plus à se louer de son frère dans les arrangements qu'il fit avec lui pour ses affaires de famille et les règlements de succession. Ce frère étoit un homme intéressé et avide, et qui savoit bien que les philosophes n'aiment point à plaider; en conséquence, il tira tout le parti qu'il put de cette douceur philosophique. Il faut convenir que les neveux de Descartes rendirent à la mémoire de leur oncle tout l'honneur qu'il méritoit; mais le nom de Descartes étoit alors le premier nom de la France.

Note 29: Elisabeth de Bohême, princesse palatine, fille de ce fameux électeur palatin qui disputa à Ferdinand I I les royaumes de Hongrie et de Bohême, née en 1618. On sait qu'elle fut la première disciple de Descartes. Elle eut encore un titre plus cher: elle fut son amie; car l'amitié fait quelquefois ce que la philosophie même ne fait pas, elle comble l'intervalle qui est entre les rangs. Elisabeth avoit été recherchée par Ladislas IV, roi de Pologne; mais elle préféra le plaisir de cultiver son âme dans la retraite à l'honneur d'occuper un trône. Sa mère, dans son enfance, lui avoit appris six langues; elle possé doit parfaitement les belles-lettres. Son génie la porta aux sciences profondes. Elle étudia la philosophie et les mathématiques; mais dès que les premiers ouvrages de Descartes lui tombèrent entre les mains, elle crut n'avoir rien appris jusqu'alors. Elle le fit prier de la venir voir, pour qu'elle put l'entendre lui-même. Descartes lui trouva un esprit aussi facile que profond; en peu de temps, elle fut au niveau de sa géométrie et de sa métaphysique. Bientôt après Descartes lui dédia ses Principes; il la félicite d'avoir su réunir tant de connoissances dans un âge où la plupart des femmes ne savent que plaire. Cette dédicace n'est point un monument de flatterie; l'homme qui loue y paroît toujours un philosophe qui pense. Comment, dit-il, à la tête d'un ouvrage où je jette les fondements de la vérité, oserois-je la trahir? Il continua jusqu'à la fin de sa vie un commerce de lettres avec elle. Souvent cette princesse fut malheureuse; Descartes la consoloit alors. Malheureux et tourmenté lui-même, il trouvoit dans son propre coeur cette éloquence douce qui va chercher l'âme des autres, et adoucit le sentiment de leurs peines. Après avoir été long-temps errante et presque sans asile, Elisabeth se retira enfin dans une abbaye de la Westphalie, où elle fonda une espèce d'académie de philosophes à laquelle elle présidoit. Le nom de Descartes n'y étoit jamais prononcé qu'avec respect; sa mémoire lui étoit trop chère pour l'oublier. Elle lui survécut près de trente ans, et mourut eu 1680.

[Note 30: C'est une chose remarquable que Descartes ait eu pour disciples les deux femmes les plus célèbres de son temps... Je ne m'étendrai point sur l'histoire de Christine, tout le monde la connoît. Ce fut M. de Chanut qui le premier engagea cette reine à lire les ouvrages de De scartes. En 1647, elle lui fit écrire, pour savoir de lui en quoi consistoit le souverain bien. La plupart des princes, ou ne font pas ces questions-là, ou les font à des courtisans plutôt qu'à des philosophes; et alors la réponse est facile à deviner. Celle de Descartes fut un peu différente: il faisoit consister le souverain bien dans la volonté toujours ferme d'être vertueux, et dans le charme de la conscience qui jouit de sa vertu. C'était une belle leçon de morale pour une reine; Christine en fut si contente, qu'elle lui écrivit de sa main pour le remercier. Peu de temps après, Descartes lui envoya son Traité des passions. En 1649, la reine lui fit faire les plus vives instances pour l'engager à venir à Stockholm, et déjà elle avoit donné ordre à un de ses amiraux pour l'aller prendre et le conduire en Suède. Le philosophe, avant de quitter sa retraite, hésita long-temps: il est probable qu'il fut décidé par toutes les persécutions qu'il essuyoit en Hollande. Il partit enfin, et arriva au commencement d' octobre à Stockholm. La reine le reçut avec une distinction qu'on dut remarquer dans une cour. Elle commença par l'exempter de tous les assujettissements des courtisans; elle sentoit bien qu'ils n'étoient pas faits pour Descartes. Elle convint ensuite avec lui d'une heure où elle pourroit l'entretenir tous les jours et recevoir ses leçons. On sera assez étonné quand on saura que ce rendez-vous d'un philosophe et d'une reine étoit à cinq heures du matin, dans un hiver très cruel. Christine, passionnée pour les sciences, s'étoit fait un plan de commencer la journée par ses études, afin de pouvoir donner le reste au gouvernement de ses états. Elle n'accordait au repos que le temps qu'elle ne pouvait lui refuser, et n'avoit d'autre délassement que la conversation de ceux qui pouvoient l'instruire. Elle fut si satisfaite de la philosophie de Descartes, qu'elle résolut de le fixer dans ses états par toutes sortes de moyens. Son projet étoit de lui donner, à titre de seigneurie, des terres considérables dans les pr ovinces les plus méridionales de la Suède, pour lui et pour ses héritiers à perpétuité. Elle espéroit ainsi l'enchaîner par ses bienfaits. Malgré les bontés de la reine, il paroît que Descartes eut toujours un sentiment de préférence pour la princesse palatine, soit que, celle-ci ayant été sa première disciple, il dût être plus flatté de cet hommage; soit que les malheurs d'une jeune princesse la rendissent plus intéressante aux yeux d'un philosophe sensible. Ce qu'il y a de sûr, c'est qu'il employa tout son crédit auprès de Christine pour servir

Elisabeth: mais l'intérêt même qu'il parut y prendre l'empêcha probablement de réussir; car la reine de Suède, assez grande pour aspirer à l'amitié de Descartes, ne l'étoit pas assez pour consentir à partager ce sentiment avec une autre.]

[Note 31:Les qualités particulières de Descartes étoient telles qu'on les indique ici. On doit lui en savoir gré; la vertu est peut-être plus rare que les talents, et le philosophe spéculatif n'est pas toujours philosophe pratique. Descartes fut l'un et l'autre. Dès sa jeunesse il avoit raisonné sa morale. En renversant ses opinions par le doute, il vit qu'il falloit garder des principes pour se conduire. Voici quels étoient les siens: 1° d'obéir en tout temps aux lois et aux coutumes de son pays; 2° de n'enchaîner jamais sa liberté pour l'avenir; 3° de se décider toujours pour les opinions modérées, parceque, dans le moral, tout ce qui est extrême est presque toujours vicieux; 4° de travailler à se vaincre soi-même, plutôt que la fortune, parceque l'on change ses désirs plutôt que l'ordre du monde, et que rien n'est en notre pouvoir que nos pensées. Ce fut là pour ainsi dire la base de sa conduite. On voit que cet homme singulier s'étoit fait une méthode pour agir, comme il s'en fit une pour penser. Il fut de bonne heure indifférent pour la fortune, qui de son côté le fit rien pour lui. Son bien de patrimoine n'alloit pas au-delà de six ou sept mille livres; c'étoit être pauvre pour un homme accoutumé dans son enfonce à beaucoup de besoins, et qui voulait étudier la nature; car il y a une foule de connoissances qu'on n'a qu'à prix d'argent.

Sa médiocrité ne lui coûta point un désir. Il avoit sur les richesses un sentiment bien honnête, et que tous les coeurs ne sentiront pas: il estimoit plus mille francs de patrimoine, que dix mille livres qui lui seroient venues d'ailleurs. Jamais il ne voulut accepter de secours d'aucun particulier. Le comte d'Avaux lui envoya une somme considérable en Hollande: il la refusa. Plusieurs personnes de marque lui firent les mêmes offres: il les remercia, et se chargea de la reconnoissance, sans se charger du bienfait. C'est au public, disoit-il, à payer ce que je fais pour le public. Il se faisoit riche en diminuant sa dépense. Son habillement étoit très philosophique, et sa table très frugale. Du moment qu'il fut retiré en Hollande, il fut toujours vêtu d'un simple drap noir. A table il préféroit, comme le bon Plutarque, les légumes et les fruits à la chair des animaux. Ses après-dinées étoient partagées entre la conversation de ses amis et la culture de son jardin. Occupé le matin du système du monde, il alloit le soir cultiver ses fleurs. Sa santé étoit faible; mais il en prenoit soin sans en être esclave. On sait combien les passions influent sur elle; Descartes en étoit vivement persuadé, et il s'appliquoit sans cesse à les régler. C'est ainsi que M. de Fontenelle est parvenu à vivre près d'un siècle. Il faut avouer que ce régime ne réussit pas si bien à Descartes; mais, décrivoit-il un jour, au lieu de trouver le moyen de conserver la vie, j'en ai trouvé un autre bien plus sûr, c'est celui de ne pas craindre la mort. Il cherchoit la solitude, autant par goût que par système. Il avoit pris pour devise ce vers d'Ovide: Bene qui latuit, bene vixit, «Vivre caché, c'est vivre heureux»; et ces autres de Sénèque: Illi mors gravis incubat, qui notus nimis omnibus, ignotus moritur sibi , «Malheureux en mourant, qui, trop connu des autres, meurt sans se connoître lui-même.» Il devoit donc avoir une espèce d'indifférence pour la gloire, non pour la mériter, mais pour en jouir.... Descartes craignoit la réputation, et s'y déroboit. Il la regardoit surtout comme un obstacle à sa liberté et à son loisir, les deux plus grands biens d'un philosophe, disoit-il. On se doute bien qu'il n'étoit pas grand parleur. Il n'eût pas brillé dans ces sociétés où l'on dit d'un ton facile des choses légères, et où l'on parcourt vingt objets sans s'arrêter sur aucun.... L'habitude de méditer et de vivre seul l'avoit rendu taciturne; mais ce qu'on ne croirait peut-être pas, c'est qu'elle ne lui avoit rien ôté de son enjouement naturel. Il avoit toujours de la gaieté, quoiqu'il n'eût pas toujours de la joie. La philosophie n'exempte pas des fautes, mais elle apprend à les connoître et à s'en corriger. Descartes avouoit ses erreurs, sans s'apercevoir même qu'il en fût plus grand. C'est avec la même franchise qu'il sentoit son mérite, et qu'il en convenoit. On ne manquait point d'appeler cela de la vanité; mais s'il en avoit eu, il auroit pris plus de soin de la déguiser. Il n'avoit point assez d'orgueil pour tâcher d'être modeste. Ce sentiment, tel qu'il fût, n'étoit point à charge aux autres. Il avoit dans le commerce une politesse douce, et qui étoit encore plus dans les sentiments que dans les manières. Ce n'est point toujours la politesse du monde, mois c'est sûrement celle du philosophe. Il évitoit les louanges, comme un homme qui leur est supérieur. Il les interdisoit à l'amitié; il ne les pardonnoit pas à la flatterie. Il n'eut jamais avec ses ennemis d'autre tort que celui de les humilier par sa modération; et il eut ce tort très souvent. La calomnie le blessoit plus comme un outrage fait à la vérité, que comme une injure qui lui fût personnelle. Quand on me fait une offense, disoit-il, je tâche d'élever mon âme si haut, que l'offense ne parvienne pas jusqu'à moi. L'indignation étoit pour lui un sentiment pénible; et s'il eût fallu, il eût plutôt ouvert son âme au mépris. Au reste, ces deux sentiments lui étoient comme étrangers, et ce qui se trouvoit naturellement dans son âme, c'étoit la douceur et la bonté. Cette âme forte et profonde étoit très sensible. Nous avons déjà vu son tendre attachement pour sa nourrice. Il traitoit ses domestiques comme des amis malheureux qu'il étoit chargé de consoler. Sa maison étoit pour eux une école de moeurs, et elle devint pour plusieurs une école de mathématiques et de sciences. On rapporte qu'il les instruisoit avec la bonté d'un père; et quand ils n'avoient plus besoin de son secours, il les rendoit à la société, où ils alloient jouir du rang qu'ils s'étoient fait par leur mérite. Un jour l'un d'eux voulut le remercier: Que faites-vous! lui dit-il, vous êtes mon égal, et j'acquitte une dette. Plusieurs qu'il avoit ainsi formés ont rempli avec distinction des places honorables. J'ai déjà rapporté quelques traits qui font connoître sa vive tendresse pour son père. Je ne prétends pas le louer par là; mais il est doux de s'arrêter sur les sentiments de la nature. On lui a reproché de s'être livré aux foiblesses de l'amour, bien différent en cela de Newton, qui vécut plus de quatre-vingts ans dans la plus grande austérité de moeurs. Il y a apparence que Descartes, né avec une âme très sensible, ne put se défendre des charmes de la beauté. Quelques auteurs o nt prétendu qu'il étoit marié secrètement; mais, dans un de ces entretiens où l'âme, abandonnée à elle -même, s'épanche librement au sein de l'amitié, Descartes, à ce qu'on dit, avoua lui-même le contraire. Quoi qu'il en soit, tout le monde sait qu'il eut une fille nommée Francine; elle naquit en Hollande le 13 juillet 1635, et fut baptisée sous son nom. Déjà il pensoit à la faire transporter en France, pour y faire commencer son éducation; mais elle mourut tout-à-coup entre ses bras, le 7 septembre 1640. Elle n'avoit que cinq ans. Il fut inconsolable de cette mort. Jamais, dit-il, il n'éprouva de plus grande douleur de sa vie. Depuis, il aimoit à s'en entretenir avec ses amis; il prononçoit souvent le nom de sa chère Francine; il en parloit avec la douleur la plus tendre, et il écrivit lui-même l'histoire de cette enfant, à la tête d'un ouvrage qu'il comptoit donner au public. Il semble que, n'ayant pu la conserver, il vouloit du moins conserver son nom.... Avec ce naturel bon et tendre, Descartes dut avoir des amis: il en eut en effet un très grand nombre. Il en eut en France, en Hollande, en Angleterre, en Allemagne, et jusqu'à Rome; il en eut dans tous les états et dans tous les rangs. Il ne pouvoit point se faire que, de tous ces amis, il n'y en eût plusie urs qui ne lui fussent attachés par vanité. Ceux-là, il les payoit avec sa gloire; mais il réservoit aux autres cette amitié simple et pure, ces doux épanchements de l'âme, ce commerce intime qui fait les délices d'une vie obscure et que rien ne remplace pour les âmes sensibles. La plupart des hommes veulent qu'on soit reconnoissant de leurs bienfaits: pour moi, disoit Descartes, je crois devoir du retour à ceux qui m'offrent l'occasion de les servir. Ce beau sentiment, qu'on a tant répété depuis, et qui est presque devenu une formule, se trouve dans plusieurs de ses lettres. A l'égard de Dieu et de la religion, voici comme il pensoit. Jamais philosophe ne fut plus respectueux pour la Divinité. Il prétendoit que les vérités même qu'on appelle éternelles et mathématiques ne sont telles que parceque Dieu l'a voulu. Ce sont des lois, disoit-il, que Dieu a établies dans la nature, comme un prince fait des lois dans son royaume. Il trouvoit ridicule que l'homme osât prononcer sur ce que Dieu peut et ce qu'il ne pe ut pas. Il n'étoit pas moins indigné que ceux qui traitoient de Dieu dans leurs ouvrages parlassent si souvent de l' infini, comme s'ils savoient ce que veut dire ce mot. Les catholiques l'accusèrent d'être calviniste, les calvinistes d'être pélagien; sur son doute, on l'accusa d'être sceptique; plusieurs l'accusèrent d'être déiste, et l'honnête Voétius d'être athée. Voilà les accusations. Voici maintenant ce qu'il y a de vrai. Il épuisa son génie à trouver de nouvelles preuves de l'existence de Dieu, et à les présenter dans toute leur force. Dans tous ses ouvrages, il parla toujours avec le plus grand respect de la religion révélée. Dans tous les pays qu'il habita, il fit toujours les fonctions de catholique. Dans son voyage d'Italie, pour s'acquitter d'un voeu, il fit un pèlerinage à Notre-Dame de Lorette. Dans ses Méditations métaphysiques et dans ses lettres, il donna deux explications différentes de la transsubstantiation. Dans son séjour en Suède, il ne manqua jamais une fois aux exercices sacrés qui se faisaient dans la chapelle de l'ambassadeur. Dans sa dernière maladie, il se confessa, et communia de la main d'un religieux, en présence de l'ambassadeur et de toute sa famille. Est-ce là un calviniste? Est-ce là un pélagien? Est-ce un déiste, un sceptique, un athée?...]

[Note 32:Descartes fut attaqué le 2 février 1650 de la maladie dont il mourut. Il n'y avoit pas plus de quatre mois qu'il étoit à Stockholm. Il y a grande apparence que sa maladie vint de la rigueur du froid, et du changement qu'il fit à son régime, pour se trouver tous les jours au palais à cinq heures du matin. Ainsi il fut la victime de sa complaisance pour la reine; mais il n'en eut point du tout pour les médecins suédois, qui voulaient le saigner. «Messieurs, leur crioit-il dans l'ardeur de la fièvre, épargnez le sang français.» Il se laissa saigner au bout de huit jours, mais il n'étoit plus temps; l'inflammation étoit trop forte. Il eut du moins, pendant sa maladie, la consolation de voir le tendre intérêt qu'on prenoit à santé. La reine envoyoit savoir deux fois par jour de ses nouvelles. M. et madame de Chanut lui prodiguoient les soins les plus tendres et les plus officieux. Madame de Chanut ne le quitta point depuis sa maladie. Elle étoit présente à tout. Elle le servoit elle - même pendant le jour; elle le soignoit durant les nuits. M. de Chanut, qui venoit d'être malade, et encore à peine convalescent, se traînoit souvent dans sa chambre, pour voir, pour consoler et pour soutenir son ami.... Descartes mourant serroit par reconnoissance les mains qui le servoient; mais ses forces s'épuisoient par degrés, et ne pouvoient plus suffire au sentiment. Le soir du neuvième jour, il eut une défaillance. Revenu un moment après, il sentit qu'il falloit mourir. On courut chez M. de Chanut; il vint pour recueillir le dernier soupir et les dernières paroles d'un ami: mais il ne parloit plus. On le vit seulement lever les yeux au ciel, comme un homme qui imploroit Dieu pour la dernière fois. En effet, il mourut la même nuit, le 11 février, à quatr e heures du matin, âgé de près de cinquante-quatre ans. M. de Chanut, accablé de douleur, envoya aussitôt son secrétaire au palais, pour avertir la reine à son lever que Descartes étoit mort. Christine en l'apprenant versa des larmes. Elle voulut le faire enterrer auprès des rois, et lui élever un mausolée. Des vues de religion s'opposèrent à ce dessein. M. de Chanut demanda et obtint qu'il fût enterré avec simplicité dans un cimetière, parmi les catholiques. Un prêtre, quelques flambeaux, et quatre personnes de marque qui étoient aux quatre coins du cercueil, voilà quelle fut la pompe funèbre de Descartes. M. de Chanut, pour honorer la mémoire de son ami et d'un grand homme, fit élever sur son tombeau une pyramide carrée, avec des inscriptions. La Hollande, où il avoit été persécuté de son vivant, fit frapper en son honneur une médaille, dès qu'il fut mort. Seize ans après, c'est-à-dire en 1666, son corps fut transporté en France. On coucha ses ossements sur les cendres qui restoient, et on les enferma dans un cercueil de cuivre. C'est ainsi qu'ils arrivèrent à Paris, où on les déposa dans l'église de Sainte-Geneviève. Le 24 juin 1667, on lui fit un service solennel avec la plus grande magnificence. On devoit après le service prononcer son oraison funèbre; ma is il vint un ordre exprès du la cour, qui défendit qu'on la prononçât. On se contenta de lui dresser un monument de marbre très simple, contre la muraille, au-dessus de son tombeau, avec une épitaphe au bas de son buste. Il y a deux inscriptions, l'une latine en style lapidaire, et l'autre en vers français. Voilà les honneurs qui lui furent rendus alors. Mais pour que son éloge fût prononcé, il a fallu qu'il se soit écoulé près de cent ans, et que cet éloge d'un grand homme ait été ordonné par une compagnie de gens de lettres.]

DISCOURS DE LA MÉTHODE

Ce discours, écrit en français par Descartes, parut, pour la première fois, avec la Dioptrique, les Météores et la Géométrie à Leyde, 1637, in-4°. Il a été réimprimé à Paris, in-12, 1724, avec la Dioptrique, les Météores, la Mécanique, et la Musique, et sans la Géométrie. Une traduction latine en fut publiée à Amsterdam en 1644, in-4°, et ibid., in-4°, 1656.

DISCOURS DE LA MÉTHODE POUR BIEN CONDUIRE SA RAISON, ET CHERCHER LA VÉRITÉ DANS LES SCIENCES.

Si ce discours semble trop long pour être lu en une fois, on le pourra distinguer en six parties. Et, en la première, on trouvera diverses considérations touchant les sciences. En la seconde, les principales règles de la méthode que l'auteur a cherchée. En la troisième, quelques unes de celles de la morale qu'il a tirée de cette méthode. En la quatrième, les raisons par lesquelles il prouve l'existence de Dieu et de l'âme humaine, qui sont les fondements de sa métaphysique. En la cinquième, l'ordre de s questions de physique qu'il a cherchées, et particulièrement l'explication du mouvement du coeur et de quelques autres difficultés qui appartiennent à la médecine; puis aussi la différence qui est entre notre âme et celle des bêtes. Et en la dernière, quelles choses il croit être requises pour aller plus avant en la recherche de la nature qu'il n'a été, et quelles raisons l'ont fait écrire.

PREMIÈRE PARTIE.

Le bon sens est la chose du monde la mieux partagée; car chacun pense en être si bien pourvu, que ceux même qui sont les plus difficiles à contenter en toute autre chose n'ont point coutume d'en désirer plus qu'ils en ont. En quoi il n'est pas vraisemblable que tous se trompent: mais plutôt cela témoigne que la puissance de bien juger et distinguer le vrai d'avec le faux, qui est proprement ce qu'on nomme le bon sens ou la raison, est naturellement égale en tous les hommes; et ainsi que la diversité de nos opinions ne vient pas de ce que les uns sont plus raisonnables que les autres, mais seulement de ce que nous conduisons nos pensées par diverses voies, et ne considérons pas les mêmes choses. Car ce n'est pas assez d'avoir l'esprit bon, mais le principal est de l'appliquer bien. Les plus grandes âmes sont capables des plus grands vices aussi bien que des plus grandes vertus; et ceux qui ne marchent que fort lentement peuvent avancer beaucoup davantage, s'ils suivent toujours le droit chemin, que ne font ceux qui courent et qui s'en éloignent.

Pour moi, je n'ai jamais présumé que mon esprit fût en rien plus parfait que ceux du commun; même j'ai souvent souhaité d'avoir la pensée aussi prompte, ou l'imagination aussi nette et distincte, ou la mémoire aussi ample ou aussi présente, que quelques autres. Et je ne sache point de qualités que celles -ci qui servent à la perfection de l'esprit; car pour la raison, ou le sens, d'autant qu'elle est la seule chose qui nous rend hommes et nous distingue des bêtes, je veux croire qu'elle est tout entière en un chacun; et suivre en ceci l'opinion commune des philosophes, qui disent qu'il n'y a du plus et du moins qu'entre les accidents, et non point entre les formes ou natures des individus d'une même espèce.

Mais je ne craindrai pas de dire que je pense avoir eu beaucoup d'heur de m'être rencontré dès ma jeunesse en certains chemins qui m'ont conduit à des considérations et des maximes dont j'ai formé une méthode, par laquelle il me semble que j'ai moyen d'augmenter par degrés ma connoissance, et de l'élever peu à peu au plus haut point auquel la médiocrité de mon esprit et la courte durée de ma vie lui pourront permettre d'atteindre. Car j'en ai déjà recueilli de tels fruits, qu'encore qu'au jugement que je fais de moi-même je tâche toujours de pencher vers le côté de la défiance plutôt que vers celui de la présomption, et que, regardant d'un oeil de philosophe les diverses actions et entreprises de tous les hommes, il n'y en ait quasi aucune qui ne me semble vaine et inutile, je ne laisse pas de recevoir une extrême satisfaction du progrès que je pense avoir déjà fait en la recherche de la vérité, et de concevoir de telles espérances pour l'avenir, que si, entre les occupations des hommes, purement hommes, il y en a quelqu'une qui soit solidement bonne et importante, j'ose croire que c'est celle que j'ai choisie.

Toutefois il se peut faire que je me trompe, et ce n'est peut-être qu'un peu de cuivre et de verre que je prends pour de l'or et des diamants. Je sais combien nous sommes sujets à nous méprendre en ce qui nous touche, et combien aussi les jugements de nos amis nous doivent être suspects, lorsqu'ils sont en notre faveur. Mais je serai bien aise de faire voir en ce discours quels sont les chemins que j'ai suivis, et d'y représenter ma vie comme en un tableau, afin que chacun en puisse juger, et qu'apprenant du bruit commun les opinions qu'on en aura, ce soit un nouveau moyen de m'instruire, que j'ajouterai à ceux dont j'ai coutume de me servir.

Ainsi mon dessein n'est pas d'enseigner ici la méthode que chacun doit suivre pour bien conduire sa raison, mais seulement de faire voir en quelle sorte j'ai tâché de conduire la mienne. Ceux qui se mêlent de donner des préceptes se doivent estimer plus habiles que ceux auxquels ils les donnent; et s'ils manquent en la

moindre chose, ils en sont blâmables. Mais, ne proposant cet écrit que comme une histoire, ou, si vous l'aimez mieux, que comme une fable, en laquelle, parmi quelques exemples qu'on peut imiter, on en trouvera peut -être aussi plusieurs autres qu'on aura raison de ne pas suivre, j'espère qu'il sera utile à que lques uns sans être nuisible à personne, et que tous me sauront gré de ma franchise.

J'ai été nourri aux lettres dès mon enfance; et, pource qu'on me persuadoit que par leur moyen on pouvoit acquérir une connaissance claire et assurée de tout ce qui est utile à la vie, j'avois un extrême désir de les apprendre. Mais sitôt que j'eus achevé tout ce cours d'études, au bout duquel on a coutume d'être reçu au rang des doctes, je changeai entièrement d'opinion. Car je me trouvois embarrassé de tant de doutes et d'erreurs, qu'il me sembloit n'avoir fait autre profit, en tâchant de m'instruire, sinon que j'avois découvert de plus en plus mon ignorance. Et néanmoins j'étois en l'une des plus célèbres écoles de l'Europe, où je pensois qu'il devoit y avoir de savants hommes, s'il y en avoit en aucun endroit de la terre. J'y avois appris tout ce que les autres y apprenoient; et même, ne m'étant pas contenté des sciences qu'on nous enseignoit, j'avois parcouru tous les livres traitant de celles qu'on estime les plus curieuses et les plus rares, qui avoient pu tomber entre mes mains. Avec cela je savois les jugements que les autres faisoient de moi; et je ne voyois point qu'on m'estimât inférieur à mes condisciples, bien qu'il y en eût déjà entre eux quelques uns qu'on des tinoit à remplir les places de nos maîtres. Et enfin notre siècle me sembloit aussi fleurissant et aussi fertile en bons esprits qu'ait été aucun des précédents. Ce qui me faisoit prendre la liberté de juger par moi de tous les autres, et de penser qu'il n'y avoit aucune doctrine dans le monde qui fût telle qu'on m'avoit auparavant fait espérer.

Je ne laissois pas toutefois d'estimer les exercices auxquels on s'occupe dans les écoles. Je savois que les langues qu'on y apprend sont nécessaires pour l'intelligence des livres anciens; que la gentillesse des fables réveille l'esprit; que les actions mémorables des histoires le relèvent, et qu'étant lues avec discrétion elles aident à former le jugement; que la lecture de tous les bons livres est comme une conve rsation avec les plus honnêtes gens des siècles passés, qui en ont été les auteurs, et même une conversation étudiée en laquelle ils ne nous découvrent que les meilleures de leurs pensées; que l'éloquence a des forces et des beautés incomparables; que la poésie a des délicatesses et des douceurs très ravissantes; que les mathématiques ont des inventions très subtiles, et qui peuvent beaucoup servir tant à contenter les curieux qu'à faciliter tous les arts et diminuer le travail des hommes; que les écrits qui traitent des moeurs contiennent plusieurs enseignements et plusieurs exhortations à la vertu qui sont fort utiles; que la théologie enseigne à gagner le ciel; que la philosophie donne moyen de parler vraisemblablement de toutes choses, et se faire admire r des moins savants; que la jurisprudence, la médecine et les autres sciences apportent des honneurs et des richesses à ceux qui les cultivent; et enfin qu'il est bon de les avoir toutes examinées, même les plus superstitieuses et

les plus fausses, afin de connoître leur juste valeur et se garder d'en être trompé.

Mais je croyois avoir déjà donné assez de temps aux langues, et même aussi à la lecture des livres anciens, et à leurs histoires, et à leurs fables. Car c'est quasi le même de converser avec ceux des autres siècles que de voyager. Il est bon de savoir quelque chose des moeurs de divers peuples, afin de juger des nôtres plus sainement, et que nous ne pensions pas que tout ce qui est contre nos modes soit ridicule et contre raison, ainsi qu'ont coutume de faire ceux qui n'ont rien vu. Mais lorsqu'on emploie trop de temps à voyager, on devient enfin étranger en son pays; et lorsqu'on est trop curieux des choses qui se pratiquoient aux siècles passés, on demeure ordinairement fort ignorant de celles qui se pratiquent en celui-ci. Outre que les fables font imaginer plusieurs événements comme possibles qui ne le sont point; et que même les histoires les plus fidèles, si elles ne changent ni n'augmentent la valeur des choses pour les rendre plus dignes d'ê tre lues, au moins en omettent-elles presque toujours les plus basses et moins illustres circonstances, d'où vient que le reste ne paroît pas tel qu'il est, et que ceux qui règlent leurs moeurs par les exemples qu'ils en tirent sont sujets à tomber dans les extravagances des paladins de nos romans, et à concevoir des desseins qui passent leurs forces.

J'estimois fort l'éloquence, et j'étois amoureux de la poésie; mais je pensois que l'une et l'autre étoient des dons de l'esprit plutôt que des fruits de l'étude. Ceux qui ont le raisonnement le plus fort, et qui digèrent le mieux leurs pensées afin de les rendre claires et intelligibles, peuvent toujours le mieux persuader ce qu'ils proposent, encore qu'ils ne parlassent que bas-breton, et qu'ils n'eussent jamais appris de rhétorique; et ceux qui ont les inventions les plus agréables et qui les savent exprimer avec le plus d'ornement et de douceur, ne laisseroient pas d'être les meilleurs poëtes, encore que l'art poétique leur fût inconnu.

Je me plaisois surtout aux mathématiques, à cause de la certitude et de l'évidence de leurs raisons: mais je ne remarquois point encore leur vrai usage; et, pensant qu'elles ne servoient qu'aux arts mécaniques, je m'étonnois de ce que leurs fondements étant si fermes et si solides, on n'avoit rien bâti dessus de plus relevé: comme au contraire je comparois les écrits des anciens païens qui traitent des moeurs, à des palais fort superbes et fort magnifiques, qui n'étoient bâtis que sur du sable et sur de la boue: ils élèvent fort haut les vertus, et les font paroître estimables par-dessus toutes les choses qui sont au monde; mais ils n'enseignent pas assez à les connoître, et souvent ce qu'ils appellent d'un si beau nom n'est qu'une insensibilité, ou un orgueil, ou un désespoir, ou un parricide.

Je révérois notre théologie, et prétendois autant qu'aucun autre à gagner le ciel: mais ayant appris, comme chose très assurée, que le chemin n'en est pas moins ouvert aux plus ignorants qu'aux plus doctes, et que les vérités révélées qui y conduisent sont au-dessus de notre intelligence, je n'eusse osé les soumettre à la foiblesse de mes raisonnements; et je pensois que, pour entreprendre de les examiner et y réussir, il étoit besoin d'avoir quelque extraordinaire assistance du ciel, e t d'être plus qu'homme.

Je ne dirai rien de la philosophie, sinon que, voyant qu'elle a été cultivée par les plus excellents esprits qui aient vécu depuis plusieurs siècles, et que néanmoins il ne s'y trouve encore aucune chose dont on ne dispute, et par conséquent qui ne soit douteuse, je n'avois point assez de présomption pour espérer d'y rencontrer mieux que les autres; et que, considérant combien il peut y avoir de diverses opinions touchant une même matière, qui soient soutenues par des gens doctes, sans qu'il y en puisse avoir jamais plus d'une seule qui soit vraie, je réputois presque pour faux tout ce qui n'étoit que vraisemblable.

Puis, pour les autres sciences, d'autant qu'elles empruntent leurs principes de la philosophie, je jugeois qu'on ne pouvoit avoir rien bâti qui fût solide sur des fondements si peu fermes; et ni l'honneur ni le gain qu'elles promettent n'étoient suffisants pour me convier à les apprendre: car je ne me sentois point, grâces à Dieu, de condition qui m'obligeât à faire un métier de la science pour le soulagement de ma fortune; et, quoique je ne fisse pas profession de mépriser la gloire en cynique, je faisois néanmoins fort peu d'état de celle que je n'espérois point pouvoir acquérir qu'à faux titres. Et enfin, pour les mauva ises doctrines, je pensois déjà connoître assez ce qu'elles valoient pour n'être plus sujet à être trompé ni par les promesses d'un alchimiste, ni par les prédictions d'un astrologue, ni par les impostures d'un magicien, ni par les artifices ou la vanterie d'aucun de ceux qui font profession de savoir plus qu'ils ne savent.

C'est pourquoi, sitôt que l'âge me permit de sortir de la sujétion de mes précepteurs, je quittoi entièrement l'étude des lettres; et me résolvant de ne chercher plus d'autre science que celle qui se pourrait trouver en moi-même, ou bien dans le grand livre du monde, j'employai le reste de ma jeunesse à voyager, à voir des

cours et des armées, à fréquenter des gens de diverses humeurs et conditions, à recueillir diverses expériences, à m'éprouver moi-même dans les rencontres que la fortune me proposoit, et partout à faire telle réflexion sur les choses qui se présentoient que j'en pusse tirer quelque profit. Car il me sembloit que je pourrois rencontrer beaucoup plus de vérité dans les raisonnements que chacun fait touchant les affaires qui lui importent, et dont l'événement le doit punir bientôt après s'il a mal jugé, que dans ceux que fait un homme de lettres dans son cabinet, touchant des spéculations qui ne produisent aucun effet, et qui ne lui sont d'autre conséquence, sinon que peut-être il en tirera d'autant plus de vanité qu'elles seront plus éloignées du sens commun, à cause qu'il aura dû employer d'autant plus d'esprit et d'artifice à tâcher de les rendre vraisemblables. Et j'avois toujours un extrême désir d'apprendre à distinguer le vrai d'avec le faux, pour voir clair en mes actions, et marcher avec assurance en cette vie.

Il est vrai que pendant que je ne faisois que considérer les moeurs des autres hommes, je n'y trouvois guè re de quoi m'assurer, et que j'y remarquois quasi autant de diversité que j'avois fait auparavant entre les opinions des philosophes. En sorte que le plus grand profit que j'en retirois étoit que, voyant plusieurs choses qui, bien qu'elles nous semblent fort extravagantes et ridicules, ne laissent pas d'être communément reçues et approuvées par d'autres grands peuples, j'apprenois à ne rien croire trop fermement de ce qui ne m'avoit été persuadé que par l'exemple et par la coutume: et ainsi je me délivrois peu à peu de beaucoup d'erreurs qui peuvent offusquer notre lumière naturelle, et nous rendre moins capables d'entendre raison. Mais, après que j'eus employé quelques années à étudier ainsi dans le livre du monde, et à tâcher d'acquérir quelque expérience, je pris un jour résolution d'étudier aussi en moi-même, et d'employer toutes les forces de mon esprit à choisir les chemins que je devois suivre; ce qui me réussit beaucoup mieux, ce me semble, que si je ne me fusse jamais éloigné ni de mon pays ni de me s livres.

SECONDE PARTIE.

J'étois alors en Allemagne, où l'occasion des guerres qui n'y sont pas encore finies m'avoit appelé; et comme je retournois du couronnement de l'empereur vers l'armée, le commencement de l'hiver m'arrêta en un quartier où, ne trouvant aucune conversation qui me divertit, et n'ayant d'ailleurs, par bonheur, aucuns soins ni passions qui me troublassent, je demeurois tout le jour enfermé seul dans un poêle, où j'avois tout le loisir de m'entretenir de mes pensées. Entre lesquelles l'une des premières fut que je m'avisai de considérer que souvent il n'y a pas tant de perfection dans les ouvrages composés de plusieurs pièces, et faits de la main de divers maîtres, qu'en ceux auxquels un seul a travaillé. Ainsi voit-on que les bâtiments qu'un seul architecte a entrepris et achevés ont coutume d'être plus beaux et mieux ordonnés que ceux que plusieurs ont tâché de raccommoder, en faisant servir de vieilles murailles qui avoient été bâties à d'autres fins. Ainsi ces anciennes cités qui, n'ayant été au commencement que des bourgades, sont devenues par succession de temps de grandes villes, sont ordinairement si mal compassées, au prix de ces places régulières qu'un ingénieur trace à sa fantaisie dans une plaine, qu'encore que, considérant le urs édifices chacun à part, on y trouve souvent autant ou plus d'art qu'en ceux des autres, toutefois, à voir comme ils sont arrangés, ici un grand, là un petit, et comme ils rendent les rues courbées et inégales, on diroit que c'est plutôt la fortune que la volonté de quelques hommes usants de raison, qui les a ainsi disposés. Et si on considère qu'il y a eu néanmoins de tout temps quelques officiers qui ont eu charge de prendre garde aux bâtiments des particuliers, pour les faire servir à l'ornement du public, on connoîtra bien qu'il est malaisé, en ne travaillant que sur les ouvrages d'autrui, de faire des choses fort accomplies. Ainsi je m'imaginai que les peuples qui, ayant été autrefois demi-sauvages, et ne s'étant civilisés que peu à peu, n'ont fait leurs lois qu'à mesure que l'incommodité des crimes et des querelles les y a contraints, ne sauroient être si bien policés que ceux qui, dès le commencement qu'ils se sont assemblés, ont observé les constitutions de quelque prudent législateur. Comme il est bien certain que l'état de la vraie religion, dont Dieu seul a fait les ordonnances, doit être incomparablement mieux réglé que tous les autres. Et, pour parler des choses humaines, je crois que si Sparte a été autrefois très florissante, ce n'a pas été à cause de la bonté de chacune de ses lois en particulier, vu que plusieurs étoient fort étranges, et même contraires aux bonnes moeurs; mais à cause que, n'ayant été inventées que par un seul, elles tendoient toutes à même fin. Et ainsi je pensai que les sciences des livres, au moins celles dont les raisons ne sont que probables, et qui n'ont aucunes démonstrations, s'étant composées et grossies peu à peu des opinions de plusieurs diverses personnes, ne sont point si approchantes de la vérité que les simple s raisonnements que peut faire naturellement un homme de bon sens touchant les choses qui se présentent. Et ainsi encore je pensai que pource que nous avons tous été enfants avant que d'être hommes, et qu'il nous a fallu long-temps être gouvernés par nos appétits et nos précepteurs, qui étoient souvent contraires les uns aux autres, et qui, ni les uns ni les autres, ne nous conseilloient peut-être pas toujours le meilleur, il est presque impossible que nos jugements soient si purs ni si solides qu'ils auroient été si nous avions eu l'usage entier de notre raison dès le point de notre naissance, et que nous n'eussions jamais été conduits que par elle. Il est vrai que nous ne voyons point qu'on jette par terre toutes les maisons d'une ville pour le seul desse in de les refaire d'autre façon et d'en rendre les rues plus belles; mais on voit bien que plusieurs font abattre les leurs, pour les rebâtir, et que même quelquefois ils y sont contraints, quand elles sont en danger de tomber d'elles-mêmes, et que les fondements n'en sont pas bien fermes. A l'exemple de quoi je me persuadai qu'il n'y auroit véritablement point d'apparence, qu'un particulier fît dessein de réformer un état, en y changeant tout dès les fondements, et en le renversant pour le redresser; ni mê me aussi de réformer le corps des sciences, ou l'ordre établi dans les écoles pour les enseigner: mais que, pour toutes les opinions que j'avois reçues jusques alors en ma créance, je ne pouvois mieux faire que d'entreprendre une bonne fois de les en ôter , afin d'y en remettre par après ou d'autres meilleures, ou bien les mêmes lorsque je les aurois ajustées au niveau de la raison. Et je crus fermement que par ce moyen je réussirois à conduire ma vie beaucoup mieux que si je ne bâtissois que sur de vieux fondements, et que je ne m'appuyasse que sur les principes que je m'étois laissé persuader en ma jeunesse, sans avoir jamais examiné s'ils étoient vrais. Car, bien que je remarquasse en ceci diverses difficultés, elles n'étoient point toutefois sans remède, ni comparables à celles qui se trouvent en la réformation des moindres choses qui touchent le public. Ces grands corps sont trop malaisés à relever étant abattus, ou même à retenir étant ébranlés, et leurs chutes ne peuvent être que très rudes. Puis, pour leurs imperfections, s'ils en ont, comme la seule diversité qui est entre eux suffit pour assurer que plusieurs en ont, l'usage les a sans doute fort adoucies, et même il en a évité ou corrigé insensiblement quantité, auxquelles on ne pourroit si bien pourvoir par prudence; et enfin elles sont quasi toujours plus supportables que ne seroit leur changement; en même façon que les grands chemins, qui tournoient entre des montagnes, deviennent peu à peu si unis et si commodes, à force d'être fréquentés, qu'il est beaucoup meilleur de les suivre, que d'entreprendre d'aller plus droit, en grimpant au-dessus des rochers et descendant jusques aux bas des précipices.

C'est pourquoi je ne saurois aucunement approuver ces humeurs brouillonnes et inquiètes, qui, n'éta nt appelées ni par leur naissance ni par leur fortune au maniement des affaires publiques, ne laissent pas d'y faire toujours en idée quelque nouvelle réformation; et si je pensois qu'il y eût la moindre chose en cet écrit par laquelle on me pût soupçonner de cette folie, je serois très marri de souffrir qu'il fût publié. Jamais mon dessein ne s'est étendu plus avant que de tâcher à réformer mes propres pensées, et de bâtir dans un fonds qui est tout à moi. Que si mon ouvrage m'ayant assez plu, je vous en fais voir ici le modèle, ce n'est pas, pour cela, que je veuille conseiller à personne de l'imiter. Ceux que Dieu a mieux partagés de ses grâces auront peut -être des desseins plus relevés; mais je crains bien que celui-ci ne soit déjà que trop hardi pour plusieurs. La seule résolution de se défaire de toutes les opinions qu'on a reçues auparavant en sa créance n'est pas un exemple que chacun doive suivre. Et le monde n'est quasi composé que de deux sortes d'esprits auxquels il ne convient aucunement: à savoir de ceux qui, se croyant plus habiles qu'ils ne sont, ne se peuvent empêcher de précipiter leurs jugements, ni avoir assez de patience pour conduire par ordre toutes leurs pensées, d'où vient que, s'ils avoient une fois pris la liberté de douter des princ ipes qu'ils ont reçus, et de s'écarter du chemin commun, jamais ils ne pourroient tenir le sentier qu'il faut prendre pour aller plus droit, et demeureraient égarés toute leur vie; puis de ceux qui, ayant assez de raison ou de modestie pour juger qu'ils sont moins capables de distinguer le vrai d'avec le faux que quelques autres par lesquels ils peuvent être instruits, doivent bien plutôt se contenter de suivre les opinions de ces autres, qu'en chercher eux-mêmes de meilleures.

Et pour moi j'aurois été sans doute du nombre de ces derniers, si je n'avois jamais eu qu'un seul maître, ou que je n'eusse point su les différences qui ont été de tout temps entre les opinions des plus doctes. Mais ayant appris dès le collège qu'on ne sauroit rien imaginer de si étrange et si peu croyable, qu'il n'ait été dit par quelqu'un des philosophes; et depuis, en voyageant, ayant reconnu que tous ceux qui ont des sentiments fort contraires aux nôtres ne sont pas pour cela barbares ni sauvages, mais que plusieurs usent autant ou plus que nous de raison; et ayant considéré combien un même homme, avec son même esprit, étant nourri dès son enfance entre des Français ou des Allemands, devient différent de ce qu'il seroit s'il avoit toujours vécu entre des Chinois ou des cannibales, et comment, jusques aux modes de nos habits, la même chose qui nous a plu il y a dix ans, et qui nous plaira peut-être encore avant dix ans, nous semble maintenant extravagante et ridicule; en sorte que c'est bien plus la coutume et l'exemple qui nous persuade, qu'aucune connoissance certaine; et que néanmoins la pluralité des voix n'est pas une preuve qui vaille rien, pour les vérités un peu malaisées à découvrir, à cause qu'il est bien plus vraisemblable qu'un homme seul les ait rencontrées que tout un pe uple; je ne pouvois choisir personne dont les opinions me semblassent devoir être préférées à celles des autres, et je me trouvai comme contraint d'entreprendre moi-même de me conduire.

Mais, comme un homme qui marche seul, et dans les ténèbres, je me rés olus d'aller si lentement et d'user de tant de circonspection en toutes choses, que si je n'avançois que fort peu, je me garderois bien au moins de tomber. Même je ne voulus point commencer à rejeter tout-à-fait aucune des opinions qui s'étoient pu glisser autrefois en ma créance sans y avoir été introduites par la raison, que je n'eusse auparavant employé assez de temps à faire le projet de l'ouvrage que j'entreprenois, et à chercher la vraie méthode pour parvenir à la connoissance de toutes les choses dont mon esprit seroit capable.

J'avois un peu étudié, étant plus jeune, entre les parties de la philosophie, à la logique, et, entre les mathématiques, à l'analyse des géomètres et à l'algèbre, trois arts ou sciences qui sembloient devoir contribuer quelque chose à mon dessein. Mais, en les examinant, je pris garde que, pour la logique, ses syllogismes et la plupart de ses autres instructions servent plutôt à expliquer à autrui les choses qu'on sait, ou même, comme l'art de Lulle, à parler sans jugement de celles qu'on ignore, qu'à les apprendre; et bien qu'elle contienne en effet beaucoup de préceptes très vrais et très bons, il y en a toutefois tant d'autres mêlés parmi, qui sont ou nuisibles ou superflus, qu'il est presque aussi malaisé de les en séparer, que de tirer une Diane ou une Minerve hors d'un bloc de marbre qui n'est point encore ébauché. Puis, pour l'analyse des anciens et l'algèbre des modernes, outre qu'elles ne s'étendent qu'à des matières fort abstraites, et qui ne semblent d'aucun usage, la première est toujours si astreinte à la considération des figures, qu'elle ne peut exercer l'entendement sans fatiguer beaucoup l'imagination; et on s'est tellement assujetti en lu dernière à certaines règles et à certains chiffres, qu'on en a fait un art confus et obscur qui embarrasse l'esprit, au lieu d'une science qui le cultive. Ce qui fut cause que je pensai qu'il falloit chercher quelque autre méthode, qui, comprenant les avantages de ces trois, fût exempte de leurs défauts. Et comme la multitude des lois fournit souvent des excuses aux vices, en sorte qu'un état est bien mieux réglé lorsque, n'en ayant que fort peu, elles y sont fort étroitement observées; ainsi, au lieu de ce grand nombre de préceptes dont la logique est composée, je crus que j'aur ois assez des quatre suivants, pourvu que je prisse une ferme et constante résolution de ne manquer pas une seule fois à les observer.

Le premier étoit de ne recevoir jamais aucune chose pour vraie que je ne la connusse évidemment être telle; c'est-à-dire, d'éviter soigneusement la précipitation et la prévention, et de ne comprendre rien de plus en mes jugements que ce qui se présenteroit si clairement et si distinctement à mon esprit, que je n'eusse aucune occasion de le mettre en doute.

Le second, de diviser chacune des difficultés que j'examinerais, en autant de parcelles qu'il se pourroit, et qu'il seroit requis pour les mieux résoudre. Le troisième, de conduire par ordre mes pensées, en commençant par les objets les plus simples et les plus aisés à connoître, pour monter peu à peu comme par degrés jusques à la

connoissance des plus composés, et supposant même de l'ordre entre ceux qui ne se précèdent point naturellement les uns les autres.

Et le dernier, de taire partout des dénombrements si entiers et des revues si générales, que je fusse assuré de ne rien omettre.

Ces longues chaînes de raisons, toutes simples et faciles, dont les géomètres ont coutume de se servir pour parvenir à leurs plus difficiles démonstrations, m'avoient donné occasion de m'imaginer que toutes les choses qui peuvent tomber sous la connoissance des hommes s'entresuivent en même façon, et que, pourvu seulement qu'on s'abstienne d'en recevoir aucune pour vraie qui ne le soit, et qu'on garde toujours l'ordre qu'il faut pour les déduire les unes des autres, il n'y en peut avoir de si éloignées auxquelles enfin on ne parvienne, ni de si cachées qu'on ne découvre. Et je ne fus pas beaucoup en peine de chercher par lesquelles il étoit besoin de commencer: car je savois déjà que c'étoit par les plus simples et les plus aisées à connoître; et, considérant qu'entre tous ceux qui ont ci-devant recherché la vérité dans les sciences, il n'y a eu que les seuls mathématiciens qui ont pu trouver quelques démonstrations, c'est-à-dire quelques raisons certaines et évidentes, je ne doutois point que ce ne fût par les mêmes qu'ils ont examinées; bien que je n'en espérasse aucune autre utilité, sinon qu'elles accoutumeroient mon esprit à se repaître de vérités, et ne se contenter point de fausses raisons. Mais je n'eus pas dessein pour cela de tâcher d'apprendre toutes ces sciences particulières qu'on nomme communément mathématiques; et voyant qu'encore que leurs objets soient différents, elle ne laissent pas de s'accorder toutes, en ce qu'elles n'y considèrent autre chose que les divers rapports ou proportions qui s'y trouvent, je pensai qu'il valoit mieux que j'examinasse seulement ces proportions en général, et sans les supposer que dans les sujets qui serviroient à m'en rendre la connoissance plus aisée, même aussi sans les y astreindre aucunement, afin de les pouvoir d'autant mieux appliquer après à tous les autres auxquels elles conviendroient. Puis, ayant pris garde que pour les connoître j'aurais quelquefois besoin de les considérer chacune en particulier, et quelquefois seulement de les retenir, ou de les comprendre plusieurs ensemble, je pensai que, pour les considérer mieux en particulier, je les devois supposer en des lignes, à cause que je ne trouvois rien de plus simple, ni que je pusse plus distinctement représenter à mon imagination et à mes sens; mais que, pour les retenir, ou les comprendre plusieurs ensemble, il falloit que je les expliquasse par quelques chiffres les plus courts qu'il seroit possible; et que, par ce moyen, j'emprunterois tout le meilleur de l'analyse géométrique et de l'algèbre, et corrigerois tous les défauts de l'une par l'autre.

Comme en effet j'ose dire que l'exacte observation de ce peu de préceptes que j'avois choisis me donna telle facilité à démêler toutes les questions auxquelles ces deux sciences s'étendent, qu'en deux ou trois mois que j'employai à les examiner, ayant commencé par les plus simples et plus générales, et chaque vérité que je trouvois étant une règle qui me servoit après à en trouver d'autres, non seulement je vins à bout de plusieurs que j'avois jugées autrefois très difficiles, mais il me sembla aussi vers la fin que je pouvois déterminer, en celles même que j'ignorois, par quels moyens et jusqu'où il étoit possible de les résoudre. En quoi je ne vous paroîtrai peut-être pas être fort vain, si vous considérez que, n'y ayant qu'une vérité de chaque chose, quiconque la trouve en sait autant qu'on en peut savoir; et que, par exemple, un enfant instruit en l'arithmétique, ayant fait une addition suivant ses règles, se peut assurer d'avoir trouvé, touchant la somme qu'il examinoit, tout ce que l'esprit humain sauroit trouver: car enfin la méthode, qui enseigne à suivre le vrai ordre, et à dénombrer exactement toutes les circonstances de ce qu'on cherc he, contient tout ce qui donne de la certitude aux règles d'arithmétique.

Mais ce qui me contentoit le plus de cette méthode étoit que par elle j'étois assuré d'user en tout de ma raison, sinon parfaitement, au moins le mieux qui fût en mon pouvoir: outre que je sentois, en la pratiquant, que mon esprit s'accoutumoit peu à peu à concevoir plus nettement et plus distinctement ses objets; et que, ne l'ayant point assujettie à aucune matière particulière, je me promettois de l'appliquer aussi utilement aux difficultés des autres sciences que j'avois fait à celles de l'algèbre. Non que pour cela j'osasse entreprendre d'abord d'examiner toutes celles qui se présenteroient, car cela même eût été contraire à l'ordre qu'elle prescrit: mais, ayant pris garde que leurs principes devoient tous être empruntés de la philosophie, en laquelle je n'en trouvois point encore de certains, je pensai qu'il falloit avant tout que je tâchasse d'y en établir; et que, cela étant la chose du monde la plus importante, et où la précipitation et la prévention étoient le plus à craindre, je ne devois point entreprendre d'en venir à bout que je n'eusse atteint un âge bien plus mûr que celui de vingt-trois ans que j'avois alors, et que je n'eusse auparavant employé beaucoup de temps à m'y préparer, tant en déracinant de mon esprit toutes les mauvaises opinions que j'y avois reçues avant ce temps - là, qu'en faisant amas de plusieurs expériences, pour être après la matière de mes raisonnements, et en m'exerçant toujours en la méthode que je m'étois prescrite, afin de m'y affermir de plus en plus.

TROISIÈME PARTIE.

Et enfin, comme ce n'est pas assez, avant de commencer à rebâtir le logis où on demeure, que de l'abattre, et de faire provision de matériaux et d'architectes, ou s'exercer soi-même à l'architecture, et outre cela d'en avoir soigneusement tracé de dessin, mais qu'il faut aussi s'être pourvu de quelque autre où on puisse être logé commodément pendant le temps qu'on y travaillera; ainsi, afin que je ne demeurasse point irrésolu en mes actions, pendant que la raison m'obligeroit de l'être en mes jugements, et que je ne laissasse pas de vivre dès lors le plus heureusement que je pourrois, je me formai une morale par provision, qui ne consistoit qu'en trois ou quatre maximes dont je veux bien vous faire part.

La première étoit d'obéir aux lois et aux coutumes de mon pays, retenant constamment la religion en laquelle Dieu m'a fait la grâce d'être instruit dès mon enfance, et me gouvernant en toute autre chose suivant les opinions les plus modérées et les plus éloignées de l'excès qui fussent communément reçues en pratique par les mieux sensés de ceux avec lesquels j'aurois à vivre. Car, commençant dès lors à ne compter pour rien les miennes propres, à cause que je les voulois remettre toutes à l'examen, j'étois assuré de ne pouvoir mieux que de suivre celles des mieux sensés. Et encore qu'il y en ait peut-être d'aussi bien sensés parmi les Perses ou les Chinois que parmi nous, il me sembloit que le plus utile étoit de me régler selon ceux a vec lesquels j'aurois à vivre; et que, pour savoir quelles étoient véritablement leurs opinions, je devois plutôt prendre garde à ce qu'ils pratiquoient qu'à ce qu'ils disoient, non seulement à cause qu'en la corruption de nos moeurs il y a peu de gens qui veuillent dire tout ce qu'ils croient, mais aussi à cause que plusieurs l'ignorent eux-mêmes; car l'action de la pensée par laquelle on croit une chose étant différente de celle par laquelle on connoît qu'on la croit, elles sont souvent l'une sans l'autre. Et, entre plusieurs opinions également reçues, je ne choisissois que les plus modérées, tant à cause que ce sont toujours les plus commodes pour la pratique, et vraisemblablement les meilleures, tous excès ayant coutume d'être mauvais, comme aussi afin de me détourner moins du vrai chemin, en cas que je faillisse, que si, ayant choisi l'un des extrêmes, c'eût été l'autre qu'il eût fallu suivre. Et particulièrement je mettois entre les excès toutes les promesses par lesquelles on retranche quelque chose de sa liberté; non que je désapprouvasse les lois, qui, pour remédier à l'inconstance des esprits foibles, permettent, lorsqu'on a quelque bon dessein, ou même, pour la sûreté du commerce, quelque dessein qui n'est qu'indifférent, qu'on fasse des voeux ou des contrats qui obligent à y persévérer: mais à cause que je ne voyois au monde aucune chose qui demeurât toujours en même état, et que, pour mon particulier, je me promettois de perfectionner de plus en plus mes jugements, et non point de les rendre pires, j'eusse pensé commettre une grande faute contre le bon sens, si, pour ce que j'approuvois alors quelque chose, je me fusse obligé de la prendre pour bonne encore après, lorsqu'elle auroit peut-être cessé de l'être, ou que j'aurois cessé de l'estimer telle.

Ma seconde maxime étoit d'être le plus ferme et le plus résolu en mes actions que je pourrois, et de ne suivre pas moins constamment les opinions les plus douteuses lorsque je m'y serois une fois déterminé, que si elles eussent été très assurées: imitant en ceci les voyageurs, qui, se trouvant égarés en quelque forêt, ne doivent pas errer en tournoyant tantôt d'un côté tantôt d'un autre, ni encore moins s'arrêter en une place, mais marcher toujours le plus droit qu'ils peuvent vers un même côté, et ne le changer point pour de foibles raisons, encore que ce n'ait peut-être été au commencement que le hasard seul qui les ait déterminés à le choisir; car, par ce moyen, s'ils ne vont justement où ils désirent, ils arriveront au moins à la fin quelque part où vraisemblablement ils seront mieux que dans le milieu d'une forêt. Et ainsi les actions de la vie ne souffrant souvent aucun délai, c'est une vérité très certaine que, lorsqu'il n'est pas en notre pouvoir de discerner les plus vraies opinions, nous devons suivre les plus probables; et même qu'encore que nous ne remarquions point davantage de probabilité aux unes qu'aux autres, nous devons néanmoins nous déterminer à quelques unes, et les considérer après, non plus comme douteuses en tant qu'elles se rapporte nt à la pratique, mais comme très vraies et très certaines, à cause que la raison qui nous y a fait déterminer se trouve telle. Et ceci fut capable dès lors de me délivrer de tous les repentirs et les remords qui ont coutume d'agiter les consciences de ces esprits foibles et chancelants qui se laissent aller inconstamment à pratiquer comme bonnes les choses qu'ils jugent après être mauvaises.

Ma troisième maxime étoit de tâcher toujours plutôt à me vaincre que la fortune, et à changer mes désirs que l'ordre du monde, et généralement de m'accoutumer à croire qu'il n'y a rien qui soit entièrement en notre pouvoir que nos pensées, en sorte qu'après que nous avons fait notre mieux touchant les choses qui nous sont extérieures, tout ce qui manque de nous réussir est au regard de nous absolument impossible. Et ceci seul me sembloit être suffisant pour m'empêcher de rien désirer à l'avenir que je n'acquisse, et ainsi pour me rendre content; car notre volonté ne se portant naturellement à désirer que les choses que notre entendement lui représente en quelque façon comme possibles, il est certain que si nous considérons tous les biens qui sont hors de nous comme également éloignés de notre pouvoir, nous n'aurons pas plus de regret de manquer de ceux qui semblent être dus à notre naissance, lorsque nous en serons privés sans notre faute, que nous avons de ne posséder pas les royaumes de la Chine ou de Mexique; et que faisant, comme on dit, de nécessité vertu, nous ne désirerons pas davantage d'être sains étant malades, ou d'être libres étant en prison, que nous faisons maintenant d'avoir des corps d'une matière aussi peu corruptible que les diamants, ou des ailes pour voler comme les oiseaux. Mais j'avoue qu'il est besoin d'un long exercice, et d'une méditation souvent r éitérée, pour s'accoutumer à regarder de ce biais toutes les choses; et je crois que c'est principalement en ceci que consistoit le secret de ces philosophes qui ont pu autrefois se soustraire de l'empire de la fortune, et, malgré les douleurs et la pauvreté, disputer de la félicité avec leurs dieux. Car, s'occupant sans cesse à considérer les bornes qui leur étoient prescrites par la nature, ils se persuadoient si parfaitement que rien n'étoit en leur pouvoir que leurs pensées, que cela seul étoit suffisant pour les empêcher d'avoir aucune affection pour d'autres choses; et ils disposoient d'elles si absolument qu'ils avoient en cela quelque raison de s'estimer plus riches et plus puissants et plus libres et plus heureux qu'aucun des autres hommes, qui, n' ayant point cette philosophie, tant favorisés de la nature et de la fortune qu'ils puissent être, ne disposent jamais ainsi de tout ce qu'ils veulent.

Enfin, pour conclusion de cette morale, je m'avisai de faire une revue sur les diverses occupations qu'ont les hommes en cette vie, pour tâcher à faire choix de la meilleure; et, sans que je veuille rien dire de celles des autres, je pensai que je ne pouvois mieux que de continuer en celle -là même où je me trouvois, c'est-à-dire que d'employer toute ma vie à cultiver ma raison, et m'avancer autant que je pourrois en la connoissance de la vérité, suivant la méthode que je m'étois prescrite. J'avois éprouvé de si extrêmes contentements depuis que j'avois commencé à me servir de cette méthode, que je ne croyois pas qu'on en put recevoir de plus doux ni de plus innocents en cette vie; et découvrant tous les jours par son moyen quelques vérités qui me sembloient assez importantes et communément ignorées des autres hommes, la satisfaction que j'en avois remplissoit tellement mon esprit que tout le reste ne me touchoit point. Outre que les trois maximes précédentes n'étoient fondées que sur le dessein que j'avois de continuer à m'instruire car Dieu nous ayant donné à chacun quelque lumière pour discerner le vrai d'avec le faux, je n'eusse pas cru me devoir contenter des opinions d'autrui un seul moment, si je ne me fusse proposé d'employer mon propre jugement à les examiner lorsqu'il serait temps; et je n'eusse su m'exempter de scrupule en les suivant, si je n'eusse es péré de ne perdre pour cela aucune occasion d'en trouver de meilleures en cas qu'il y en eût; et enfin, je n'eusse su borner mes désirs ni être content, si je n'eusse suivi un chemin par lequel, pensant être assuré de l'acquisition de toutes les

connoissances dont je serois capable, je le pensois être par même moyen de celle de tous les vrais biens qui seroient jamais en mon pouvoir; d'autant que, notre volonté ne se portant à suivre ni à fuir aucune chose que selon que notre entendement la lui représente bonne ou mauvaise, il suffit de bien juger pour bien faire, et de juger le mieux qu'on puisse pour faire aussi tout son mieux, c'est-à-dire pour acquérir toutes les vertus, et ensemble tous les autres biens qu'on puisse acquérir; et lorsqu'on est certain que cela est, on ne sauroit manquer d'être content.

Après m'être ainsi assuré de ces maximes, et les avoir mises à part avec les vérités de la foi, qui ont toujours été les premières en ma créance, je jugeai que pour tout le reste de mes opinions je pouvois librement entreprendre de m'en défaire. Et d'autant que j'espérois en pouvoir mieux venir à bout en conversant avec les hommes qu'en demeurant plus longtemps renfermé dans le poêle où j'avois eu toutes ces pensées, l'hiver n'était pas encore bien achevé que je me remis à voyager. Et en toutes les neuf années suivantes je ne fis autre chose que rouler ça et là dans le monde, tâchant d'y être spectateur plutôt qu'acteur en toutes les comédies qui s'y jouent; et, faisant particulièrement réflexion en chaque matière sur ce qui la pouvoit rendre suspecte et nous donner occasion de nous méprendre, je déracinois cependant de mon esprit toutes les erreurs qui s'y étoient pu glisser auparavant. Non que j'imitasse pour cela les sceptiques, qui ne doutent que pour douter, et affectent d'être toujours irrésolus; car, au contraire, tout mon dessein ne tendoit qu'à m'assurer, et à rejeter la terre mouvante et le sable pour trouver le roc ou l'argile. Ce qui me réussissoit, ce me semble, assez bien, d'autant que, tâchant à découvrir la fausseté ou l'incertitude des propositions que j'examinois, non par de foibles conjectures, mais par des raisonnements clairs et assurés, je n'en rencontrois point de si douteuse que je n'en tirasse toujours quelque conclusion assez certaine, quand ce n'eût été que cela même qu'elle ne contenoit rien de certain. Et, comme, en abattant un vieux logis, on en réserve ordinairement les démolitions pour servir à en bâtir un nouveau, ainsi, en détruisant toutes celles de mes opinions que je jugeois être mal fondées, je faisois diverses observations et acquérois plusieurs expériences qui m'ont servi depuis à en établir de plus certaines. Et de plus je continuois à m'exercer en la méthode que je m'étois prescrite; car, outre que j'avois soin de conduire généralement toutes mes pensées selon les règles, je me réservois de temps en temps quelques heures, que j'employois particulièrement à la pratiquer en des difficultés de mathématique, ou même aussi en quelques autres que je pouvois rendre quasi semblables à celles des mathématiques, en les détachant de tous les principes des autres sciences que je ne trouvois pas assez fermes, comme vous verrez que j'ai fait en plusieurs qui sont expliquées en ce volume[1]. Et ainsi, sans vivre d'autre façon en apparenc e que ceux qui, n'ayant aucun emploi qu'à passer une vie douce et innocente, s'étudient à séparer les plaisirs des vices, et qui, pour jouir de leur loisir sans s'ennuyer, usent de tous les divertissements qui sont honnêtes, je ne laissois pas de poursuivre en mon dessein et de profiter en la connoissance de la vérité, peut-être plus que si je n'eusse fait que lire des livres ou fréquenter des gens de lettres.

Toutefois ces neuf ans s'écoulèrent avant que j'eusse encore pris aucun parti touchant les diffic ultés qui ont coutume d'être disputées entre les doctes, ni commencé à chercher les fondements d'aucune philosophie plus certaine que la vulgaire. Et l'exemple de plusieurs excellents esprits, qui en ayant eu ci-devant le dessein me sembloient n'y avoir pas réussi, m'y faisoit imaginer tant de difficulté, que je n'eusse peut-être pas encore sitôt osé l'entreprendre, si je n'eusse vu que quelques uns faisoient déjà courre le bruit que j'en étois venu à bout. Je ne saurois pas dire sur quoi ils fondoient cette opinion; et si j'y ai contribué quelque chose par mes discours, ce doit avoir été en confessant plus ingénument ce que j'ignorois, que n'ont coutume de faire ceux qui ont un peu étudié, et peut-être aussi eu faisant voir les raisons que j'avois de douter de beaucoup de choses que les autres estiment certaines, plutôt qu'en me vantant d'aucune doctrine. Mais ayant le coeur assez bon pour ne vouloir point qu'on me prit pour autre que je n'étois, je pensai qu'il falloit que je tâchasse par tous moyens à me rendre digne de la réputation qu'on me donnoit; et il y a justement huit ans que ce désir me fit résoudre à m'éloigner de tous les lieux où je pouvois avoir des connoissances, et à me retirer ici, en un pays où la longue durée de la guerre a fait établir de tels ordres, que les armées qu'on y entretient ne semblent servir qu'à faire qu'on y jouisse des fruits de la paix avec d'autant plus de sûreté, et où, parmi la foule d'un grand peuple fort actif, et plus soigneux de ses propres affaires que curieux de ce lles d'autrui, sans manquer d'aucune des commodités qui sont dans les villes les plus fréquentées, j'ai pu vivre aussi solitaire et retiré que dans les déserts les plus écartés.

[Note 33: La Dioptrique, les Météores et la Géométrie parurent d'abord dans le même volume que ce discours.]

QUATRIÈME PARTIE.

Je ne sais si je dois vous entretenir des premières méditations que j'y ai faites; car elles sont si métaphysiques et si peu communes, qu'elles ne seront peut-être pas au goût de tout le monde: et toutefois, afin qu'on puisse juger si les fondements que j'ai pris sont assez fermes, je me trouve en quelque façon contraint d'en parler. J'avois dès long-temps remarqué que pour les moeurs il est besoin quelquefois de suivre des opinions qu'on sait être fort incertaines, tout de même que si elles étoient indubitables, ainsi qu'il a été dit ci-dessus: mais pource qu'alors je désirois vaquer seulement à la recherche de la vérité, je pensai qu'il falloit que je fisse tout le contraire, et que je rejetasse comme a bsolument faux tout ce en quoi je pourrois imaginer le moindre doute, afin de voir s'il ne resteroit point après cela quelque chose en ma créance qui fût entièrement indubitable. Ainsi, à cause que nos sens nous trompent quelquefois, je voulus supposer qu' il n'y avoit aucune chose qui fût telle qu'ils nous la font imaginer; et parce qu'il y a des hommes qui se méprennent en raisonnant, même touchant les plus simples matières de géométrie, et y font des paralogismes, jugeant que j'étois sujet à faillir autant qu'aucun autre, je rejetai comme fausses toutes les raisons que j'avois prises auparavant pour démonstrations; et enfin, considérant que toutes les mêmes pensées que nous avons étant éveillés nous peuvent aussi venir quand nous dormons, sans qu'il y en a it aucune pour lors qui soit vraie, je me résolus de feindre que toutes les choses qui m'étoient jamais entrées en l'esprit n'étoient non plus vraies que les illusions de mes songes. Mais aussitôt après je pris garde que, pendant que je voulois ainsi pense r que tout étoit faux, il falloit nécessairement que moi qui le pensois fusse quelque chose; et remarquant que cette vérité, je pense, donc je suis, étoit si ferme et si assurée, que toutes les plus extravagantes suppositions des sceptiques n'étoient pas capables de l'ébranler, je jugeai que je pouvois la recevoir sans scrupule pour le premier principe de la philosophie que je cherchois. Puis, examinant avec attention ce que j'étois, et voyant que je pouvois feindre que je n'avois aucun corps, et qu'il n'y avoit aucun monde ni aucun lieu où je fusse; mais que je ne pouvois pas feindre pour cela que je n'étois point; et qu'au contraire de cela même que je pensois à douter de la vérité des autres choses, il suivoit très évidemment et très certainement que j'é tois; au lieu que si j'eusse seulement cessé de penser, encore que tout le reste de ce que j'avois jamais imaginé eût été vrai, je n'avois aucune raison de croire que j'eusse été; je connus de là que j'étois une substance dont toute l'essence ou la nature n'est que de penser, et qui pour être n'a besoin d'aucun lieu ni ne dépend d'aucune chose matérielle; en sorte que ce moi, c'est-à-dire l'âme, par laquelle je suis ce que je suis, est entièrement distincte du corps, et même qu'elle est plus aisée à connoît re que lui, et qu'encore qu'il ne fût point, elle ne l'auroit pus d'être tout ce qu'elle est.

Après cela je considérai en général ce qui est requis à une proposition pour être vraie et certaine; car puisque je venois d'en trouver une que je savois être te lle, je pensai que je devois aussi savoir en quoi consiste cette certitude. Et ayant remarqué qu'il n'y a rien du tout en ceci, je pense, donc je suis, qui m'assure que je dis la vérité, sinon que je vois très clairement que pour penser il faut être, je jugeai que je pouvois prendre pour

règle générale que les choses que nous concevons fort clairement et fort distinctement sont toutes vraies, mais qu'il y a seulement quelque difficulté à bien remarquer quelles sont celles que nous concevons distinctement.

Ensuite de quoi, faisant réflexion sur ce que je doutois, et que par conséquent mon être n'étoit pas tout parfait, car je voyois clairement que c'étoit une plus grande perfection de connoître, que de douter, je m'avisai de chercher d'où j'avois appris à penser à quelque chose de plus parfait que je n'étois; et je connus évidemment que ce devoit être de quelque nature qui fût en effet plus parfaite. Pour ce qui est des pensées que j'avois de plusieurs autres choses hors de moi, comme du ciel, de la terre, de la lumière, de la chaleur, et de mille autres, je n'étois point tant en peine de savoir d'où elles venoient, à cause que, ne remarquant rien en elles qui me semblât les rendre supérieures à moi, je pouvois croire que, si elles étoient vraies, c'étoient de s dépendances de ma nature, en tant qu'elle avoit quelque perfection, et, si elles ne l'étoient pas, que je les tenois du néant, c'est-à-dire qu'elles étoient en moi pource que j'avois du défaut. Mais ce ne pouvoit être le même de l'idée d'un être plus parfait que le mien: car, de la tenir du néant, c'étoit chose manifestement impossible: et pource qu'il n'y a pas moins de répugnance que le plus parfait soit une suite et une dépendance du moins parfait, qu'il y en a que de rien procède quelque chose, je ne la pouvois tenir non plus de moi-même: de façon qu'il restoit qu'elle eût été mise en moi par une nature qui fût véritablement plus parfaite que je n'étois, et même qui eût en soi toutes les perfections dont je pouvois avoir quelque idée, c'est à dire, pour m'expliquer en un mot, qui fût Dieu. A quoi j'ajoutai que, puisque je connoissois quelques perfections que je n'avois point, je n'étois pas le seul être qui existât (j'userai, s'il vous plaît, ici librement des mots de l'école); mais qu'il falloit de néc essité, qu'il y en eût quelque autre plus parfait, duquel je dépendisse, et duquel j'eusse acquis tout ce que j'avois: car, si j'eusse été seul et indépendant de tout autre, en sorte que j'eusse eu de moi-même tout ce peu que je participois de l'être parfait, j'eusse pu avoir de moi, par même raison, tout le surplus que je connoissois me manquer, et ainsi être moi-même infini, éternel, immuable, tout connoissant, tout puissant, et enfin avoir toutes les perfections que je pouvois remarquer être en Dieu. Car, suivant les raisonnements que je viens de faire, pour connoître la nature de Dieu, autant que la mienne en étoit capable, je n'avois qu'à considérer, de toutes les choses dont je trouvois en moi quelque idée, si c'étoit perfection ou non de les posséder; et j'étois assuré qu'aucune de celles qui marquoient quelque imperfection n'étoit en lui, mais que toutes les autres y étoient: comme je voyois que le doute, l'inconstance, la tristesse, et choses semblables, n'y pouvoient être, vu que j'eusse été moi-même bien aisé d'en être exempt. Puis, outre cela, j'avois des idées de plusieurs choses sensibles et corporelles; car, quoique je supposasse que je revois, et que tout ce que je voyois ou imaginois étoit faux, je ne pouvois nier toutefois que les idées n'en fussent véritablement en ma pensée. Mais pource que j'avois déjà connu en moi très clairement que la nature intelligente est distincte de la corporelle; considérant que toute composition témoigne de la dépendance, et que la dépendance est manifestement un défaut, je jugeois de là que ce ne pouvoit être une perfection en Dieu d'être composé de ces deux natures, et que par conséquent il ne l'étoit pas; mais que s'il y avoit quelques corps dans le monde, ou bien quelques intelligences ou autres natures qui ne fussent point toutes parfaites, leur être devoit dépendre de sa puissance, en telle sorte quelles ne pouvoient subsister sans lui un seul moment. Je voulus chercher après cela d'autres vérités; et m'étant proposé l'objet des géomètres, que je concevois comme un corps continu, ou un espace indéfiniment étendu en longueur, largeur et hauteur ou profondeur, divisible en diverses parties, qui pouvoient avoir diverses figures et grandeurs, et être mues ou transposées en toutes sortes, car les géomètres supposent tout cela en leur objet, je parcourus quelques unes de leurs plus simples démonstrations; et, ayant pris garde que cette grande certitude, que tout le monde leur attribue, n'est fondée que sur ce qu'on les conçoit évidemment, suivant la règle que j'ai ta ntôt dite, je pris garde aussi qu'il n'y avoit rien du tout en elles qui m'assurât de l'existence de leur objet: car, par exemple, je voyois bien que, supposant un triangle, il falloit que ses trois angles fussent égaux à deux droits, mais je ne voyois rie n pour cela qui m'assurât qu'il y eût au monde aucun triangle: au lieu que, revenant à examiner l'idée que j'avois d'un être parfait, je trouvois que l'existence y étoit comprise en même façon qu'il est compris en celle d'un triangle que ses trois angles sont égaux à deux droits, ou en celle d'une sphère que toutes ses parties sont également distantes de son centre, ou même encore plus évidemment; et que par conséquent il est pour le moins aussi certain que Dieu, qui est cet être si parfait, est ou existe, qu'aucune démonstration de géométrie le sauroit être.

Mais ce qui fait qu'il y en a plusieurs qui se persuadent qu'il y a de la difficulté à le connoître, et même aussi à connoître ce que c'est que leur âme, c'est qu'ils n'élèvent jamais leur esprit au-delà des choses sensibles, et qu'ils sont tellement accoutumés à ne rien considérer qu'en l'imaginant, qui est une façon de penser particulière pour les choses matérielles, que tout ce qui n'est pas imaginable, leur semble n'être pas intelligible. Ce qui est assez manifeste de ce que même les philosophes tiennent pour maxime, dans les écoles, qu'il n'y a rien dans l'entendement qui n'ait premièrement été dans le sens, où toutefois il est certain que les idées de Dieu et de l'âme n'ont jamais été; et il me semble que ceux qui veulent user de leur imagination pour les comprendre font tout de même que si, pour ouïr les sons ou sentir les odeurs, ils se vouloient servir de leurs yeux: sinon qu'il y a encore cette différence, que le sens de la vue ne nous assure pa s moins de la vérité de ses objets que font ceux de l'odorat ou de l'ouïe; au lieu que ni notre imagination ni nos sens ne nous sauroient jamais assurer d'aucune chose si notre entendement n'y intervient.

Enfin, s'il y a encore des hommes qui ne soient pa s assez persuadés de l'existence de Dieu et de leur âme par les raisons que j'ai apportées, je veux bien qu'ils sachent que toutes les autres choses dont ils se pensent peut-être plus assurés, comme d'avoir un corps, et qu'il y a des astres et une terre, e t choses semblables, sont moins certaines; car, encore qu'on ait une assurance morale de ces choses, qui est telle qu'il semble qu'à moins d'être extravagant on n'en peut douter, toutefois aussi, à moins que d'être déraisonnable, lorsqu'il est question d'une certitude métaphysique, on ne peut nier que ce ne soit assez de sujet pour n'en être pas entièrement assuré, que d'avoir pris garde qu'on peut en même façon s'imaginer, étant endormi, qu'on a un autre corps, et qu'on voit d'autres astres et une autre terre, sans qu'il en soit rien. Car d'où sait-on que les pensées qui viennent en songe sont plutôt fausses que les autres, vu que souvent elles ne sont pas moins vives et expresses? Et que les meilleurs esprits y étudient tant qu'il leur plaira, je ne crois pas qu'ils puissent donner aucune raison qui soit suffisante pour ôter ce doute, s'ils ne présupposent l'existence de Dieu. Car, premièrement, cela même que j'ai tantôt pris pour une règle, à savoir que les choses que nous concevons très clairement et très distinctement sont toutes vraies, n'est assuré qu'à cause que Dieu est ou existe, et qu'il est un être parfait, et que tout ce qui est en nous vient de lui: d'où il suit que nos idées ou notions, étant des choses réelles et qui viennent de Dieu, en tout ce en quoi elles sont claires et distinctes, ne peuvent en cela être que vraies. En sorte que si nous en avons assez souvent qui contiennent de la fausseté, ce ne peut être que de celles qui ont quelque chose de confus et obscur, à cause qu'en cela elles participent du néant, c'est-à-dire qu'elles ne sont en nous ainsi confuses qu'à cause que nous ne sommes pas tout parfaits. Et il est évident qu'il n'y a pas moins de répugnance que la fausseté ou l'imperfection procède de Dieu en tant que telle, qu'il y en a que la vérité ou la perfection procède du néant. Mais si nous ne savions point que tout ce qui est en nous de réel et de vrai vient d'un être parfait et infini, pour claires et distinctes que fussent nos idées, nous n'aurions aucune raison qui nous assur ât qu'elles eussent la perfection d'être vraies.

Or, après que la connoissance de Dieu et de l'âme nous a ainsi rendus certains de cette règle, il est bien aisé à connoître que les rêveries que nous imaginons étant endormis ne doivent aucunement nous fair e douter de la vérité des pensées que nous avons étant éveillés. Car s'il arrivoit même en dormant qu'on eût quelque idée fort distincte, comme, par exemple, qu'un géomètre inventât quelque nouvelle démonstration, son sommeil ne l'empêcheroit pas d'être vraie; et pour l'erreur la plus ordinaire de nos songes, qui consiste en ce qu'ils nous représentent divers objets en même façon que font nos sens extérieurs, n'importe pas qu'elle nous donne occasion de nous défier de la vérité de telles idées, à cause qu' elles peuvent aussi nous tromper assez souvent sans que nous dormions; comme lorsque ceux qui ont la jaunisse voient tout de couleur jaune, ou que les astres ou autres corps fort éloignés nous paroissent beaucoup plus petits qu'ils ne sont. Car enfin, soit que nous veillions, soit que nous dormions, nous ne nous devons jamais laisser persuader qu'à l'évidence de notre raison. Et il est à remarquer que je dis de notre raison, et non point de notre imagination ni de nos sens: comme encore que nous voyions le soleil très clairement, nous ne devons pas juger pour cela qu'il ne soit que de la grandeur que nous le voyons; et nous pouvons bien imaginer distinctement une tête de lion entée sur le corps d'une chèvre, sans qu'il faille conclure pour cela qu'il y ait au monde une chimère: car la raison ne nous dicte point que ce que nous voyons ou imaginons ainsi soit véritable; mais elle nous dicte bien que toutes nos idées ou notions doivent avoir quelque fondement de vérité; car il ne seroit pas possible que Dieu, qui est tout parfait et tout véritable, les eût mises en nous sans cela; et, pource que nos raisonnements ne sont jamais si évidents ni si entiers pendant le sommeil que pendant la veille, bien que quelquefois nos imaginations soient alors autant ou plus vives et expresses, elle nous dicte aussi que nos pensées ne pouvant être toutes vraies, à cause que nous ne sommes pas tout parfaits, ce qu'elles ont de vérité doit infailliblement se rencontrer en celles que nous avons étant éveillés plutôt qu'en nos songe s.

CINQUIÈME PARTIE.

Je serois bien aise de poursuivre, et de faire voir ici toute la chaîne des autres vérités que j'ai déduites de ces premières; mais, à cause que pour cet effet il seroit maintenant besoin que je parlasse de plusieurs questions qui sont en controverse entre les doctes, avec lesquels je ne désire point me brouiller, je crois qu'il sera mieux que je m'en abstienne, et que je dise seulement en général quelles elles sont, afin de laisser juger aux plus sages s'il serait utile que le public en fût plus particulièrement informé. Je suis toujours demeuré ferme en la résolution que j'avois prise de ne supposer aucun autre principe que celui dont je viens de me servir pour démontrer l'existence de Dieu et de l'âme, et de ne recevoir aucune chos e pour vraie qui ne me semblât plus claire et plus certaine que n'avoient fait auparavant les démonstrations des géomètres; et néanmoins j'ose dire que non seulement j'ai trouvé moyen de me satisfaire en peu de temps touchant toutes les principales difficultés dont on a coutume de traiter en la philosophie, mais aussi que j'ai remarqué certaines lois que Dieu a tellement établies en la nature, et dont il a imprimé de telles notions en nos âmes, qu'après y avoir fait assez de réflexion nous ne saurions douter qu'elles ne soient exactement observées en tout ce qui est ou qui se fait dans le monde. Puis, en considérant la suite de ces lois, il me semble avoir découvert plusieurs vérités plus utiles et plus importantes que tout ce que j'avois appris auparavant ou même espéré d'apprendre.

Mais, pour ce que j'ai tâché d'en expliquer les principales dans un traité que quelques considérations m'empêchent de publier, je ne les saurois mieux faire connoître qu'en disant ici sommairement ce qu'il contient. J'ai eu dessein d'y comprendre tout ce que je pensois savoir, avant que de récrire, touchant la nature des choses matérielles. Mais, tout de même que les peintres, ne pouvant également bien représenter dans un tableau plat toutes les diverses faces d'un corps solide, en choisissent une des principales, qu'ils mettent seule vers le jour, et, ombrageant les autres, ne les font paroître qu'autant qu'on les peut voir en la regardant; ainsi, craignant de ne pouvoir mettre en mon discours tout ce que j'avois eu la pensée, j' entrepris seulement d'y exposer bien amplement ce que je concevois de la lumière; puis, à son occasion, d'y ajouter quelque chose du soleil et des étoiles fixes, à cause qu'elle en procède presque toute; des cieux, à cause qu'ils la transmettent; des planètes, des comètes et de la terre, à cause qu'elles la font réfléchir; et en particulier de tous les corps qui sont sur la terre, à cause qu'ils sont ou colorés, ou transparents, ou lumineux; et enfin de l'homme, à cause qu'il en est le spectateur. Même, pour ombrager un peu toutes ces choses, et pouvoir dire plus librement ce que j'en jugeois, sans être obligé de suivre ni de réfuter les opinions qui sont reçues entre les doctes, je me résolus de laisser tout ce monde ici à leurs disputes, et de parler seule ment de ce qui arriveroit dans un nouveau, si Dieu créoit maintenant quelque part, dans les espaces imaginaires, assez de matière pour le composer, et qu'il agitât diversement et sans ordre les diverses parties de cette matière, en sorte qu'il en composât un chaos aussi confus que les poètes en puissent feindre, et que par après il ne fît autre chose que prêter son concours ordinaire à la nature, et la laisser agir suivant les lois qu'il a établies. Ainsi, premièrement, je décrivis cette matière, et tâchai de la représenter telle qu'il n'y a rien au monde, ce me semble, de plus clair ni plus intelligible, excepté ce qui a tantôt été dit dit de Dieu et de l'âme; car même je supposai expressément qu'il n'y avoit en elle aucune de ces formes ou qualités dont on dispute dans les écoles, ni généralement aucune chose dont la connoissance ne fut si naturelle à nos âmes qu'on ne pût pas même feindre de l'ignorer. De plus, je fis voir quelles étoient les lois de la nature; et, sans appuyer mes raisons sur aucun autre principe que sur les perfections infinies de Dieu, je tâchai à démontrer toutes celles dont on eût pu avoir quelque doute, et à faire voir qu'elles sont telles qu'encore que Dieu auroit créé plusieurs mondes, il n'y en sauroit avoir aucun où elles manquassent d'être observées. Après cela, je montrai comment la plus grande part de la matière de ce chaos devoit, en suite de ces lois, se disposer et s'arranger d'une certaine façon qui la rendoit semblable à nos cieux; comment cependant quelques unes de ses parties dévoient composer une terre et quelques unes des planètes et des comètes, et quelques autres un soleil et des étoiles fixes. Et ici, m'étendant sur le sujet de la lumière, j'expliquai bien au long quelle étoit celle qui se devoit trouver dans le sole il et les étoiles, et comment de là elle traversait en un instant les immenses espaces des cieux, et comment elle se réfléchissoit des planètes et des comètes vers la terre. J'y ajoutai aussi plusieurs choses touchant la substance, la situation, les mouvements, et toutes les diverses qualités de ces cieux et de ces astres; en sorte que je pensois en dire assez pour faire connoître qu'il ne se remarque rien en ceux de ce monde qui ne dût ou du moins qui ne put paroître tout semblable en ceux du monde que je décrivois. De là je vins à parler particulièrement de la terre: comment, encore que j'eusse expressément supposé que Dieu n'avoit mis aucune pesanteur en la matière dont elle étoit composée, toutes ses parties ne laissoient pas de tendre exactement vers son centre; comment, y ayant de l'eau et de l'air sur sa superficie, la disposition des cieux et des astres, principalement de la lune, y devoit causer un flux et reflux qui fût semblable en toutes ses circonstances à celui qui se remarque dans nos mers, et outre cela un certain cours tant de l'eau que de l'air, du levant vers le couchant, tel qu'on le remarque aussi entre les tropiques; comment les montagnes, les mers, les fontaines et les rivières pouvoient naturellement s'y former, et les métaux y venir da ns les mines, et les plantes y croître dans les campagnes, et généralement tous les corps qu'on nomme mêlés ou composés s'y engendrer: et, entre autres choses, à cause qu'après les astres je ne connois rien au monde que le feu qui produise de la lumière, je m'étudiai à faire entendre bien clairement tout ce qui appartient à sa nature, comment il se fait, comment il se nourrit, comment il n'a quelquefois que de la chaleur sans lumière, et quelquefois que de la lumière sans chaleur; comment il peut introduire diverses couleurs en divers corps, et diverses autres qualités; comment il en fond quelques uns et en durcit d'autres; comment il les peut consumer presque tous ou convertir en cendres et en fumée; et enfin comment de ces cendres, par la seule violence de son action, il forme du verre; car cette transmutation de cendres en verre me semblant être aussi admirable qu'aucune autre qui se fasse en la nature, je pris particulièrement plaisir à la décrire.

Toutefois je ne voulois pas inférer de toutes ces choses que ce monde ait été créé en la façon que je proposois; car il est bien plus vraisemblable que dès le commencement Dieu l'a rendu tel qu'il devoit être. Mais il est certain, et c'est une opinion communément reçue entre les théologiens, que l'action par la quelle maintenant il le conserve, est toute la même que celle par laquelle il l'a créé; de façon qu'encore qu'il ne lui aurait point donné au commencement d'autre forme que celle du chaos, pourvu qu'ayant établi les lois de la nature, il lui prêtât son concours pour agir ainsi qu'elle a de coutume, ou peut croire, sans faire tort au miracle de la création, que par cela seul toutes les choses qui sont purement matérielles auroient pu avec le temps s'y rendre telles que nous les voyons à présent; et leur nature est bien plus aisée à concevoir, lorsqu'on les voit naître peu à peu en cette sorte, que lorsqu'on ne les considère que toutes faites.

De la description des corps inanimés et des plantes, je passai à celle des animaux, et particulièrement à celle des hommes. Mais pour ce que je n'en avois pas encore assez de connoissance pour en parler du même style que du reste, c'est-à-dire en démontrant les effets par les causes, et faisant voir de quelles semences et en quelle façon la nature les doit produire, je me contentai de supposer que Dieu formât le corps d'un homme entièrement semblable à l'un des nôtres, tant en la figure extérieure de ses membres, qu'en la conformation intérieure de ses organes, sans le composer d'autre matière que de celle que j'avois déc rite, et sans mettre en lui au commencement aucune âme raisonnable, ni aucune autre chose pour y servir d'âme végétante ou sensitive, sinon qu'il excitât en son coeur un de ces feux sans lumière que j'avois déjà expliqués, et que je ne concevois point d'autre nature que celui qui échauffe le foin lorsqu'on l'a renfermé avant qu'il fût sec, ou qui fait bouillir les vins nouveaux lorsqu'on les laisse cuver sur la râpe: car, examinant les fonctions qui pouvoient en suite de cela être en ce corps, j'y trouvois exactement toutes celles qui peuvent être en nous sans que nous y pensions, ni par conséquent que notre âme, c'est-à-dire cette partie distincte du corps dont il a été dit ci-dessus que la nature n'est que de penser, y contribue, et qui sont toutes les mê mes en quoi on peut dire que les animaux sans raison nous ressemblent; sans que j'y en pusse pour cela trouver aucune de celles qui, étant dépendantes de la pensée, sont les seules qui nous appartiennent, en tant qu'hommes; au lieu que je les y trouvois toutes par après, ayant supposé que Dieu créât une âme raisonnable, et qu'il la joignît à ce corps en certaine façon que je décrivois.

Mais afin qu'on puisse voir en quelle sorte j'y traitais cette matière, je veux mettre ici l'explication du mouvement du coeur et des artères, qui étant le premier et le plus général qu'on observe dans les animaux, on jugera facilement de lui ce qu'on doit penser de tous les autres. Et afin qu'on ait moins de difficulté à entendre ce que j'en dirai, je voudrois que ceux qui ne sont point versés en l'anatomie prissent la peine, avant que de lire ceci, de faire couper devant eux le coeur de quelque grand animal qui ait des poumons, car il est en tous assez semblable à celui de l'homme, et qu'ils se fissent montrer les deux chambres ou concavités qui y sont: premièrement celle qui est dans son côté droit, à laquelle répondent deux tuyaux fort larges; à savoir, la veine cave, qui est le principal réceptacle du sang, et comme le tronc de l'arbre dont toutes les autres veines du corps sont les branches; et la veine artérieuse, qui a été ainsi mal nommée, pource que c'est en effet une artère, laquelle, prenant son origine du coeur, se divise, après en être sortie, en plusieurs branches qui vont se répandre partout dans les poumons: puis celle qui est dans son côté gauche, à laquelle répondent en même façon deux tuyaux qui sont autant, ou plus larges que les précédents; à savoir, l'artère veineuse, qui a été aussi mal nommée, à cause qu'elle n'est autre chose qu'une veine, laquelle vient des poumons, où elle est divisée en plusieurs branches entrelacées avec celles de la veine artérieuse, et celles de ce conduit qu'on nomme le sifflet, par où entre l'air de la respiration; et la grande artère qui, sortant du coeur, envoie ses branches par tout le corps. Je voudrois aussi qu'on leur montrât soigneusement les onze petites peaux qui, comme autant de petites portes, ouvrent et ferment les quatre ouvertures qui sont en ces deux concavités; à savoir, trois à l'entrée de la veine cave, où elles sont tellement disposées qu'elles ne peuvent aucunement empêcher que le sang qu'elle contient ne coule dans la concavité droite du coeur, et toutefois empêchent exactement qu'il n'en puisse sortir; trois à l'entrée de la veine artérieuse, qui, étant disposée s tout au contraire, permettent bien au sang qui est dans cette concavité de passer dans les poumons, mais non pas à celui qui est dans les poumons d'y retourner; et ainsi deux autres à l'entrée de l'artère veineuse, qui laissent couler le sang des poumons vers la concavité gauche du coeur, mais s'opposent à son retour; et trois à l'entrée de la grande artère, qui lui permettent de sortir du coeur, mais l'empêchent d'y retourner: et il n'est point besoin de chercher d'autre raison du nombre de ces peaux, sinon que l'ouverture de l'artère veineuse étant en ovale, à cause du lieu où elle se rencontre, peut être commodément fermée avec deux, au lieu que les autres étant rondes, le peuvent mieux être avec trois. De plus, je voudrois qu'on leur fît considérer que la grande artère et la veine artérieuse sont d'une composition beaucoup plus dure et plus ferme que ne sont l'artère veineuse et la veine cave; et que ces deux dernières s'élargissent avant que d'entrer dans le coeur, et y font comme deux bourses, nommées les oreilles du coeur, qui sont composées d'une chair semblable à la sienne; et qu'il y a toujours plus de chaleur dans le coeur qu'en aucun autre endroit du corps; et enfin que cette chaleur est capable de faire que, s'il entre quelque goutte de sang en ses concavités, elle s'enfle promptement et se dilate, ainsi que font généralement toutes les liqueurs, lorsqu'on les laisse tomber goutte à goutte en quelque vaisseau qui est fort chaud.

Car, après cela, je n'ai besoin de dire autre chose pour expliquer le mouvement du coeur, sinon que lorsque ses concavités ne sont pas pleines de sang, il y en coule nécessairement de la veine cave dans la droite et de l'artère veineuse dans la gauche, d'autant que ces deux vaisseaux en sont toujours pleins, et que leurs ouvertures, qui regardent vers le coeur, ne peuvent alors être bouchées; mais que sitôt qu'il est entré ainsi deux gouttes de sang, une en chacune de ses concavités, ces gouttes, qui ne peuvent être que fort grosses, à cause que les ouvertures par où elles entrent sont fort larges et les vaisseaux d'où elles viennent fort pleins de sang, se raréfient et se dilatent, à cause de la chaleur qu'elles y trouvent; au moyen de quoi, faisant enfler tout le coeur, elles poussent et ferment les cinq petites portes qui sont aux entrées des deux vaisseaux d'où elles viennent, empêchant ainsi qu'il ne descende davantage de sang dans le coeur; et, continuant à se raréfier de plus en plus, elles poussent et ouvrent les six autres petites portes qui sont aux entrées des de ux autres vaisseaux par où elles sortent, faisant enfler par ce moyen toutes les branches de la veine artérieuse et de la grande artère, quasi au même instant que le coeur; lequel incontinent après se désenfle, comme font aussi ces artères, à cause que le sang qui y est entré s'y refroidit; et leurs six petites portes se referment, et les cinq de la veine cave et de l'artère veineuse se rouvrent, et donnent passage à deux autres gouttes de sang, qui font derechef enfler le coeur et les artères, tout de même que les précédentes. Et pource que le sang qui entre ainsi dans le coeur passe par ces deux bourses qu'on nomme ses oreilles, de là vient que leur mouvement est contraire au sien, et qu'elles se désenflent lorsqu'il s'enfle. Au reste, afin que ceux qui ne connoissent pas la force des démonstrations mathématiques, et ne sont pas accoutumés à distinguer les vraies raisons des vraisemblables, ne se hasardent pas de nier ceci sans l'examiner, je les veux avertir que ce mouvement que je viens d'expliquer suit aussi nécessairement de la seule disposition des organes qu'on peut voir à l'oeil dans le coeur, et de la chaleur qu'on y peut sentir avec les doigts, et de la nature du sang qu'on peut connoître par expérience, que fait celui d'un horloge, de la force, de la situation et de la figure de ses contre-poids et de ses roues.

Mais si on demande comment le sang des veines ne s'épuise point, en coulant ainsi continuellement dans le coeur, et comment les artères n'en sont point trop remplies, puisque tout celui qui passe par le coeur s'y va rendre, je n'ai pas besoin d'y répondre autre chose que ce qui a déjà été écrit par un médecin d'Angleterre [1], auquel il faut donner la louange d'avoir rompu la glace en cet endroit, et d'être le premier qui a enseigné qu'il y a plusieurs petits passages aux extrémités des artères, par où le sang qu'elles reçoivent du coeur entre dans les petites branches des veines, d'où il va se rendre derechef vers le coeur; en sorte que son cours n'est autre chose qu'une circulation perpétuelle. Ce qu'il prouve fort bien par l'expérience ordinaire des chirurgiens, qui, ayant lié le bras médiocrement fort, au-dessus de l'endroit où ils ouvrent la veine, font que le sang en sort plus abondamment que s'ils ne l'avoient point lié; et il arriveroit tout le contraire s'ils le lioient au-dessous entre la main et l'ouverture, ou bien qu'ils le liassent très fort au-dessus. Car il est manifeste que le lien, médiocrement serré, pouvant empêcher que le sang qui est déjà dans le bras ne retourne vers le c oeur par les veines, n'empêche pas pour cela qu'il n'y en vienne toujours de nouveau par les artères, à cause qu'elles sont situées au-dessous des veines, et que leurs peaux, étant plus dures, sont moins aisées à presser; et aussi que le sang qui vient du coeur tend avec plus de force à passer par elles vers la main, qu'il ne fait à retourner de là vers le coeur par les veines; et puisque ce sang sort du bras par l'ouverture qui est en l'une des veines, il doit nécessairement y avoir quelques passages au-dessous du lieu, c'est-à-dire vers les extrémités du bras, par où il y puisse venir des artères. Il prouve aussi fort bien ce qu'il dit du cours du sang, par certaines petites peaux, qui sont tellement disposées en divers lieux le long des veines, qu'elles ne lui permettent point d'y passer du milieu du corps vers les extrémités, mais seulement de retourner des extrémités vers le coeur; et de plus par l'expérience qui montre que tout celui qui est dans le corps en peut sortir en fort peu de temps par une seule artère lorsqu'elle est coupée, encore même qu'elle fût étroitement liée fort proche du coeur, et coupée entre lui et le lien, en sorte qu'on n'eût aucun sujet d'imaginer que le sang qui en sortiroit vînt d'ailleurs.

[Note 34: Hervaeus, de motu cordis.]

Mais il y n plusieurs autres choses qui témoignent que la vraie cause de ce mouvement du sang est celle que j'ai dite. Comme, premièrement, la différence qu'on remarque entre celui qui sort des veines et celui qui sort des artères ne peut procéder que de ce qu'étant raréfié et comme distillé en passant par le coeur, il est plus subtil et plus vif et plus chaud incontinent après en être sorti, c'est-à-dire étant dans les artères, qu'il n'est un peu devant que d'y entrer, c'est-à-dire étant dans les veines. Et si on y prend garde, on trouvera que cette différence ne paraît bien que vers le coeur, et non point tant aux lieux qui en sont les plus éloignés. Puis, la dureté des peaux dont la veine artérieuse et la grande artère sont composées montre assez que le sang bat contre elles avec plus de force que contre les veines. Et pourquoi la concavité gauche du coeur et la grande artère seroient-elles plus amples et plus larges que la concavité droite et la veine artérieuse, si ce n'étoit que le sang de l'artère veineuse, n'ayant été que dans les poumons depuis qu'il a passé par le coeur, est plus subtil et se raréfie plus fort et plus aisément que celui qui vient immédiatement de la veine cave? Et qu'est -ce que les médecins peuvent deviner en tâtant le pouls, s'ils ne savent que, selon que le sang change de nature, il peut être raréfié par la chaleur du coeur plus ou moins fort, et plus ou moins vile qu'auparavant? Et si ou examine comment cette chaleur se communique aux autres membres, ne faut-il pas avouer que c'est par le moyen du sang, qui, passant par le coeur, s'y réchauffe, et se répand de là par tout le corps: d'où vient que si on ôte le sang de quelque partie, on en ôte par même moyen la chaleur; et encore que le coeur fût aussi ardent qu'un fer embrasé, il ne suffiroit pas pour réchauffer les pieds et les mains tant qu'il fait, s'il n'y envoyoit continuellement de nouveau sang. Puis aussi on connoît de là que le vrai usage de la respiration est d'apporter assez d'air frais dans le poumon pour faire que le sa ng qui y vient de la concavité droite du coeur, où il a été raréfié et comme changé en vapeurs, s'y épaississe et convertisse en sang derechef, avant que de retomber dans la gauche, sans quoi il ne pourrait être propre à servir de nourriture au feu qui y e st; ce qui se confirme parce qu'on voit que les animaux qui n'ont point de poumons n'ont aussi qu'une seule concavité dans le coeur, et que les enfants, qui n'en peuvent user pendant qu'ils sont renfermés au ventre de leurs mères, ont une ouverture par où il coule du sang de la veine cave en la concavité gauche du coeur, et un conduit par où il en vient de la veine artérieuse en la grande artère, sans passer par le poumon. Puis la coction comment se feroit-elle en l'estomac, si le coeur n'y envoyoit de la c haleur par les artères, et avec cela quelques unes des plus coulantes parties du sang, qui aident à dissoudre les viandes qu'on y a mises? Et l'action qui convertit le suc de ces viandes en sang n'est-elle pas aisée à connoître, si on considère qu'il se distille, en passant et repassant par le coeur, peut-être plus de cent ou deux cents fois en chaque jour? Et qu'a -t-on besoin d'autre chose pour expliquer la nutrition et la production des diverses humeurs qui sont dans le corps, sinon de dire que la force dont le sang, en se raréfiant, passe du coeur vers les extrémités des artères, fait que quelques unes de ses parties s'arrêtent entre celles des membres où elles se trouvent, et y prennent la place de quelques autres qu'elles en chassent, et que, selon la situation ou la figure ou la petitesse des pores qu'elles rencontrent, les unes se vont rendre en certains lieux plutôt que les autres, en même façon que chacun peut avoir vu divers cribles, qui, étant diversement percés, servent à séparer divers grains les uns des autres? Et enfin, ce qu'il y a de plus remarquable en tout ceci, c'est la génération des esprits animaux, qui sont comme un vent très subtil, ou plutôt comme une flamme très pure et très vive, qui, montant continuellement eu grande abondance du coeur dans le cerveau, se va rendre, de là par les nerfs dans les muscles, et donne le mouvement à tous les membres; sans qu'il faille imaginer d'autre cause qui fasse que les parties du sang qui, étant les plus agitées et les plus pénétrantes, sont les plus propres à composer ces esprits, se vont rendre plutôt vers le cerveau que vers ailleurs, sinon que les artères qui les y portent sont celles qui viennent du coeur le plus en ligne droite de toutes, et que, selon les règles des mécaniques, qui sont les mêmes que celles de la nature, lorsque plusieurs choses tendent ensemble à se mouvoir vers un même côté où il n'y a pas assez de place pour toutes, ainsi que les parties du sang qui sortent de la concavité gauche du coeur tendent vers le cerveau, les plus foibles et moins agitées en doivent être détournées par les plus fortes, qui par ce moyen s'y vont rendre seules.

J'avois expliqué assez particulièrement toutes ces choses dans le traité que j'avois eu ci-devant dessein de publier. Et ensuite j'y avois montré quelle doit être la fabrique des nerfs et des muscles du corps humain, pour faire que les esprits animaux étant dedans aient la force de mouvoir ses membres, ainsi qu'on voit que les têtes, un peu après être coupées, se remuent encore et mordent la terre nonobstant qu'elles ne soient plus animées; quels changements se doivent faire dans le cerveau pour causer la veille, et le sommeil, et les songes; comment la lumière, les sons, les odeurs, les goûts, la chaleur, et toutes les autres qualités des objets e xtérieurs y peuvent imprimer diverses idées, par l'entremise des sens; comment la faim, la soif, et les autres passions intérieures y peuvent aussi envoyer les leurs; ce qui doit y être pris pour le sens commun où ces idées sont reçues, pour la mémoire qui les conserve, et pour la fantaisie qui les peut diversement changer et en composer de nouvelles, et, par même moyen, distribuant les esprits animaux dans les muscles, faire mouvoir les membres de ce corps en autant de diverses façons, et autant à propos des objets qui se présentent à ses sens et des passions intérieures qui sont en lui, que les nôtres se puissent mouvoir sans que la volonté les conduise: ce qui ne semblera nullement étrange à ceux qui, sachant combien de divers automates ou machines mouvantes, l'industrie des hommes peut faire, sans y employer que fort peu de pièces, à comparaison de la grande multitude des os, des muscles, des nerfs, des artères, des veines, et de toutes les autres parties qui sont dans le corps de chaque animal, considéreront ce corps comme une machine, qui, ayant été faite des mains de Dieu, est incomparablement mieux ordonnée et a en soi des mouvements plus admirables qu'aucune de celles qui peuvent être inventées par les hommes. Et je m'étois ici particulièrement arrêté à faire voir que s'il y avoit de telles machines qui eussent les organes et la figure extérieure d'un singe ou de quelque autre animal sans raison, nous n'aurions aucun moyen pour reconnoître qu'elles ne seraient pas en tout de même nature que ces animaux; au lieu que s'il y en avoit qui eussent la ressemblance de nos corps, et imitassent autant nos actions que moralement il seroit possible, nous aurions toujours deux moyens très certains pour reconnoître qu'elles ne seroient point pour cela de vrais hommes: dont le premier est que jamais elles ne pourroient user de paroles ni d'autres signes en les composant, comme nous faisons pour déclarer aux autres nos pensées: car on peut bien concevoir qu'une machine soit tellement faite qu'elle profère des paroles, et même quelle en profère quelques unes à propos des actions corporelles qui causeront quelque changement en ses organes, comme, si on la touche en quelque endroit, qu'elle demande ce qu'on lui veut dire; si en un autre, qu'elle crie qu'on lui fait mal, et choses semblables; mais non pas qu'elle les arrange diversement pour répondre au sens de tout ce qui se dira en sa présence, ainsi que les hommes les plus hébétés peuvent faire. Et le second est que, bien qu'elles fissent plusieurs choses aussi bien ou peut-être mieux qu'aucun de nous, elles manqueroient infailliblement en quelques autres, par lesquelles on découvrirait qu'elles n'agiraient pas par connoissance, mais seulement par la disposition de leurs organes: car, au lieu que la raison est un instrume nt universel qui peut servir en toutes sortes de rencontres, ces organes ont besoin de quelque particulière disposition pour chaque action particulière; d'où vient qu'il est moralement impossible qu'il y en ait assez de divers en une machine pour la faire agir en toutes les occurrences de la vie de même façon que notre raison nous fait agir. Or, par ces deux mêmes moyens, on peut aussi connoître la différence qui est entre les hommes et les bêtes. Car c'est une chose bien remarquable qu'il n'y a point d'hommes si hébétés et si stupides, sans en excepter même les insensés, qu'ils ne soient capables d'arranger ensemble diverses paroles, et d'en composer un discours par lequel ils fassent entendre leurs pensées; et qu'au contraire il n'y a point d'autre animal, tant parfait et tant heureusement né qu'il puisse être, qui fasse le semblable. Ce qui n'arrive pas de ce qu'ils ont faute d'organes: car on voit que les pies et les perroquets peuvent proférer des paroles ainsi que nous, et toutefois ne peuvent parler ainsi que nous, c'est-à-dire en témoignant qu'ils pensent ce qu'ils disent; au lieu que les hommes qui étant nés sourds et muets sont privés des organes qui servent aux autres pour parler, autant ou plus que les bêtes, ont coutume d'inventer d'eux-mêmes quelques signes, par lesquels ils se font entendre à ceux qui étant ordinairement avec eux ont loisir d'apprendre leur langue. Et ceci ne témoigne pas seulement que les bêtes ont moins de raison que les hommes, mais qu'elles n'en ont point du tout: car on voit qu'il n'en faut que fort peu pour savoir parler; et d'autant qu'on remarque de l'inégalité entre les animaux d'une même espèce, aussi bien qu'entre les hommes, et que les uns sont plus aisés à dresser que les autres, il n'est pas croyable qu'un singe ou un perroquet qui seroit des plus parfaits de son espèce n'égalât en cela un enfant des plus stupides, ou du moins un enfant qui auroit le cerveau troublé, si leur âme n'étoit d'une nature toute différente de la nôtre. Et on ne doit pas confondre les paroles avec les mouvements naturels, qui témoignent

les passions, et peuvent être imités par des machines aussi bien que par les animaux; ni penser, comme quelques anciens, que les bêtes parlent, bien que nous n'entendions pas leur langage. Car s'il étoit vrai, puisqu'elles ont plusieurs organes qui se rapportent aux nôtres, elles pourroient aussi bien se faire entendre à nous qu'à leurs semblables. C'est aussi une chose fort remarquable que, bien qu'il y ait plusieurs animaux qui témoignent plus d'industrie que nous en quelques unes de leurs actions, on voit toutefois que les mêmes n'en témoignent point du tout en beaucoup d'autres: de façon que ce qu'ils font mieux que nous ne prouve pas qu'ils ont de l'esprit, car à ce compte ils en auroient plus qu'aucun de nous et feroient mieux en toute autre chose; mais plutôt qu'ils n'en ont point, et que c'est la nature qui agit en eux selon la disposition de leurs organes:

ainsi qu'on voit qu'un horloge, qui n'est composé que de roues et de ressorts, peut compter les heur es et mesurer le temps plus justement que nous avec toute notre prudence.

J'avois décrit après cela l'âme raisonnable, et fait voir qu'elle ne peut aucunement être tirée de la puissance de la matière, ainsi que les autres choses dont j'avois parlé, mais qu'elle doit expressément être créée; et comment il ne suffit pas qu'elle soit logée dans le corps humain, ainsi qu'un pilote en son navire, sinon peut -être pour mouvoir ses membres, mais qu'il est besoin qu'elle soit jointe et unie plus étroitement avec lui, pour avoir

outre cela des sentiments et des appétits semblables aux nôtres, et ainsi composer un vrai homme. Au reste, je me suis ici un peu étendu sur le sujet de l'âme, à cause qu'il est des plus importants: car, après l'erreur de ceux qui nient Dieu, laquelle je pense avoir ci-dessus assez réfutée, il n'y en a point qui éloigne plutôt les esprits foibles du droit chemin de la vertu, que d'imaginer que l'âme des bêtes soit de même nature que la nôtre, et que par conséquent nous n'avons rien à craindre ni à espérer après cette vie, non plus que les mouches et les fourmis; au lieu que lorsqu'on sait combien elles diffèrent, on comprend beaucoup mieux les raisons qui prouvent que la nôtre est d'une nature entièrement indépendante du corps, et par conséquent qu'elle n'est point sujette à mourir avec lui; puis, d'autant qu'on ne voit point d'autres causes qui la détruisent, on est naturellement porté à juger de là qu'elle est immortelle.

SIXIÈME PARTIE.

Or il y a maintenant trois ans que j'étois parvenu à la fin du traité qui contient toutes ces choses, et que je commençois à le revoir afin de le mettre entre les mains d'un imprimeur, lorsque j'appris que des personnes à qui je défère, et dont l'autorité ne peut guère moins sur mes actions que ma propre r aison sur mes pensées, avoient désapprouvé une opinion de physique publiée un peu auparavant par quelque autre, de laquelle je ne veux pas dire que je fusse, mais bien que je n'y avois rien remarqué avant leur censure que je pusse imaginer être préjudiciable ni à la religion ni à l'état, ni par conséquent qui m'eût empêché de l'écrire si la raison me l'eût persuadée; et que cela me fit craindre qu'il ne s'en trouvât tout de même quelqu'une entre les miennes en laquelle je me fusse mépris, nonobstant le grand soin que j'ai toujours eu de n'en point recevoir de nouvelles en ma créance dont je n'eusse des démonstrations très certaines, et de n'en point écrire qui pussent tourner au désavantage de personne. Ce qui a été suffisant pour m'obliger à changer la résolution que j'avois eue de les publier; car, encore que les raisons pour lesquelles je l'avois prise auparavant fussent très fortes, mon inclination, qui m'a toujours fait haïr le métier de faire des livres, m'en fit incontinent trouver assez d'autres pour m'en excuser. Et ces raisons de part et d'autre sont telles, que non seulement j'ai ici quelque intérêt de les dire, mais peut-être aussi que le public en a de les savoir.

Je n'ai jamais fait beaucoup d'état des choses qui venoient de mon esprit; et penda nt que je n'ai recueilli d'autres fruits de la méthode dont je me sers, sinon que je me suis satisfait touchant quelques difficultés qui appartiennent aux sciences spéculatives, ou bien que j'ai tâché de régler mes moeurs par les raisons qu'elle m'enseignoit, je n'ai point cru être obligé d'en rien écrire. Car, pour ce qui touche les moeurs, chacun abonde si fort en son sens, qu'il se pourrait trouver autant de réformateurs que de têtes, s'il étoit permis à d'autres qu'à ceux que Dieu a établis pour souverains sur ses peuples, ou bien auxquels il a donné assez de grâce et de zèle pour être prophètes, d'entreprendre d'y rien changer; et, bien que mes spéculations me plussent fort, j'ai cru que les autres en avoient aussi qui leur plaisoient peut-être davantage. Mais, sitôt que j'ai eu acquis quelques notions générales touchant la physique, et que, commençant à les éprouver en diverses difficultés particulières, j'ai remarqué jusques où elles peuvent conduire, et combien elles diffèrent des principes dont on s'est servi jusques à présent, j'ai cru que je ne pouvois les tenir cachées sans pécher grandement contre la loi qui nous oblige à procurer autant qu'il est en nous le bien général de tous les hommes: car elles m'ont fait voir qu'il est possible de parvenir à des connoissances qui soient fort utiles à la vie; et qu'au lieu de cette philosophie spéculative qu'on enseigne dans les écoles, on en peut trouver une pratique, par laquelle, connoissant la force et les actions du feu, de l'eau, de l'air, des astres, des cieux, et de tous les autres corps qui nous environnent, aussi distinctement que nous connoissons les divers métiers de nos artisans, nous les pourrions employer en même façon à tous les usages auxquels ils sont propres, et ainsi nous rendre comme maîtres et possesseurs de la nature. Ce qui n'est pas seulement à désirer pour l'invention d'une infinité d'artifices, qui feroient qu'on jouiroit sans aucune peine des fruits de la terre et de toutes les commodités qui s'y trouvent, mais principalement aussi pour la conservation de la santé, laquelle est sans doute le premier bien et le fondement de tous les autres biens de cette vie; car même l'esprit dépend si fort du tempérament et de la disposition des organes du corps, que, s'il est possibles de trouver quelque moyen qui rende communément les hommes plus sages et plus habiles qu'ils n'ont été jusques ici, je crois que c'est dans la médecine qu'on doit le chercher. Il est vrai que celle qui est maintenant en usage contient peu de choses dont l'utilité soit s i remarquable: mais, sans que j'aie aucun dessein de la mépriser, je m'assure qu'il n'y a personne, même de ceux qui en font profession, qui n'avoue que tout ce qu'on y sait n'est presque rien à comparaison de ce qui reste à y savoir; et qu'on se pourroit exempter d'une infinité de maladies tant du corps que de l'esprit, et même aussi peut-être de l'affoiblissement de la vieillesse, si on avoit assez de connoissance de leurs causes et de tous les remèdes dont la nature nous a pourvus. Or, ayant dessein d'e mployer toute ma vie à la recherche d'une science si nécessaire, et ayant rencontré un chemin qui me semble tel qu'on doit infailliblement la trouver en le suivant, si ce n'est qu'on en soit empêché ou par la brièveté de la vie ou par le défaut des expérie nces, je jugeois qu'il n'y avoit point de meilleur remède contre ces deux empêchements que de communiquer fidèlement au public tout le peu que j'aurois trouvé, et de convier les bons esprits à tâcher de passer plus outre, en contribuant, chacun selon son inclination et son pouvoir, aux expériences qu'il faudroit faire, et communiquant aussi au public toutes les choses qu'ils apprendroient, afin que les derniers commençant où les précédents auroient achevé, et ainsi joignant les vies et les travaux de plusie urs, nous allassions tous ensemble beaucoup plus loin que chacun en particulier ne sauroit faire.

Même je remarquois, touchant les expériences, qu'elles sont d'autant plus nécessaires qu'on est plus avancé en connoissance; car, pour le commencement, il vaut mieux ne se servir que de celles qui se présentent d'elles-mêmes à nos sens, et que nous ne saurions ignorer pourvu que nous y fassions tant soit peu de réflexion, que d'en chercher de plus rares et étudiées: dont la raison est que ces plus rares trompe nt souvent, lorsqu'on ne sait pas encore les causes des plus communes, et que les circonstances dont elles dépendent sont quasi toujours si particulières et si petites, qu'il est très malaisé de les remarquer. Mais l'ordre que j'ai tenu en ceci a été tel. Premièrement, j'ai tâché de trouver en général les principes ou premières causes de tout ce qui est ou qui peut être dans le monde, sans rien considérer pour cet effet que Dieu seul qui l'a créé, ni les tirer d'ailleurs que de certaine semences de vérités qui sont naturellement en nos âmes. Après cela, j'ai examiné quels étoient les premiers et plus ordinaires effets qu'on pouvoit déduire de ces causes; et il me semble que par là j'ai trouvé des cieux, des astres, une terre, et même sur la terre de l'eau, de l'air, du feu, des minéraux, et quelques autres telles choses, qui sont les plus communes de toutes et les plus simples, et par conséquent les plus aisées à connoître. Puis, lorsque j'ai voulu descendre à celles qui étoient plus particulières, il s'en es t tant présenté à moi de diverses, que je n'ai pus cru qu'il fût possible à l'esprit humain de distinguer les formes ou espèces de corps qui sont sur la terre, d'une infinité d'autres qui pourroient y être si c'eût été le vouloir de Dieu de les y mettre, ni par conséquent de les rapporter à notre usage, si ce n'est qu'on vienne au-devant des causes par les effets, et qu'on se serve de plusieurs expériences particulières. Ensuite de quoi, repassant mon esprit sur tous les objets qui s'étoient jamais présentés à mes sens, j'ose bien dire que je n'y ai remarqué aucune chose que je ne pusse assez commodément expliquer par les principes que j'avois trouvés. Mais il faut aussi que j'avoue que la puissance de la nature est si ample et si vaste, et que ces principes sont si simples et si généraux, que je ne remarque quasi plus aucun effet particulier que d'abord je ne connoisse qu'il peut en être déduit en plusieurs diverses façons, et que ma plus grande difficulté est d'ordinaire de trouver en laquelle de ces façons il en dépend; car à cela je ne sais point d'autre expédient que de chercher derechef quelques expériences qui soient telles que leur événement ne soit pas le même si c'est en l'une de ces façons qu'on doit l'expliquer que si c'est en l'autre. Au reste, j'en suis maintenant là que je vois, ce me semble, assez bien de quel biais on se doit prendre à faire la plupart de celles qui peuvent servir à cet effet: mais je vois aussi qu'elles

sont telles, et en si grand nombre, que ni mes mains ni mon revenu, bien que j'en eusse mille fois plus que je n'en ai, ne sauroient suffire pour toutes; en sorte que, selon que j'aurai désormais la commodité d'en faire plus ou moins, j'avancerai aussi plus ou moins en la connoissance de la nature: ce que je me promettois de faire connoître par le traité que j'avois écrit, et d'y montrer si clairement l'utilité que le public en peut recevoir, que j'obligerois tous ceux qui désirent en général le bien des hommes, c'est-à-dire tous ceux qui sont en effet vertueux, et non point par faux semblant ni seulement par opinion, tant à me communiquer celles qu'ils ont déjà faites, qu'à m'aider en la recherche de celles qui restent à faire.

Mais j'ai eu depuis ce temps-là d'autres raisons qui m'ont fait changer d'opinion, et penser que je de vois véritablement continuer d'écrire toutes les choses que je jugerois de quelque importance, à mesure que j'en découvrirois la vérité, et y apporter le même soin que si je les voulois faire imprimer, tant afin d'avoir d'autant plus d'occasion de les bien examiner, comme sans doute on regarde toujours de plus près à ce qu'on croit devoir être vu par plusieurs qu'à ce qu'on ne fait que pour soi-même, et souvent les choses qui m'ont semblé vraies lorsque j'ai commencé à les concevoir, m'ont paru fausses lors que je les ai voulu mettre sur le papier, qu'afin de ne perdre aucune occasion de profiter au public, si j'en suis capable, et que si mes écrits valent quelque chose, ceux qui les auront après ma mort en puissent user ainsi qu'il sera le plus à propos; ma is que je ne devois aucunement consentir qu'ils fussent publiés pendant ma vie, afin que ni les oppositions et controverses auxquelles ils seroient peut-être sujets, ni même la réputation telle quelle qu'ils me pourroient acquérir, ne me donnassent aucune occasion de perdre le temps que j'ai dessein d'employer à m'instruire. Car, bien qu'il soit vrai que chaque homme est obligé de procurer autant qu'il est en lui le bien des autres, et que c'est proprement ne valoir rien que de n'être utile à personne, toutefois il est vrai aussi que nos soins se doivent étendre plus loin que le temps présent, et qu'il est bon d'omettre les choses qui apporteroient peut -être quelque profit à ceux qui vivent, lorsque c'est à dessein d'en faire d'autres qui en apportent davant age à nos neveux. Comme en effet je veux bien qu'on sache que le peu que j'ai appris jusques ici n'est presque rien àcomparaison de ce que j'ignore et que je ne désespère pas de pouvoir apprendre: car c'est quasi le même de ceux qui découvrent peu à peu la vérité dans les sciences, que de ceux qui, commençant à devenir riches, ont moins de peine à faire de grandes acquisitions, qu'ils n'ont eu auparavant, étant plus pauvres, à en faire de beaucoup moindres. Ou bien on peut les comparer aux chefs d'armée, dont les forces ont coutume de croître à proportion de leurs victoires, et qui ont besoin de plus de conduite pour se maintenir après la perte d'une bataille, qu'ils n'ont, après l'avoir gagnée, à prendre des villes et des provinces: car c'est véritablement donner des batailles que de tâcher à vaincre toutes les difficultés et les erreurs qui nous empêchent de parvenir à la connoissance de la vérité, et c'est en perdre une que de recevoir quelque fausse opinion touchant une matière un peu générale et importante; il faut après beaucoup plus d'adresse pour se remettre au même état qu'on étoit auparavant, qu'il ne faut à faire de grands progrès lorsqu'on a déjà des principes qui sont assurés. Pour moi, si j'ai ci-devant trouvé quelques vérités dans les sciences (et j'espère que les choses qui sont contenues en ce volume feront juger que j'en ai trouvé quelques unes), je puis dire que ce ne sont que des suites et des dépendances de cinq ou six principales difficultés que j'ai surmontées, et que je compte pour auta nt de batailles où j'ai eu l'heur de mon côté: même je ne craindrai pas de dire que je pense n'avoir plus besoin d'en gagner que deux ou trois autres semblables pour venir entièrement à bout de mes desseins; et que mon âge n'est point si avancé que, selon le cours ordinaire de la nature, je ne puisse encore avoir assez de loisir pour cet effet. Mais je crois être d'autant plus obligé à ménager le temps qui me reste, que j'ai plus d'espérance de le pouvoir bien employer; et j'aurois sans doute plusieurs occa sions de le perdre, si je publiois les fondements de ma physique: car, encore qu'ils soient presque tous si évidents qu'il ne faut que les entendre pour les croire, et qu'il n'y en ait aucun dont je ne pense pouvoir donner des démonstrations, toutefois, à cause qu'il est impossible qu'ils soient accordants avec toutes les diverses opinions des autres hommes, je prévois que je serois souvent diverti par les oppositions qu'ils feroient naître.

On peut dire que ces oppositions seroient utiles, tant afin de me faire connoître mes fautes, qu'afin que, si j'avois quelque chose de bon, les autres en eussent par ce moyen plus d'intelligence, et, comme plusieurs peuvent plus voir qu'un homme seul, que, commençant dès maintenant à s'en servir, ils m'aidassent aussi de leurs inventions. Mais encore que je me reconnoisse extrêmement sujet à faillir, et que je ne me fie quasi jamais aux premières pensées qui me viennent, toutefois l'expérience que j'ai des objections qu'on me peut faire m'empêche d'en espérer aucun profit: car j'ai déjà souvent éprouvé les jugements tant de ceux que j'ai tenus pour mes amis que de quelques autres à qui je pensois être indifférent, et même aussi de quelques uns dont je savois que la malignité et l'envie tâcheroit assez à découvrir ce que l'affection cacheroit à mes amis; mais il est rarement arrivé qu'on m'ait objecté quelque chose que je n'eusse point du tout prévue, si ce n'est qu'elle fût fort éloignée de mon sujet; en sorte que je n'ai quasi jamais rencontré aucun censeur de mes opinions qui ne me semblât ou moins rigoureux ou moins équitable que moi-même. Et je n'ai jamais remarqué non plus que par le moyen des disputes qui se pratiquent dans les écoles, on ait découvert aucune vérité qu'on ignorât auparavant: car pendant que chacun tâche de vaincre, on s'exerce bien plus à faire valoir la vraisemblance qu'à peser les raisons de part et d'autre; et ceux qui ont été long-temps bons avocats ne sont pas pour cela par après meilleurs juges.

Pour l'utilité que les autres recevroient de la communication de mes pensées, elle ne pourroit aussi être fort grande, d'autant que je ne les ai point encore conduites si loin qu'il ne soit besoin d'y ajouter beaucoup de choses avant que de les appliquer à l'usage. Et je pense pouvoir dire sans vanité que s'il y a quelqu'un qui en soit capable, ce doit être plutôt moi qu'aucun autre: non pas qu'il ne puisse y avoir au monde plusieurs esprits incomparablement meilleurs que le mien, mais pource qu'on ne sauroit si bien concevoir une chose et la rendre sienne, lorsqu'on l'apprend de quelque autre, que lorsqu'on l'invente soi-même, Ce qui est si véritable en cette matière, que, bien que j'aie souvent expliqué quelques unes de mes opinions à des personnes de très bon esprit, et qui, pendant que je leur parlois, sembloient les entendre fort distinctement, toutefois, lorsqu'ils les ont redites, j'ai remarqué qu'ils les ont changées presque toujours en telle sorte que je ne les pouvois plus avouer pour miennes. A l'occasion de quoi je suis bien aise de prier ici nos neveux de ne croire jamais que les choses qu'on leur dira viennent de moi, lorsque je ne les aurai point moi-même divulguées; et je ne m'étonne aucunement des extravagances qu'on attribue à tous ces anciens philosophes dont nous n'avons point les écrits, ni ne juge pas pour cela que leurs pensées aient été fort déraisonnables, vu qu'ils étoient des meilleurs esprits de leurs temps, mais seulement qu'on nous les a mal rapportées. Comme on voit aussi que presque jamais il n'est arrivé qu'aucun de leurs sectateurs les ait surpassés; et je m'assure que les plus passionnés de ceux qui suivent maintenant Aristote se croiroient heureux s'ils avoient autant de connoissance de la nature qu'il en a eu, encore même que ce fût à condition qu'ils n'en auroient jamais davantage. Ils sont comme le lierre, qui ne tend point à monter plus haut que les arbres qui le soutiennent, et même souvent qui redescend, après qu'il est parvenu jusques à leur faîte; car il me semble aussi que ceux-là redescendent, c'est-à-dire se rendent en quelque façon moins savants que s'ils s'abstenoient d'étudier, lesquels, non contents de savoir tout ce qui est intelligiblement expliqué dans leur auteur, veulent outre cela y trouver la solution de plusieurs difficultés dont il ne dit rien, et auxquelles il n'a peut-être jamais pensé. Toutefois leur façon de philosopher est fort commode pour ceux qui n'ont que des esprits fort médiocres; car l'obscurité des distinctions et des principes dont ils se servent est cause qu'ils peuvent parler de toutes choses aussi hardiment que s'ils les savoient, et soutenir tout ce qu'ils en disent contre les plus subtils et les plus habiles, sans qu'où ait moyen de les convaincre: en quoi ils me semblent pareils à un aveugle qui, pour se battre sans désavantage contre un qui voit, l'auroit fait venir dans le fond de quelque cave fort obscure: et je puis dire que ceux-ci ont intérêt que je m'abstienne de publier les principes de la philosophie dont je me sers; car étant très simples et très évidents, comme ils sont, je f erois quasi le même en les publiant que si j'ouvrois quelques fenêtres, et faisois entrer du jour dans cette cave où ils sont descendus pour se battre. Mais même les meilleurs esprits n'ont pas occasion de souhaiter de les connoître; car s'ils veulent savoir parler de toutes choses, et acquérir la réputation d'être doctes, ils y parviendront plus aisément en se contentant de la vraisemblance, qui peut être trouvée sans grande peine en toutes sortes de matières, qu'en cherchant la vérité, qui ne se découvre que peu à peu en quelques unes, et qui, lorsqu'il est question de parler des autres, oblige à confesser franchement qu'on les ignore. Que s'ils préfèrent la connoissance de quelque peu de vérités à la vanité de paraître n'ignorer rien, comme sans doute elle est bien préférable, et qu'ils veuillent suivre un dessein semblable au mien, ils n'ont pas besoin pour cela que je leur die rien davantage que ce que j'ai déjà dit en ce discours: car s'ils sont capables de passer plus outre que je n'ai fait, ils le seront aussi, à plus forte raison, de trouver d'eux-mêmes tout ce que je pense avoir trouvé; d'autant que n'ayant jamais rien examiné que par ordres il est certain que ce qui me reste encore à découvrir est de soi plus difficile et plus caché que ce que j'ai pu ci-devant rencontrer, et ils auraient bien moins de plaisir à l'apprendre de moi que d'eux-mêmes; outre que l'habitude qu'ils acquerront, en cherchant premièrement des choses faciles, et passant peu à peu par degrés à d'autres plus difficiles, leur servira plus que toutes mes instructions ne sauraient faire. Comme pour moi je me persuade que si on m'eût enseigné dès ma jeunesse toutes les vérités dont j'ai cherché depuis les démonstrations, et que je n'eusse eu aucune peine à les apprendre, je n'en aurois peut-être jamais su aucunes autres, et du moins que jamais je n'aurois acquis l'habitude et la facilité que je pense avoir d'en trouver toujours de nouvelles à mesure que je m'applique à les chercher. Et en un mot s'il y a au monde quelque ouvrage qui ne puisse être si bien achevé par aucun autre que par le même qui l'a commencé, c'est celui auquel je travaille.»

Il est vrai que pour ce qui est des expériences qui peuvent y servir, un homme seul ne saurait suffire à les faire toutes: mais il n'y sauroit aussi employer utilement d'autres mains que les siennes, sinon celles des artisans, ou telles gens qu'il pourrait payer, et à qui l'espérance du gain, qui est un moyen très efficace, ferait faire exactement toutes les choses qu'il leur prescriroit. Car pour les volontaires qui, par curiosité ou désir d'apprendre, s'offriraient peut-être de lui aider, outre qu'ils ont pour l'ordinaire plus de promesses que d'effet, et qu'ils ne font que de belles propositions dont aucune jamais ne réussit, ils voudraient inf ailliblement être payés par l'explication de quelques difficultés, ou du moins, par des compliments et des entretiens inutiles, qui ne lui sauroient coûter si peu de son temps qu'il n'y perdît. Et pour les expériences que les autres ont déjà faites, quand bien même ils les lui voudroient communiquer, ce que ceux qui les nomment des secrets ne feroient jamais, elles sont pour la plupart composées de tant de circonstances ou d'ingrédients superflus, qu'il lui serait très malaisé d'en déchiffrer la vérité; outre qu'il les trouverait presque toutes si mal expliquées, ou même si fausses, à cause que ceux qui les ont faites se sont efforcés de les faire paraître conformes à leurs principes, que s'il y en avoit quelques unes qui lui servissent, elles ne pourraient derechef valoir le temps qu'il lui faudrait employer à les choisir. De façon que s'il y avoit au monde quelqu'un qu'on sût assûrément être capable de trouver les plus grandes choses et les plus utiles au public qui puissent être, et que pour cette cause les autres hommes s'efforçassent par tous moyens de l'aider à venir à bout de ses desseins, je ne vois pas qu'ils pussent autre chose pour lui, sinon fournir aux frais des expériences dont il auroit besoin, et du reste empêcher que son loisir ne lui fût ôté par l'importunité de personne. Mais, outre que je ne présume pas tant de moi-même que de vouloir rien promettre d'extraordinaire, ni ne me repais point de pensées si vaines que de m'imaginer que le public se doive beaucoup intéresser en mes desseins, je n'ai pas aussi l'âme si basse que je voulusse accepter de qui que ce fût aucune faveur qu'on pût croire que je n'aurois pas méritée.

Toutes ces considérations jointes ensemble furent cause, il y a trois ans, que je ne voulus point divulguer le traité que j'avois entre les mains, et même que je pris résolution de n'en faire voir aucun autre pendant ma vie qui fût si général, ni duquel on pût entendre les fondements de ma physique. Mais il y a eu depuis derechef deux autres raisons qui m'ont obligé à mettre ici quelques essais particuliers, et à rendre au public quelque compte de mes actions et de mes desseins. La première est que si j'y manquois, plusieurs, qui ont su l'intention que j'avois eue ci-devant de faire imprimer quelques écrits, pourraient s'imaginer que les causes pour lesquelles je m'en abstiens seroient plus à mon désavantage qu'elles ne sont: car, bien que je n'aime pas la gloire par excès, ou même, si j'ose le dire, que je la haïsse en tant que je la juge contraire au repos, lequel j'estime sur toutes choses, toutefois aussi je n'ai jamais tâché de cacher mes actions comme des crimes, ni n'ai usé de beaucoup de précautions pour être inconnu, tant à cause que j'eusse cru me faire tort, qu'à cause que cela m'auroit donné quelque espèce d'inquiétude, qui eût derechef été contraire au parfait repos d'esprit que je cherche; et pource que, m'étant toujours ainsi tenu indifférent entre le soin d'être connu ou de ne l'être pas, je n'ai pu empêcher que je n'acquisse quelque sorte de réputation, j'ai pensé que je devois faire mon mieux pour m'exempter au moins de l'avoir mauvaise. L'autre raison qui m'a obligé à écrire ceci est que, voyant tous les jours de plus en plus le retardement que souffre le dessein que j'ai de m'instruire, à cause d'une infinité d'expériences dont j'ai besoin, et qu'il est impossible que je fasse sans l'aide d'autrui, bien que je ne me flatte pas tant que d'espérer que le public prenne grande part en mes intérêts, toutefois je ne veux pas aussi me défaillir tant à moi-même que de donner sujet à ceux qui me survivront de me reprocher quelque jour que j'eusse pu leur laisser plusieurs choses beaucoup meilleures que je n'aurai fait, si je n'eusse point trop négligé de leur faire entendre en quoi ils pouvoient contribuer à mes desseins.

Et j'ai pensé qu'il m'étoit aisé de choisir quelques matières qui, sans être sujettes à beaucoup de controverses, ni m'obliger à déclarer davantage de mes principes que je ne désire, ne lairroient pas de faire voir assez clairement ce que je puis ou ne puis pas dans les sciences. En quoi je ne saurois dire si j'ai réussi, et je ne veux point prévenir les jugements de personne, en parlant moi-même de mes écrits: mais je serai bien aise qu'on les examine; et afin qu'on en ait d'autant plus d'occasion, je supplie tous ceux qui auront quelques objections à y faire de prendre la peine de les envoyer à mon libraire, par lequel en étant averti, je tâcherai d'y joindre ma réponse en même temps; et par ce moyen les lecteurs, voyant ensemble l'un et l'autre, jugeront d'autant plus aisément de la vérité: car je ne promets pas d'y faire jamais de longues réponses, mais seulement d'avouer mes fautes fort franchement, si je les connois, ou bien, si je ne les puis apercevoir, de dire simplement ce que je croirai être requis pour la défense des choses que j'ai écrites, sans y ajouter l'explication d'aucune nouvelle matière, afin de ne me pas engager sans fin de l'une en l'autre. Que si quelques unes de celles dont j'ai parlé au commencement de la Dioptrique et des Météores choquent d'abord, à cause que je les nomme des suppositions, et que je ne semble pas avoir envie de les prouver, qu'on ait la patience de lire le tout avec attention, et j'espère qu'on s'en trouvera satisfait: car il me semble que les raisons s'y entresuive nt en telle sorte, que comme les dernières sont démontrées par les premières qui sont leurs causes, ces premières le sont réciproquement par les dernières qui sont leurs effets. Et on ne doit pas imaginer que je commette en ceci la faute que les logiciens nomment un cercle: car l'expérience rendant la plupart de ces effets très certains, les causes dont je les déduis ne servent pas tant à les prouver qu'à les expliquer; mais tout au contraire ce sont elles qui sont prouvées par eux. Et je ne les ai nommées des suppositions qu'afin qu'on sache que je pense les pouvoir déduire de ces premières vérités que j'ai ci-dessus expliquées; mais que j'ai voulu expressément ne le pas faire, pour empêcher que certains esprits, qui s'imaginent qu'ils savent en un jour tout ce qu'un autre a pensé en vingt années, sitôt qu'il leur en a seulement dit deux ou trois mots, et qui sont d'autant plus sujets à faillir et moins capables de la vérité qu'ils sont plus pénétrants et plus vifs, ne puissent de là prendre occasion de bâtir quelque philosophie extravagante sur ce qu'ils croiront être mes principes, et qu'on m'en attribue la faute: car pour les opinions qui sont toutes miennes, je ne les excuse point comme nouvelles, d'autant que si on en considère bien les raisons, je m'assure qu'on les trouvera si simples et si conformes au sens commun, qu'elles sembleront moins extraordinaires et moins étranges qu'aucunes autres qu'on puisse avoir sur mêmes sujets; et je ne me vante point aussi d'être le premier inventeur d'aucunes, mais bien que je ne les ai jamais reçues ni pource qu'elles avoient été dites par d'autres, ni pource qu'elles ne l'avoient point été, mais seulement pource que la raison me les a persuadées.

Que si les artisans ne peuvent sitôt exécuter l'invention qui est expliquée en la Dioptrique, je ne crois pas qu'on puisse dire pour cela qu'elle soit mauvaise; car, d'autant qu'il faut de l'adresse et de l'habitude pour faire et pour ajuster les machines que j'ai décrites, sans qu'il y manque aucune circonstance, je ne m' étonnerois pas moins s'ils rencontroient du premier coup, que si quelqu'un pouvoit apprendre en un jour à jouer du luth excellemment, par cela seul qu'on lui auroit donné de la tablature qui seroit bonne. Et si j'écris en français, qui est la langue de mon pays, plutôt qu'en latin, qui est celle de mes précepteurs, c'est à cause que j'espère que ceux qui ne se servent que de leur raison naturelle toute pure jugeront mieux de mes opinions que ceux qui ne croient qu'aux livres anciens; et pour ceux qui joignent le bon sens avec l'étude, lesquels seuls je souhaite pour mes juges, ils ne seront point, je m'assure, si partiaux pour le latin, qu'ils refusent d'entendre mes raisons pource que je les explique en langue vulgaire.

Au reste, je ne veux point parler ici en particulier des progrès que j'ai espérance de faire à l'avenir dans les sciences, ni m'engager envers le public d'aucune promesse que je ne sois pas assuré d'accomplir; mais je dirai seulement que j'ai résolu de n'employer le temps qui me reste à vivre à autre chose qu'à tâcher d'acquérir quelque connoissance de la nature, qui soit telle qu'on en puisse tirer des règles pour la médecine, plus assurées que celles qu'on a eues jusques à présent; et que mon inclination m'éloigne si fort de toute sorte d'autres desseins, principalement de ceux qui ne sauroient être utiles aux uns qu'en nuisant aux autres, que si quelques occasions me contraignoient de m'y employer, je ne crois point que je fusse capable d'y réussir. De quoi je fais ici une déclaration que je sais bien ne pouvoir servir à me rendre considérable dans le monde; mais aussi n'ai aucunement envie de l'être; et je me tiendrai toujours plus obligé à ceux par la faveur desquels je jouirai sans empêchement de mon loisir, que je ne serois à ceux qui m' offriroient les plus honorables emplois de la terre.

FIN DU DISCOURS DE LA MÉTHODE.

MÉDITATIONS MÉTAPHYSIQUES.

Cet ouvrage parut d'abord, en latin, à Paris, 1641, sous ce titre: Meditationes de prima philosophia ubi de Dei existentia et animae immortalitate. Il en parut une seconde édition latine à Amsterdam, chez Elzevir, in-12, 1642. L'auteur y fit corriger le titre de l'édition de Paris, et substituer le terme de distinction de l'âme d'avec le corps à la place de celui de l'immortalité de l'âme, qui n'y convenait pas si bien. Nice l'on parle d'une autre édition latine faite à Naples, 1719, in-8°, par les soins de Giovacchino Poëta.

Il parut à Paris, 1617, in-4°, une traduction française, par M. le D. D. L. N. S. (M. le duc de Luynes), revue et corrigée par Descartes, qui a fait au texte latin quelques changements. Il s'en est fait à Paris une réimpression, 1661, in-4°; une troisième à Paris, 1673, in-4°, divisée par articles, et avec des sommaires, par R. F. (René Fedé, docteur en médecine de la faculté d'Augers). Cette édition a été reproduite in-12, Paris, 1724. C'est elle que nous donnons ici, en retranchant les sommaires, et la division par articles, qui altère un peu les proportions et les formes du monument primitif avoué par Descartes.

A MESSIEURS LES DOYENS ET DOCTEURS DE LA SACRÉE FACULTÉ DE THÉOLOGIE DE PARIS.

Messieurs,La raison qui me porte à vous présenter cet ouvrage est si juste, et, quand vous en connoîtrez le dessein, je m'assure que vous en aurez aussi une si juste de le prendre en votre protection, que je pense ne pouvoir mieux faire pour vous le rendre en quelque sorte recommandable, que de vous dire en peu de mots ce que je m'y suis proposé. J'ai toujours estimé que les deux questions de Dieu et de l'âme étoient les principales de c elles qui doivent plutôt être démontrées par les raisons de la philosophie que de la théologie: car, bien qu'il nous suffise à nous autres qui sommes fidèles, de croire par la foi qu'il y a un Dieu, et que l'âme humaine ne meurt point avec le corps, certainement il ne semble pas possible de pouvoir jamais persuader aux infidèles aucune religion, ni quasi même aucune vertu morale, si premièrement on ne leur prouve ces deux choses par raison naturelle; et d'autant qu'on propose souvent en cette vie de plus grandes récompenses pour les vices que pour les vertus, peu de personnes préféreroient le juste à l'utile, si elles n'étoient retenues ni par la crainte de Dieu ni par l'attente d'une autre vie; et quoiqu'il soit absolument vrai qu'il faut croire qu'il y a un Dieu, parce qu'il est ainsi enseigné dans les saintes Écritures, et d'autre part qu'il faut croire les saintes Écritures parce qu'elles viennent de Dieu (la raison de cela est que la foi étant un don de Dieu, celui-là même qui donne la grâce pour faire croire les autres choses la peut aussi donner pour nous faire croire qu'il existe), on ne sauroit néanmoins proposer cela aux infidèles, qui pourroient s'imaginer que l'on commettroit en ceci la faute que les logiciens nomment un cercle.

Et de vrai j'ai pris garde que vous autres, Messieurs, avec tous les théologiens, n'assuriez pas seulement que l'existence de Dieu se peut prouver par raison naturelle, mais aussi que l'on infère de la sainte Écriture que sa connoissance est beaucoup plus claire que celle que l'on a de plusieurs choses créées, et qu'en effet elle est si facile que ceux qui ne l'ont point sont coupables; comme il paroît par ces paroles de la Sagesse, chap. XIII, où il est dit que leur ignorance n'est point pardonnable; car si leur esprit a pé nétré si avant dans la connoissance des choses du monde, comment est-il possible qu'ils n'en aient point reconnu plus facilement le souverain Seigneur? et aux Romains, chap. I, il est dit qu'ils sont inexcusables; et encore au même endroit, par ces paroles, Ce qui est connu de Dieu est manifeste dans eux , il semble que nous soyons avertis que tout ce qui se peut savoir de Dieu peut être montré par des raisons qu'il n'est pas besoin de tirer d'ailleurs que de nous-mêmes et de la simple considération de la na ture de notre esprit. C'est pourquoi j'ai cru qu'il ne seroit pas contre le devoir d'un philosophe si je faisois voir ici comment et par quelle voie nous pouvons, sans sortir de nous-mêmes, connoître Dieu plus facilement et plus certainement que nous ne connoissons les choses du monde.

Et, pour ce qui regarde l'âme, quoique plusieurs aient cru qu'il n'est pas aisé d'en connoître la nature, et que quelques uns aient même osé dire que les raisons humaines nous persuadoient qu'elle mouroit avec le corps, et qu'il n'y avoit que la seule foi qui nous enseignât le contraire, néanmoins, d'autant que le concile de Latran

tenu sous Léon X, en la session 8, les condamne, et qu'il ordonne expressément aux philosophes chrétiens de répondre à leurs arguments, et d'employer toutes les forces de leur esprit pour faire connoître la vérité, j'ai bien osé l'entreprendre dans cet écrit. De plus, sachant que la principale raison qui fait que plusieurs impies ne veulent point croire qu'il y a un Dieu et que l'âme humaine est distincte du corps, est qu'ils disent que personne jusqu'ici n'a pu démontrer ces deux choses; quoique je ne sois point de leur opinion, mais qu'au contraire je tienne que la plupart des raisons qui ont été apportées par tant de grands personnages, touchant c es deux questions, sont autant de démonstrations quand elles sont bien entendues, et qu'il soit presque impossible d'en inventer de nouvelles; si est-ce que je crois qu'on ne sauroit rien faire de plus utile en la philosophie que d'en rechercher une fois avec soin les meilleures, et les disposer en un ordre si clair et si exact qu'il soit constant désormais à tout le monde que ce sont de véritables démonstrations. Et enfin, d'autant que plusieurs personnes ont désiré cela de moi, qui ont connoissance que j'ai cultivé une certaine méthode pour résoudre toutes sortes de difficultés dans les sciences; méthode qui de vrai n'est pas nouvelle, n'y ayant rien de plus ancien que la vérité, mais de laquelle ils savent que je me suis servi assez heureusement en d'aut res rencontres, j'ai pensé qu'il étoit de mon devoir d'en faire aussi l'épreuve sur une matière si importante.

Or, j'ai travaillé de tout mon possible pour comprendre dans ce traité tout ce que j'ai pu découvrir par son moyen. Ce n'est pas que j'aie ici ramassé toutes les diverses raisons qu'on pourroit alléguer pour servir de preuve à un si grand sujet; car je n'ai jamais cru que cela fût nécessaire, sinon lorsqu'il n'y en a aucune qui soit certaine: mais seulement j'ai traité les premières et principales d'une telle manière que j'ose bien les proposer pour de très évidentes et très certaines démonstrations. Et je dirai de plus qu'elles sont telles, que je ne pense pas qu'il y ait aucune voie par où l'esprit humain en puisse jamais découvrir de meilleures; car l'importance du sujet, et la gloire de Dieu, à laquelle tout ceci se rapporte, me contraignent de parler ici un peu plus librement de moi que je n'ai de coutume. Néanmoins, quelque certitude et évidence que je trouve en mes raisons, je ne puis pas me persuader que tout le monde soit capable de les entendre. Mais, tout ainsi que dans la géométrie il y en a plusieurs qui nous ont été laissées par Archimède, par Apollonius, par Pappus, et par plusieurs autres, qui sont reçues de tout le monde pour très certaines et très évidentes, parce qu'elles ne contiennent rien qui, considéré séparément, ne soit très facile à connoître, et que partout les choses qui suivent ont une exacte liaison et dépendance avec celles qui les précèdent; néanmoins, parce qu'elles sont un peu longues, et qu'elles demandent un esprit tout entier, elles ne sont comprises et entendues que de fort peu de personnes: de même, encore que j'estime que celles dont je me sers ici égalent ou même surpassent en certitude et évidence les démonstrations de géométrie, j'appréhende néanmoins qu'elles ne puissent pas être assez suffisamment entendues de plusieurs, tant parce qu'elles sont aussi un peu longues et dépendantes les unes des autres, que principalement parce qu'elles demandent un esprit entièrement libre de tous préjugés, et qui se puisse aisément détacher du commerce des sens. Et, à dire le vrai, il ne s'en trouve pas tant dans le monde qui soient propres pour les spéculations de la métaphysique que pour celles de la géométrie. Et de plus il y a encore cette différence, que dans la géométrie, chacun étant prévenu de cette opinion qu'il ne s'y avance rien dont on n'ait une démonstration certaine, ceux qui n'y sont pas entièrement versés pèchent bien plus souvent en approuvant de fausses démonstrations, pour faire croire qu'ils les entendent, qu'en réfutant les véritables. Il n'en est pas de même dans la philosophie, où chacun croyant que tout y est problématique, peu de personnes s'adonnent à la recherche de la vérité, et même beaucoup, se voulant acquérir la réputation d'esprits forts, ne s'étudient à autre chose qu'à combattre avec arrogance les vérités les plus apparentes.

C'est pourquoi, Messieurs, quelque force que puissent avoir mes raisons, parce qu'elles appartiennent à la philosophie, je n'espère pas qu'elles fassent un grand effet sur les esprits, si vous ne les prenez en votre protection. Mais l'estime que tout le monde fait de votre compagnie étant si grande, et le nom de Sorbonne d'une telle autorité que non seulement en ce qui rega rde la foi, après les sacrés conciles, on n'a jamais tant déféré au jugement d'aucune autre compagnie, mais aussi en ce qui regarde l'humaine philosophie, chacun croyant qu'il n'est pas possible de trouver ailleurs plus de solidité et de connoissance, ni plus de prudence et d'intégrité pour donner son jugement, je ne doute point, si vous daignez prendre tant de soin de cet écrit que de vouloir premièrement le corriger (car ayant connoissance non seulement de mon infirmité, mais aussi de mon ignorance, je n'oserois pas assurer qu'il n'y ait aucunes erreurs), puis après y ajouter les choses qui y manquent, achever celles qui ne sont pas parfaites, et prendre vous-mêmes la peine de donner une explication plus ample à celles qui en ont besoin, ou du moins de m'e n avertir afin que j'y travaille; et enfin, après que les raisons par lesquelles je prouve qu'il y a un Dieu et que l'âme humaine diffère d'avec le corps auront été portées jusques à ce point de clarté et d'évidence, où je m'assure qu'on les peut conduire, qu'elles devront être tenues pour de très exactes démonstrations, si vous daignez les autoriser de votre approbation, et rendre un témoignage public de leur vérité et certitude; je ne doute point, dis-je, qu'après cela toutes les erreurs et fausses opinions qui ont jamais été touchant ces deux questions ne soient bientôt effacées de l'esprit des hommes. Car la vérité fera que tous les doctes et gens d'esprit souscriront à votre jugement; et votre autorité, que les athées, qui sont pour l'ordinaire plus arrogants que doctes et judicieux, se dépouilleront de leur esprit de contradiction, ou que peut-être ils défendront eux-mêmes les raisons qu'ils verront être reçues par toutes les personnes d'esprit pour des démonstrations, de peur de paraître n'en avoir pas l'intelligence; et enfin tous les autres se rendront aisément à tant de témoignages, et il n'y aura plus personne qui ose douter de l'existence de Dieu et de la distinction réelle et véritable de l'âme humaine d'avec le corps.

C'est à vous maintenant à juger du fruit qui revindroit de cette créance, si elle étoit une fois bien établie, vous qui voyez les désordres que son doute produit: mais je n'aurois pas ici bonne grâce de recommander davantage la cause de Dieu et de la religion à ceux qui eu ont toujours été les plus fermes colonnes.

J'ai déjà touché ces deux questions de Dieu et de l'âme humaine dans le Discours français que je mis en lumière en l'année 1637, touchant la méthode pour bien conduire, sa raison et chercher la vérité dans les sciences: non pas à dessein d'en traiter alors qu'à fond, mais seulement comme en passant, afin d'apprendre par le jugement qu'on en feroit de quelle sorte j'en devrois traiter par après; car elles m'ont toujours semblé être d'une telle importance, que je jugeois qu'il étoit à propos d'en parler plus d'une fois; et le chemin que je tiens pour les expliquer est si peu battu, et si éloigné de la route ordinaire, que je n'ai pas cru qu'il fût utile de le montrer en français, et dans un discours qui pût être lu de tout le monde, de peur que les foibles esprits ne crussent qu'il leur fût permis de tenter cette voie.

Or, ayant prié dans ce Discours de la Méthode tous ceux qui auroient trouvé dans mes écrits quelque chose digne de censure de me faire la faveur de m'en avertir, on ne m'a rien objecté de remarquable que deux choses sur ce que j'avois dit touchant ces deux questions, auxquelles je veux répondre ici en peu de mots avant que d'entreprendre leur explication plus exacte.

La première est qu'il ne s'ensuit pas de ce que l'esprit humain, faisant réflexion sur soi-même, ne se connoît être autre chose qu'une chose qui pense, que sa nature ou son essence ne soit seulement que de penser; en telle sorte que ce mot seulement exclue toutes les autres choses qu'on pourroit pe ut-être aussi dire appartenir à la nature de l'âme.

A laquelle objection je réponds que ce n'a point aussi été en ce lieu-là mon intention de les exclure selon l'ordre de la vérité de la chose (de laquelle je ne traitois pas alors), mais seulement selon l'ordre de ma pensée; si bien que mon sens étoit que je ne connoissois rien que je susse appartenir à mon essence, sinon que j'étois une chose qui pense, ou une chose qui a en soi la faculté de penser. Or je ferai voir ci-après comment, de ce que je ne connois rien autre chose qui appartienne à mon essence, il s'ensuit qu'il n'y a aussi rien autre chose qui en effet lui appartienne.

La seconde est qu'il ne s'ensuit pas, de ce que j'ai en moi l'idée d'une chose plus parfaite que je ne suis, que cette idée soit plus parfaite que moi, et beaucoup moins que ce qui est représenté par cette idée existe.

Mais je réponds que dans ce mot d'idée il y a ici de l'équivoque: car, ou il peut être pris matériellement pour une opération de mon entendement, et en ce sens on ne peut pas dire qu'elle soit plus parfaite que moi; ou il peut être pris objectivement pour la chose qui est représentée par cette opération, laquelle, quoiqu'on ne suppose point qu'elle existe hors de mon entendement, peut néanmoins être plus parfaite que moi, à raison de son essence. Or dans la suite de ce traité je ferai voir plus amplement comment de cela seulement que j'ai en moi l'idée d'une chose plus parfaite que moi, il s'ensuit que cette chose existe véritablement.

De plus, j'ai vu aussi deux autres écrits assez amples sur cette matière, mais qui ne combattoient pas tant mes raisons que mes conclusions, et ce par des arguments tirés des lieux communs des athées. Mais, parceque ces sortes d'arguments ne peuvent faire aucune impression dans l'esprit de ceux qui entendront bien mes raisons, et que les jugements de plusieurs sont si foibles et si peu raisonnables qu'ils se laissent bien plus souvent persuader par les premières opinions qu'ils auront eues d'une chose, pour fausses et éloignées de la r aison qu'elles puissent être, que par une solide et véritable, mais postérieurement entendue, réfutation de leurs opinions, je ne veux point ici y répondre, de peur d'être premièrement obligé de les rapporter.

Je dirai seulement en général que tout ce que disent les athées, pour combattre l'existence de Dieu, dépend toujours, ou de ce que l'on feint dans Dieu des affections humaines, ou de ce qu'on attribue à nos esprits tant de force et de sagesse, que nous avons bien la présomption de vouloir déterminer et comprendre ce que Dieu peut et doit faire; de sorte que tout ce qu'ils disent ne nous donnera aucune difficulté, pourvu seulement que nous nous ressouvenions que nous devons considérer nos esprits comme des choses finies et limitées, et Dieu comme un être infini et incompréhensible.

Maintenant, après avoir suffisamment reconnu les sentiments des hommes, j'entreprends derechef de traiter de Dieu et de l'âme humaine, et ensemble de jeter les fondements de la philosophie première, mais sans en attendre aucune louange du vulgaire, ni espérer que mon livre soit vu de plusieurs. Au contraire, je ne conseillerai jamais à personne de le lire, sinon à ceux qui voudront avec moi méditer sérieusement, et qui pourront détacher leur esprit du commerce des sens, et le délivrer entièrement de toutes sortes de préjugés, lesquels je ne sais que trop être en fort petit nombre. Mais pour ceux qui, sans se soucier beaucoup de l'ordre et de la liaison de mes raisons, s'amuseront à épiloguer sur chacune des parties, comme font plusieurs, ceux-là, dis-je, ne feront pas grand profit de lu lecture de ce traité; et bien que peut-être ils trouvent occasion de pointiller en plusieurs lieux, à grand'peine pourront-ils objecter rien de pressant ou qui soit digne de réponse.

Et, d'autant que je ne promets pas aux autres de les satisfaire de prime abord, et que je ne présume pas tant de moi que de croire pouvoir prévoir tout ce qui pourra faire de la difficulté à un chacun, j'exposerai premièrement dans ces Méditations les mêmes pensées par lesquelles je me persuade être parvenu à une certaine et évidente connoissance de la vérité, afin de voir si, par les mêmes raisons qui m'ont persuadé, je pourrai aussi en persuader d'autres; et, après cela, je répondrai aux objections qui m'ont été f aites par des personnes d'esprit et de doctrine, à qui j'avois envoyé mes Méditations pour être examinées avant que de les mettre sous la presse; car ils m'en ont fait un si grand nombre et de si différentes, que j'ose bien me promettre qu'il sera difficile à un autre d'en proposer aucunes qui soient de conséquence qui n'aient point été touchées.

C'est pourquoi je supplie ceux qui désireront lire ces Méditations, de n'en former aucun jugement que premièrement ils ne se soient donné la peine de lire toutes ces objections et les réponses que j'y ai faites.

ABRÉGÉ DES SIX MÉDITATIONS SUIVANTES.

Dans la première, je mets en avant les raisons pour lesquelles nous pouvons douter généralement de toutes choses, et particulièrement du choses matérielles, au moins tant que nous n'aurons point d'autres fondements dans les sciences que ceux que nous avons eus jusqu'à présent. Or, bien que l'utilité d'un doute si général ne paroisse pas d'abord, elle est toutefois en cela très grande, qu'il nous délivre de toutes sorte s de préjugés, et nous prépare un chemin très facile pour accoutumer notre esprit à se détacher des sens; et enfin en ce qu'il fait qu'il n'est pas possible que nous puissions jamais plus douter des choses que nous découvrirons par après être véritables.

Dans la seconde, l'esprit, qui, usant de sa propre liberté, suppose que toutes les choses ne sont point, de l'existence desquelles il a le moindre doute, reconnoit qu'il est absolument impossible que cependant il n'existe pas lui-même. Ce qui est aussi d'une très grande utilité, d'autant que par ce moyen il fait aisément distinction des choses qui lui appartiennent, c'est-à-dire à la nature intellectuelle, et de celles qui appartiennent au corps.

Mais, parce qu'il peut arriver que quelques uns attendront de moi en ce lieu-là des raisons pour prouver l'immortalité de l'âme, j'estime les devoir ici avertir qu'ayant tâché de ne rien écrire dans tout ce traité dont je n'eusse des démonstrations très exactes, je me suis vu obligé de suivre un ordre semblable à c elui dont se servent les géomètres, qui est d'avancer premièrement toutes les choses desquelles dépend la proposition que l'on cherche, avant que d'en rien conclure.

Or la première et principale chose qui est requise pour bien connoître l'immortalité de l'âme est d'en former une conception claire et nette, et entièrement distincte de toutes les conceptions que l'on peut avoir du corps; ce qui a été fait en ce lieu-là. Il est requis, outre cela, de savoir que toutes les choses que nous concevons clairement et distinctement sont vraies, de la façon que nous les concevons; ce qui n'a pu être prouvé avant la quatrième Méditation. De plus, il faut avoir une conception distincte de la nature corporelle, laquelle se forme partie dans cette seconde, et partie dans la cinquième et sixième Méditation. Et enfin, l'on doit conclure de tout cela que les choses que l'on conçoit clairement et distinctement être des substances diverses, ainsi que l'on conçoit l'esprit et le corps, sont en effet des substances réellement distinctes les unes des autres, et c'est ce que l'on conclut dans la sixième Méditation; ce qui se confirme encore, dans cette même Méditation, de ce que nous ne concevons aucun corps que comme divisible, au lieu que l'esprit ou l'âme de l'homme ne se peut concevoir que comme indivisible; car, en effet, nous ne saurions concevoir la moitié d'aucune âme, comme nous pouvons faire du plus petit de tous les corps; en sorte que l'on reconnoît que leurs natures ne sont pas seulement diverses, mais même en quelque façon contraires. Or je n'ai pas traité plus avant de cette matière dans cet écrit, tant parceque cela suffit pour montrer assez clairement que de la corruption du corps la mort de l'âme ne s'ensuit pas, et ainsi pour donner aux hommes l'espérance d'une sec onde vie après la mort; comme aussi parceque les prémisses desquelles on peut conclure l'immortalité de l'âme dépendent de l'explication de toute la physique: premièrement, pour savoir que généralement toutes les substances, c'est-à-dire toutes les choses qui ne peuvent exister sans être créées de Dieu, sont de leur nature incorruptibles, et qu'elles ne peuvent jamais cesser d'être, si Dieu même en leur déniant son concours ne les réduit au néant; et ensuite pour remarquer que le corps pris en général est une substance, c'est pourquoi aussi il ne périt point; mais que le corps humain, en tant qu'il diffère des autres corps, n'est composé que d'une certaine configuration de membres et d'autres semblables accidents, là où l'âme humaine n'est point ainsi compos ée d'aucuns accidents, mais est une pure substance. Car, encore que tous ses accidents se changent, par exemple encore qu'elle conçoive de certaines choses, qu'elle en veuille d'autres, et qu'elle en sente d'autres, etc., l'âme pourtant ne devient point autre; au lieu que le corps humain devient une autre chose, de cela seul que la figure de quelques-unes de ses parties se trouve changée; d'où il s'ensuit que le corps humain peut bien facilement périr, mais que l'esprit ou l'âme de l'homme (ce que je ne distingue point) est immortelle de sa nature.

****

Dans la troisième Méditation, j'ai, ce me semble, expliqué assez au long le principal argument dont je me sers pour prouver l'existence de Dieu. Mais néanmoins, parce que je n'ai point voulu me servir en ce lieu-là d'aucunes comparaisons tirées des choses corporelles, afin d'éloigner autant que je pourrois les esprits des lecteurs de l'usage et du commerce des sens, peut-être y est-il resté beaucoup d'obscurités (lesquelles, comme j'espère, seront entièrement éclaircies dans les réponses que j'ai faites aux objections qui m'ont depuis été proposées), comme entre autres celle-ci, Comment l'idée d'un être souverainement parfait, laquelle se trouve en nous, contient tant de réalité objective, c'est-à-dire participe par représentation à tant de degrés d'être et de perfection, qu'elle doit venir d'une cause souverainement parfaite: ce que j'ai éclairci dans ces réponses par la comparaison d'une machine fort ingénieuse et artificielle, dont l'idée se rencontre dans l'esprit de quelque ouvrier; car comme l'artifice objectif de cette idée doit avoir quelque cause, savoir est ou la science de cet ouvrier, ou celle de quelque autre de qui il ait reçu celle idée, de même il est impossible que l'idée de Dieu qui est en nous n'ait pas Dieu même pour sa cause.

****

Dans la quatrième, il est prouvé que toutes les choses que nous concevons fort clairement et fort distinctement sont toutes vraies; et ensemble est expliqué en quoi consiste la nature de l'erreur ou fausseté; ce qui doit nécessairement être su, tant pour confirmer les vérités précédentes que pour mieux entendre celles qui suivent. Mais cependant il est à remarquer que je ne traite nullement en ce lieu-là du péché, c'est-à-dire de l'erreur qui se commet dans la poursuite du bien et du mal, mais seulement de celle qui arrive dans le jugement et le discernement du vrai et du faux; et que je n'entends point y parler des choses qui appartiennent à la foi ou à la conduite de la vie, mais seulement de celles qui regardent les vérités spéculatives, et qui peuvent être connues par l'aide de la seule lumière naturelle.

Dans la cinquième Méditation, outre que la nature corporelle prise en général y est expliquée, l'existence de Dieu y est encore démontrée par une nouvelle raison, dans laquelle néanmoins peut-être s'y rencontrera-t-il aussi quelques difficultés, mais on en verra la solution dans les réponses aux objections qui m'ont été faites; et de plus je fais voir de quelle façon il est véritable que la certitude même des démonstrations géométriques dépend de la connoissance de Dieu.

Enfin, dans la sixième, je distingue l'action de l'entendement d'avec celle de l'imagination; les marques de celle distinction y sont décrites; j'y montre que l'âme de l'homme est réellement distincte du corps, et toutefois qu'elle lui est si étroitement conjointe et unie, qu'elle ne compose que comme une même chose avec lui. Toutes les erreurs qui procèdent des sens y sont exposées, avec le s moyens de les éviter; et enfin j'y apporte toutes les raisons desquelles on peut conclure l'existence des choses matérielles: non que je les juge fort utiles pour prouver ce qu'elles prouvent, à savoir, qu'il y a un monde, que les hommes ont des corps, e t autres choses semblables, qui n'ont jamais été mises en doute par aucun homme de bon sens; mais parce qu'en les considérant de près, l'on vient à connoître qu'elles ne sont pas si fermes ni si évidentes que celles qui nous conduisent à la connoissance de Dieu et de notre âme; en sorte que celles-ci sont les plus certaines et les plus évidentes qui puissent tomber en la connoissance de l'esprit humain, et c'est tout ce que j'ai eu dessin de prouver dans ces six Méditations; ce qui fait que j'omets ici beaucoup d'autres questions, dont j'ai aussi parlé par occasion dans ce traité.

MÉDITATIONS TOUCHANT LA PHILOSOPHIE PREMIÈRE, DANS LESQUELLES ON PROUVE CLAIREMENT L'EXISTENCE DE DIEU ET LA DISTINCTION RÉELLE ENTRE L'AME ET LE CORPS DE L'HOMME..

PREMIÈRE MÉDITATION.
DES CHOSES QUE L'ON PEUT RÉVOQUER EN DOUTE.

Ce n'est pas d'aujourd'hui que je me suis aperçu que, dès mes premières années, j'ai reçu quantité de fausses opinions pour véritables, et que ce que j'ai depuis fondé sur des principes si mal assurés ne sauroit être que fort douteux et incertain; et dès lors j'ai bien jugé qu'il me falloit entreprendre sérieusement une fois en ma vie de me défaire de toutes les opinions que j'avois reçues auparavant en ma créance, et commencer tout de nouveau dès les fondements, si je voulois établir quelque chose de ferme et de constant dans les sciences. Mais cette entreprise me semblant être fort grande, j'ai attendu que j'eusse atteint un âge qui fût si mûr que je n'en pusse espérer d'autre après lui auquel je fusse plus propre à l'exécuter; ce qui m'a fait différer si long-temps, que désormais je croirois commettre une faute si j'employois encore à délibérer le temps qui me reste pour agir. Aujourd'hui donc que, fort à propos pour ce dessein, j'ai délivré mon esprit de toutes sortes de soins, que par bonheur je ne me sens agité d'aucunes passions, et que je me suis procuré un repos assuré dans une paisible solitude, je m'appliquerai sérieusement et avec liberté à détruire généralement toutes mes anciennes opinions. Or, pour cet effet, il ne sera pas nécessaire que je montre qu'elles sont toutes fausses, de quoi peut-être je ne viendrois jamais à bout. Mais, d'autant que la raison me persuade déjà que je ne dois pas moins soigneusement m'empêcher de donner créance aux choses qui ne sont pas entièrement certaines et indubitables, qu'à celles qui me paroissent manifestement être fausses, ce me sera assez pour les rejeter toutes, si je puis trouver en chacune quelque raison de douter. Et pour cela il ne sera pas aussi besoin que je les examine chacune en particulier, ce qui seroit d'un travail infini; mais, parceque la ruine des fondements entraîne nécessairement avec soi tout le reste de l'édifice, je m'attaquerai d'abord aux principes sur lesquels toutes mes anciennes opinions étoient appuyées.

Tout ce que j'ai reçu jusqu'à présent pour le plus vrai et assuré, je l'ai appris des sens ou par les sens: or j'ai quelquefois éprouvé que ces sens étoient trompeurs; et il est de la prudence de ne se fier jamais entièrement à ceux qui nous ont une fois trompés.

Mais peut-être qu'encore que les sens nous trompent quelquefois touchant des choses fort peu sensibles et fort éloignées, il s'en rencontre néanmoins beaucoup d'autres desquelles on ne peut pas raisonnablement douter, quoique nous les connoissions par leur moyen: par exemple, que je suis ici, assis auprès du feu, vêtu d'une robe de chambre, ayant ce papier entre les mains, et autres choses de cette nature. Et comment est - ce que je pourrois nier que ces mains et ce corps soient à moi? si ce n'est peut-être que je me compare à certains insensés, de qui le cerveau est tellement troublé et offusqué par les noires vapeurs de la bile, qu'ils assurent constamment qu'ils sont des rois, lorsqu'ils sont très pauvres; qu'ils sont vêtus d'or et de pourpre, lorsqu'ils sont tout nus; ou qui s'imaginent être des cruches ou avoir un corps de verre. Mais quoi! ce sont des fous, et je ne serois pas moins extravagant si je me réglois sur leurs exemples. Toutefois j'ai ici à considérer que je suis homme, et par conséquent que j'ai coutume de dormir, et de me représenter en mes songes les mêmes choses, ou quelquefois de moins vraisemblables, que ces insensés lorsqu'ils veillent. Combien de fois m'est-il arrivé de songer la nuit que j'étois en ce lieu, que j'étois habillé, que j'étois auprès du feu, quoique je fusse tout nu dedans mon lit! Il me semble bien à présent que ce n'est point avec des yeux endormis que je regarde ce papier; que cette tête que je branle n'est point assoupie; que c'est avec dessein et de propos délibéré que j'étends cette main, et que je la sens: ce qui arrive dans le sommeil ne semble point si clair ni si distinct que tout ceci. Mais, en y pensant soigneusement, je me ressouviens d'avoir souvent été trompé en dormant par de semblables illusions; et, en m'arrêtant sur cette pensée, je vois si manifestement qu'il n'y a point d'indices certains par où l'on puisse distinguer nettement la veille d'avec le sommeil, que j'en suis tout étonné; et mon étonnement est tel qu'il est presque capable de me persuader que je dors.

Supposons donc maintenant que nous sommes endormis, et que toutes ces particularités, à savoir que nous ouvrons les yeux, que nous branlons la tête, que nous étendons les mains, et choses semblables, ne sont que de fausses illusions; et pensons que peut-être nos mains ni tout notre corps ne sont pas tels que nous les voyons. Toutefois il faut au moins avouer que les choses qui nous sont représentées dans le sommeil sont comme des tableaux et des peintures, qui ne peuvent être formées qu'à la ressemblance de quelque chose de réel et de véritable; et qu'ainsi, pour le moins, ces choses générales, à savoir des yeux, une tête, des mains, et tout un corps, ne sont pas choses imaginaires, mais réelles et existantes. Car de vrai les peintres, lors même qu'ils s'étudient avec le plus d'artifice à représenter des sirènes et des satyres par des figures bizarres et extraordinaires, ne peuvent toutefois leur donner des formes et des natures entièrement nouvelles, mais font seulement un certain mélange et composition des membres de divers animaux; ou bien si peut-être leur imagination est assez extravagante pour inventer quelque chose de si nouveau que jamais on n'ait rien vu de semblable, et qu'ainsi leur ouvrage représente une chose purement feinte et absolument fausse, certes à tout le moins les couleurs dont ils les composent doivent-elles être véritables.

Et par la même raison, encore que ces choses générales, à savoir un corps, des yeux, une tête, des mains, et autres semblables, pussent être imaginaires, toutefois il faut nécessairement avouer qu'il y en a au moins quelques autres encore plus simples et plus universelles qui sont vraies et existantes; du mélange desquelles, ni plus ni moins que de celui de quelques véritables couleurs, toutes ces images des choses qui résident en notre pensée, soit vraies et réelles, soit feintes et fantastiques, sont formées.

De ce genre de choses est la nature corporelle eu général et son étendue; ensemble la figure des choses étendues, leur quantité ou grandeur, et leur nombre; comme aussi le lieu où elles sont, le temps qui mesure leur durée, et autres semblables. C'est pourquoi peut-être que de là nous ne conclurons pas mal, si nous disons que la physique, l'astronomie, la médecine, et toutes les autres sciences qui dépendent de la considération des choses composées, sont fort douteuses et incertaines, mais que l'arithmétique, la géométrie, et les autres sciences de cette nature, qui ne traitent que de choses fort simples et fort générales, sans se mettre beaucoup en peine si elles sont dans la nature ou si elles n'y sont pas, contiennent quelque chose, de certain et d'indubitable: car, soit que je veille ou que je dorme, deux et trois joints ensemble formeront toujours le nombre de cinq, et le carré n'aura jamais plus de quatre côtés; et il ne semble pas possible que des vérités si claires et si apparentes puissent être soupçonnées d'aucune fausseté ou d'incertitude.

Toutefois, il y a longtemps que j'ai dans mon esprit une certaine opinion qu'il y a un Dieu qui peut tout, et par qui j'ai été fait et créé tel que je suis. Or, que sais-je s'il n'a point fait qu'il n'y ait aucune terre, aucun ciel, aucun corps étendu, aucune figure, aucune grandeur, aucun lieu, et que néanmoins j'aie les se ntiments de toutes ces choses, et que tout cela ne me semble point exister autrement que je le vois? Et même, comme je juge quelquefois que les autres se trompent dans les choses qu'ils pensent le mieux savoir, que sais -je s'il n'a point fait que je me trompe aussi toutes les fois que je fais l'addition de deux et de trois, ou que je nombre les côtés d'un carré, ou que je juge de quelque chose encore plus facile, si l'on se peut imaginer rien de plus facile que cela? Mais peut-être que Dieu n'a pas voulu que je fusse déçu de la sorte, car il est dit souverainement bon. Toutefois, si cela répugnait à sa bonté de m'avoir fait tel que je me trompasse toujours, cela sembleroit aussi lui être contraire de permettre que je me trompe quelquefois, et néanmoins je ne puis douter qu'il ne le permette. Il y aura peut-être ici des personnes qui aimeroient mieux nier l'existence d'un Dieu si puissant, que de croire que toutes les autres choses sont incertaines. Mais ne leur résistons pas pour le présent, et supposons en leur faveur que tout ce qui est dit ici d'un Dieu soit une fable: toutefois, de quelque façon qu'ils supposent que je sois parvenu à l'état et à l'être que je possède, soit qu'ils l'attribuent à quelque destin ou fatalité, soit qu'ils le réfèrent au hasard, soit qu'ils veuillent que ce soit par une continuelle suite et liaison des choses, ou enfin par quoique autre manière; puisque faillir et se tromper est une imperfection, d'autant moins puissant sera l'auteur qu'ils assigneront à mon origine, d'autant plus sera-t-il probable que je suis tellement imparfait que je me trompe toujours. Auxquelles raisons je n'ai certes rien à répondre; mais enfin je suis contraint d'avouer qu'il n'y a rien de tout ce que je croyois autrefois être véritable dont je ne puisse e n quelque façon douter; et cela non point par inconsidération ou légèreté, mais pour des raisons très fortes et mûrement considérées: de sorte que désormais je ne dois pas moins soigneusement m'empêcher d'y donner créance qu'à ce qui seroit manifestement faux, si je veux trouver quelque chose de certain et d'assuré dans les sciences.

Mais il ne suffit pas d'avoir fait ces remarques, il faut encore que je prenne soin de m'en souvenir; car ces anciennes et ordinaires opinions me reviennent encore souvent en la pensée, le long et familier usage qu'elles ont eu avec moi leur donnant droit d'occuper mon esprit contre mon gré, et de se rendre presque maîtresses de ma créance; et je ne me désaccoutumerai jamais de leur déférer, et de prendre confiance en elles tant que je les considérerai telles qu'elles sont on effet, c'est-à-dire en quelque façon douteuses, comme je viens de montrer, et toutefois fort probables, en sorte que l'on a beaucoup plus de raison de les croire que de les nier. C'est pourquoi je pense que je ne ferai pas mal si, prenant de propos délibéré un sentiment contraire, je me trompe moi-même, et si je feins pour quelque temps que toutes ces opinions sont entièrement fausses et imaginaires; jusqu'à ce qu'enfin, ayant tellement balancé mes anciens e t mes nouveaux préjugés qu'ils ne puissent faire pencher mon avis plus d'un côté que d'un autre, mon jugement ne soit plus désormais maîtrisé par de mauvais usages et détourné du droit chemin qui le peut conduire à la connoissance de la vérité. Car je suis assuré qu'il ne peut y avoir de péril ni d'erreur en cette voie, et que je ne saurais aujourd'hui trop accorder à ma défiance, puisqu'il n'est pas maintenant question d'agir, mais seulement de méditer et de connoître. Je supposerai donc, non pas que Dieu, qui est très bon, et qui est la souveraine source de vérité, mais qu'un certain mauvais génie, non moins rusé et trompeur que puissant, a employé toute son industrie à me tromper; je penserai que Je ciel, l'air, la terre, les couleurs, les figures, les s ons, et toutes les autres choses extérieures, ne sont rien que des illusions et rêveries dont il s'est servi pour tendre des pièges à ma crédulité; je me considérerai moi-même comme n'ayant point de mains, point d'yeux, point de chair, point de sang; comme n'ayant aucun sens, mais croyant faussement avoir toutes ces choses; je demeurerai obstinément attaché à cette pensée; et si, par ce moyen, il n'est pas en mon pouvoir de parvenir à la connoissance d'aucune vérité, à tout le moins il est en ma puissance de suspendre mon jugement: c'est pourquoi je prendrai garde soigneusement de ne recevoir en ma croyance aucune fausseté, et préparerai si bien mon esprit à toutes les ruses de ce grand trompeur, que, pour puissant et rusé qu'il soit, il ne me pourra jamais rien imposer.

Mais ce dessein est pénible et laborieux, et une certaine paresse m'entraîne insensiblement dans le train de ma vie ordinaire; et tout de même qu'un esclave qui jouissoit dans le sommeil d'une liberté imaginaire, lorsqu'il commence à soupçonner que sa liberté n'est qu'un songe, craint de se réveiller, et conspire avec ces illusions agréables pour en être plus longtemps abusé, ainsi je retombe insensiblement de moi-même dans mes anciennes opinions, et j'appréhende de me réveiller de cet assoupissement, de peur que les veilles laborieuses qui auroient à succéder à la tranquillité de ce repos, au lieu de m'apporter quelque jour et quelque lumière dans la connoissance de la vérité, ne fussent pas suffisantes pour éclaircir toutes les ténèbres de s difficultés qui viennent d'être Agitées.

MÉDITATION SECONDE.

DE LA NATURE DE L'ESPRIT HUMAIN; ET QU'IL EST PLUS AISÉ À CONNOÎTRE QUE LE CORPS. La méditation que je fis hier m'a rempli l'esprit de tant de doutes, qu'il n'est plus désormais en ma puissance de les oublier. Et cependant je ne vois pas de quelle façon je les pourrai résoudre; et comme si tout -à-coup j'étois tombé dans une eau très profonde, je suis tellement surpris que je ne puis ni assurer mes pieds dans le fond, ni nager pour me soutenir au-dessus. Je m'efforcerai néanmoins, et suivrai derechef la même voie où j'étois entré hier, en m'éloignant de tout ce en quoi je pourrai imaginer le moindre doute, tout de même que si je connoissois que cela fût absolument faux; et je continuerai toujours dans ce chemin, jusqu'à ce que j'aie rencontré quelque chose de certain, ou du moins, si je ne puis autre chose, jusqu'à ce que j'aie appris certainement qu'il n'y a rien au monde de certain. Archimède, pour tirer le globe terrestre de sa place et le transporter en un autre lieu, ne demandoit rien qu'un point qui fût ferme et immobile: ainsi j'aurai droit de concevoir de hautes espérances, si je suis assez heureux pour trouver seulement une chose qui soit certaine et indubitable.

Je suppose donc que toutes les choses que je vois sont fausses; je me persuade que rien n'a jamais été de tout ce que ma mémoire remplie de mensonges me représente; je pense n'avoir aucuns sens; je crois que le corps, la figure, l'étendue, le mouvement et le lieu ne sont que des fictions de mon esprit. Qu'est-ce donc qui pourra être estimé véritable? Peut-être rien autre chose, sinon qu'il n'y a rien au monde de certain.

Mais que sais-je s'il n'y a point quelque autre chose différente de celles que je viens de juger incertaines, de laquelle on ne puisse avoir le moindre doute? N'y a -t-il point quelque Dieu, ou quelque autre puissance, qui me met en esprit ces pensées? Cela n'est pas nécessaire; car peut-être que je suis capable de les produire de moi-même. Moi donc à tout le moins ne suis-je point quelque chose? Mais j'ai déjà nié que j'eusse aucuns sens ni aucun corps: j'hésite néanmoins, car que s'ensuit-il de la? Suis-je tellement dépendant du corps et des sens que je ne puisse être sans eux? Mais je me suis persuadé qu'il n'y a voit rien du tout dans le monde, qu'il n'y avoit aucun ciel, aucune terre, aucuns esprits, ni aucuns corps: ne me suis -je donc pas aussi persuadé que je n'étois point? Tant s'en faut; j'étois sans doute, si je me suis persuadé ou seulement si j'ai pensé quelque chose. Mais il y a un je ne sais quel trompeur très puissant et très rusé, qui emploie toute son industrie à me tromper toujours. Il n'y a donc point de doute que je suis, s'il me trompe; et qu'il me trompe tant qu'il voudra, il ne saura jamais faire que je ne sois rien, tant que je penserai être quelque chose. De sorte qu'après y avoir bien pensé, et avoir soigneusement examiné toutes choses, enfin il faut conclure et tenir pour constant que cette proposition, je suis, j'existe, est nécessairement vraie, toutes les fois que je la prononce ou que je la conçois en mon esprit.

Mais je ne connois pas encore assez clairement quel je suis, moi qui suis certain que je suis; de sorte que désormais il faut que je prenne soigneusement garde de ne prendre pas imprudemment quelque autre chose pour moi, et ainsi de ne me point méprendre dans cette connoissance, que je soutiens être plus certaine et plus évidente que toutes celles que j'ai eues auparavant. C'est pourquoi je considérerai maintenant tout de nouveau ce que je croyois être avant que j'entrasse dans ces dernières pensées; et de mes anciennes opinions je retrancherai tout ce qui peut être tant soit peu combattu par les raisons que j'ai tantôt alléguées, en sorte qu'il ne demeure précisément que cela seul qui est entièrement certain et indubitable. Qu'est-ce donc que j'ai cru être ci-devant? Sans difficulté, j'ai pensé que j'étois un homme. Mais qu'est-ce qu'un homme? Dirai-je que c'est un animal raisonnable? Non certes; car il me faudroit par après recherc her ce que c'est qu'animal, et ce que c'est que raisonnable; et ainsi d'une seule question je tomberois insensiblement en une infinité d'autres plus difficiles et plus embarrassées; et je ne voudrais pas abuser du peu de temps et de loisir qui me reste, en l'employant à démêler de semblables difficultés. Mais je m'arrêterai plutôt à considérer ici les pensées qui naissoient ci-devant d'elles-mêmes en mon esprit, et qui ne m'étoient inspirées que de ma seule nature, lorsque je m'appliquois à la considération de mon être. Je me considérois premièrement comme ayant un visage, des mains, des bras, et toute cette machine composée d'os et de chair, telle qu'elle paroît en un cadavre, laquelle je désignois par le nom de corps. Je considérois, outre cela, que je me nourrissois, que je marchois, que je sentois et que je pensois, et je rapportois toutes ces actions à l'âme; mais je ne m'arrêtois point à penser ce que c'étoit que cette âme, ou bien, si je m'y arrêtois, je m'imaginois qu'elle étoit quelque chose d'extrê mement rare et subtil, comme un vent, une flamme ou un air très délié, qui étoit insinué et répandu dans mes plus grossières parties. Pour ce qui étoit du corps, je ne doutois nullement de sa nature; mais je pensois la connoître fort distinctement; et si je l'eusse voulu expliquer suivant les notions que j'en avois alors, je l'eusse décrite en cette sorte: Par le corps, j'entends tout ce qui peut être terminé par quelque figure; qui peut être compris en quelque lieu, et remplir un espace en telle sorte que tout autre corps en soit exclus; qui peut être senti, ou par l'attouchement, ou par la vue, ou par l'ouïe, ou par le goût, ou par l'odorat; qui peut être mû eu plusieurs façons, non pas à la vérité par lui-même, mais par quelque chose d'étranger duquel il soit touché et dont il reçoive l'impression: car d'avoir la puissance de se mouvoir de soi-même, comme aussi de sentir ou de penser, je ne croyois nullement que cela appartint à la nature du corps; au contraire, je m'étonnois plutôt de voir que de semblables facultés se rencontroient en quelques uns.

Mais moi, qui suis-je, maintenant que je suppose qu'il y a un certain génie qui est extrêmement puissant, et, si j'ose le dire, malicieux et rusé, qui emploie toutes ses forces et toute son industrie à me tromper? Puis-je assurer que j'aie la moindre chose de toutes celles que j'ai dites naguère appartenir à la nature du corps? Je m'arrête a penser avec attention, je passe et repasse toutes ces choses en mon esprit, et je n'en rencontre aucune que je puisse dire être en moi. Il n'est pas besoin que je m'arrête à les dénombrer. Passons donc aux attributs de l'âme, et voyons s'il y en a quelqu'un qui soit en moi. Les premiers sont de me nourrir et de marcher; mais s'il est vrai que je n'ai point de corps, il est vrai aussi que je ne puis marcher ni me nourrir. Un autre est de sentir; mais on ne peut aussi sentir sans le corps, outre que j'ai pensé sentir autrefois plusieurs choses pendant le sommeil, que j'ai reconnu à mon réveil n'avoir point en effet senties. Un autre est de penser, et je trouve ici que la pensée est un attribut qui m'appartient: elle seule ne peut être détachée de moi. Je suis, j'existe, cela est certain; mais combien de temps? autant de temps que je pense; car peut -être même qu'il se pourroit faire, si je cessois totalement de penser, que je cesserois en même temps tout-à-fait d'être. Je n'admets maintenant rien qui ne soit nécessairement vrai: je ne suis donc, précisément parlant, qu'une chose qui pense, c'est-à-dire un esprit, un entendement ou une raison, qui sont des termes dont la signification m'étoit auparavant inconnue. Or, je suis une chose vraie et vraiment existante: mais quelle chose? Je l'ai dit: une chose qui pense. Et quoi davantage? J'exciterai mon imagination pour voir si je ne suis point encore quelque chose de plus. Je ne suis point cet assemblage de membres que l'on appelle le corps humain; je ne suis point un air délié et pénétrant répandu dans tous ces membres; je ne suis point un vent, un souffle, une vapeur, ni rien de tout ce que je puis feindre et m'imaginer, puisque j'ai supposé que tout cela n'étoit rien, et que, sans changer cette supposition, je trouve que je ne laisse pas d'être certain que je suis quelque chose.

Mais peut-être est-il vrai que ces mêmes choses-là que je suppose n'être point, parce qu'elles me sont inconnues, ne sont point en effet différentes de moi, que je connois. Je n'en sais rien; je ne dispute pas maintenant de cela; je ne puis donner mon jugement que des choses qui me sont connues: je connois que j'existe, et je cherche quel je suis, moi que je connois être. Or, il est très certain que la connoissance de mon être, ainsi précisément pris, ne dépend point des choses dont l'existence ne m'est pas encore connue; par conséquent elle ne dépend d'aucunes de celles que je puis feindre par mon imagination. Et même ces termes de feindre et d'imaginer m'avertissent de mon erreur: car je feindrois en effet si je m'imaginois être quelque chose, puisque imaginer n'est rien autre chose que contempler la figure ou l'image d'une chose corporelle; or, je sais déjà certainement que je suis, et que tout ensemble il se peut faire que toutes ces images, et généralement toutes les choses qui se rapportent à la nature du corps, ne soient que des songes ou des chimères. Ensuite de quoi je vois clairement que j'ai aussi peu de raison en disant, J'exciterai mon imagination pour connoître plus distinctement quel je suis, que si je disois, Je suis maintenant éveillé, et j'aperçois quelque chose de réel et de véritable; mais, parceque je ne l'aperçois pas encore assez nettement, je m'endormirai tout exprès, afin que mes songes me représentent cela même avec plus de vérité et d'évidence. Et, partant, je connois manifestement que rien de tout ce que je puis comprendre par le moyen de l'imagination n'appartient à cette connoissance que j'ai de moi-même, et qu'il est besoin de rappeler et détourner son esprit de cette façon de concevoir, afin qu'il puisse lui-même connoître bien distinctement sa nature.

Mais qu'est-ce donc que je suis? une chose qui pense. Qu'est-ce qu'une chose qui pense? c'est une chose qui doute, qui entend, qui conçoit, qui affirme, qui nie, qui veut, qui ne veut pas, qui imagine aussi, et qui sent. Certes, ce n'est pas peu si toutes ces choses appartiennent à ma nature. Mais pourquoi n'y appartiendroient-elles pas? Ne suis-je pas celui-là même qui maintenant doute presque de tout, qui néanmoins entend et conçoit certaines choses, qui assure et affirme celles -là seules être véritables, qui nie toutes les autres, qui veut et désire d'en connoître davantage, qui ne veut pas être trompé, qui imagine beaucoup de choses, même quelquefois en dépit que j'en aie, et qui en sent aussi beaucoup, comme par l'entremise des organes du corps. Y a-t-il rien de tout cela qui ne soit aussi véritable qu'il est certain que je suis et que j'existe, quand même je dormirois toujours, et que celui qui m'a donné l'être se serviroit de toute son industrie pour m'abuser? Y a-t-il aussi aucun de ces attributs qui puisse être distingué de ma pe nsée, ou qu'on puisse dire être séparé de moi-même? Car il est de soi si évident que c'est moi qui doute, qui entends et qui désire, qu'il n'est pas ici besoin de rien ajouter pour l'expliquer. Et j'ai aussi certainement la puissance d'imaginer; car, encor e qu'il puisse arriver (comme j'ai supposé auparavant) que les choses que j'imagine ne soient pas vraies, néanmoins cette puissance d'imaginer ne laisse pas d'être réellement en moi, et fait partie de ma pensée. Enfin, je suis le même qui sens, c'est-à-dire qui aperçois certaines choses comme par les organes des sens, puisqu'en effet je vois de la lumière, j'entends du bruit, je sens de la chaleur. Mais l'on me dira que ces apparences –là sont fausses et que je dors. Qu'il soit ainsi; toutefois, à tout le moins, il est très certain qu'il me semble que je vois de la lumière, que j'entends du bruit, et que je sens de la chaleur; cela ne peut être faux; et c'est proprement ce qui en moi s'appelle sentir; et cela précisément n'est rien autre chose que penser. D'où je commence à connoître quel je suis, avec un peu plus de clarté et de distinction que ci-devant.

Mais néanmoins il me semble encore et je ne puis m'empêcher de croire que les choses corporelles, dont les images se forment par la pensée, qui tombent sous les sens, et que les sens mêmes examinent, ne soient beaucoup plus distinctement connues que cette je ne sais quelle partie de moi-même qui ne tombe point sous l'imagination: quoi-qu'en effet cela soit bien étrange de dire que je connoisse et comprenne plus distinctement des choses dont l'existence me paroît douteuse, qui me sont inconnues et qui ne m'appartiennent point, que celles de la vérité desquelles je suis persuadé, qui me sont connues, et qui appartiennent à ma propre nature, en un mot que moi-même. Mais je vois bien ce que c'est; mon esprit est un vagabond qui se plaît à m'égarer, et qui ne sauroit encore souffrir qu'on le retienne dans les justes bornes de la vérité. Lâchons -lui donc encore une fois la bride, et, lui donnant toute sorte de liberté, permettons-lui de considérer les objets qui lui paroissent au dehors, afin que, venant ci-après à la retirer doucement et à propos, et de l'arrêter sur la considération de son être et des choses qu'il trouve en lui, il se laisse après cela plus facilement régler et conduire.

Considérons donc maintenant les choses que l'on estime vulgairement être les plus faciles de toutes à connoître, et que l'on croit aussi être le plus distinctement connues, c'est à savoir les corps que nous touchons et que nous voyons: non pas à la vérité les corps en général, car ces notions générales sont d'ordinaire un peu plus confuses; mais considérons-en un en particulier. Prenons par exemple ce morceau de cire: il vient tout fraîchement d'être tiré de la ruche, il n'a pas enc ore perdu la douceur du miel qu'il contenoit, il retient encore quelque chose de l'odeur des fleurs dont il a été recueilli; sa couleur, sa figure, sa grandeur, sont apparentes; il est dur, il est froid, il est maniable, et si vous frappez dessus il rendra quelque son. Enfin toutes les choses qui peuvent distinctement faire connoître un corps se rencontrent en celui-ci. Mais voici que pendant que je parle on l'approche du feu: ce qui y restoit de saveur s'exhale, l'odeur s'évapore, sa couleur se change, sa figure se perd, sa grandeur augmente, il devient liquide, il s'échauffe, à peine le peut-on manier, et quoique l'on frappe dessus il ne rendra plus aucun son. La même cire demeure -t-elle encore après ce changement? Il faut avouer qu'elle demeure; personne n'en doute, personne ne juge autrement. Qu'est-ce donc que l'on connoissoit en ce morceau de cire avec tant de distinction? Certes ce ne peut être rien de tout ce que j'y ai remarqué par l'entremise des sens, puisque toutes les choses qui tomboient sous le goût, sous l'odorat, sous la vue, sous l'attouchement, et sous l'ouïe, se trouvent changées, et que cependant la même cire demeure. Peut-être étoit-ce ce que je pense maintenant, à savoir que cette cire n'étoit pas ni cette douceur de miel, ni cette agré able odeur de fleurs, ni cette blancheur, ni cette figure, ni ce son; mais seulement un corps qui un peu auparavant me paroissoit sensible sous ces formes, et qui maintenant se fait sentir sous d'autres. Mais qu'est -ce, précisément parlant, que j'imagine lorsque je la conçois en cette sorte? Considérons-le attentivement, et, retranchant toutes les choses qui n'appartiennent point à la cire, voyons ce qui reste. Certes il ne demeure rien que quelque chose d'étendu, de flexible et de muable. Or qu'est-ce que cela, flexible et muable? N'est-ce pas que j'imagine que cette cire étant ronde, est capable de devenir carrée, et de passer du carré en une figure triangulaire? Non certes, ce n'est pas cela, puisque je la conçois capable de recevoir une infinité de semblables changements, et je ne saurois néanmoins parcourir cette infinité par mon imagination, et par conséquent cette conception que j'ai de la cire ne s'accomplit pas par la faculté d'imaginer. Qu'est-ce maintenant que cette extension? N'est-elle pas aussi inconnue? car elle devient plus grande quand la cire se fond, plus grande quand elle bout, et plus grande encore quand la chaleur augmente; et je ne concevrois pas clairement et selon la vérité ce que c'est que de la cire, si je ne pensois que même ce morceau que nous considérons est capable de recevoir plus de variétés selon l'extension que je n'en ai jamais imaginé. Il faut donc demeurer d'accord que je ne saurois pas même comprendre par l'imagination ce que c'est que ce morceau de cire, et qu'il n'y a que mon entendement seul qui le comprenne. Je dis ce morceau de cire en particulier; car pour la cire en général, il est encore plus évident. Mais quel est ce morceau de cire qui ne peut être compris que par l'entendement ou par l'esprit? Certes c'est le même que je vois, que je touche, que j'imagine, et enfin c'est le même que j'ai toujours cru que c'étoit au commencement. Or ce qui est ici grandement à remarquer, c'est que sa perception n'est point une vision, ni un attouchement, ni une imagination, et ne l'a jamais été, quoiqu'il le semblât ainsi auparavant, mais seulement une inspection de l'esprit, laquelle peut être imparfaite et confuse, comme elle étoit auparavant, ou bien claire et distincte, comme elle est à présent, selon que mon attention se porte plus ou moins aux choses qui sont en elle, et dont elle est composée.

Cependant je ne me saurois trop étonner quand je considère combien mon esprit a de foiblesse et de pente qui le porte insensiblement dans l'erreur. Car encore que sans parler je considè re tout cela en moi-même, les paroles toutefois m'arrêtent, et je suis presque déçu par les termes du langage ordinaire: car nous disons que nous voyons la même cire, si elle est présente, et non pas que nous jugeons que c'est la même, de ce qu'elle a même couleur et même figure: d'où je voudrois presque conclure que l'on connoît la cire par la vision des yeux, et non par la seule inspection de l'esprit; si par hasard je ne regardois d'une fenêtre des hommes qui passent dans la rue, à la vue desquels je ne manque pas de dire que je vois des hommes, tout de même que je dis que je vois de la cire; et cependant que vois-je de cette fenêtre, sinon des chapeaux et des manteaux, qui pourraient couvrir des machines artificielles qui ne se remueraient que par ressor ts? mais je juge que ce sont des hommes; et ainsi je comprends par la seule puissance de juger qui réside en mon esprit ce que je croyois voir de mes yeux.

Un homme qui tâche d'élever sa connoissance au-delà du commun doit avoir honte de tirer des occasions de douter des formes de parler que le vulgaire a inventées: j'aime mieux passer outre, et considérer si je concevois avec plus d'évidence et de perfection ce que c'etoit que de la cire, lorsque je l'ai d'abord aperçue, et que j'ai cru la connoître par le moyen des sens extérieurs, ou à tout le moins par le sens commun, ainsi qu'ils appellent, c'est-à-dire par la faculté imaginative, que je ne la conçois à présent, après avoir plus soigneusement examiné ce qu'elle est et de quelle façon elle peut être connue. Certes il seroit ridicule de mettre cela en doute. Car qu'y avoit-il dans cette première perception qui fût distinct? qu'y avoit-il qui ne semblât pouvoir tomber en même sorte dans le sens du moindre des animaux? Mais quand je distingue la cire d'avec ses formes extérieures, et que, tout de même que si je lui avois ôté ses vêtements, je la considère toute nue, il est certain que, bien qu'il se puisse encore rencontrer quelque erreur dans mon jugement, je ne la puis néanmoins concevoir de cette sorte sans un esprit humain.

Mais enfin que dirai-je de cet esprit, c'est-à-dire de moi-même, car jusques ici je n'admets en moi rien autre chose que l'esprit? Quoi donc! moi qui semble concevoir avec tant de netteté et de distinction ce morceau de cire, ne me connois-je pas moi-même, non seulement avec bien plus de vérité et de certitude, mais encore avec beaucoup plus de distinction et de netteté? car si je juge que la cire est ou existe de ce que je la vois, certes il suit bien plus évidemment que je suis ou que j'existe moi-même de ce que je la vois: car il se peut faire que ce que je vois ne soit pas en effet de la cire, il se peut faire aussi que je n'aie pas même des yeux pour voir aucune chose; mais il ne se peut faire que lorsque je vois, ou, ce que je ne distingue point, lorsque je pense voir, que moi qui pense ne sois quelque chose. De même, si je juge que la cire existe de ce que je la touche, il s'ensuivra encore la même chose, à savoir que je suis; et si je le juge de ce que mon imagination, ou quelque autre cause que ce soit, me le persuade, je conclurai toujours la même chose. Et ce que j'ai remarqué ici de la cire se peut appliquer à toutes les autres choses qui me sont extérieures et qui se rencontrent hors de moi. Et, de plus, si la notion ou perception de la cire ma semblé plus nette et plus distincte après que non seulement la vue ou le toucher, mais encore beaucoup d'autres causes me l'ont rendue plus manifeste, avec combien plus d'évidence, de distinction et de netteté faut-il avouer que je me connois à présent moi-même, puisque toutes les raisons qui servent à connoître concevoir la nature de la cire, ou de quelque autre corps que ce soit, prouvent beaucoup mieux la nature de mon esprit; et il se rencontre encore tant d'autres choses en l'esprit même qui peuvent contribuer à l'éclaircissement de sa nature, que celles qui dépendent du corps, comme celles-ci, ne méritent quasi pas d'être mises en compte.

Mais enfin me voici insensiblement revenu où je voulois; car, puisque c'est une chose qui m' est à présent manifeste, que les corps mêmes ne sont pas proprement connus par les sens ou par la faculté d'imaginer, mais par le seul entendement, et qu'ils ne sont pas connus de ce qu'ils sont vus ou touchés, mais seulement de ce qu'ils sont entendus, ou bien compris par la pensée, je vois clairement qu'il n'y a rien qui me soit plus facile à connoître que mon esprit. Mais, parce qu'il est malaisé de se défaire si promptement d'une opinion à laquelle on s'est accoutumé de longue main, il sera bon que je m'arrête un peu en cet endroit, afin que par la longueur de ma méditation j'imprime plus profondément en ma mémoire cette nouvelle connoissance.

MÉDITATION TROISIÈME DE DIEU; QU'IL EXISTE.

Je fermerai maintenant les yeux, je boucherai mes oreilles, je détournerai tous mes sens, j'effacerai même de ma pensée toutes les images des choses corporelles, ou du moins, parce qu'à peine cela se peut -il faire, je les réputerai comme vaines et comme fausses; et ainsi m'entretenant seulement moi-même, et considérant mon intérieur, je tâcherai de me rendre peu à peu plus connu et plus familier à moi-même. Je suis une chose qui pense, c'est-à-dire qui doute, qui affirme, qui nie, qui connoît peu de choses, qui en ignore beaucoup, qui aime, qui hait, qui veut, qui ne veut pas, qui imagine aussi, et qui sent; car, ainsi que j'ai remarqué ci-devant, quoique les choses que je sens et que j'imagine ne soient peut-être rien du tout hors de moi et en elles-mêmes, je suis néanmoins assuré que ces façons de penser que j'appelle se ntiments et imaginations, en tant seulement qu'elles sont des façons de penser, résident et se rencontrent certainement en moi. Et dans ce peu que je viens de dire, je crois avoir rapporté tout ce que je sais véritablement, ou du moins tout ce que jusques ici j'ai remarqué que je savois. Maintenant, pour tâcher d'étendre ma connoissance plus avant, j'userai de circonspection, et considérerai avec soin si je ne pourrai point encore découvrir en moi quelques autres choses que je n'aie point encore jusques ici aperçues. Je suis assuré que je suis une chose qui pense; mais ne sais -je donc pas aussi ce qui est requis pour me rendre certain de quelque chose? Certes, dans cette première connoissance, il n'y a rien qui m'assure de la vérité, que la claire et distinc te perception de ce que je dis, laquelle de vrai ne seroit pas suffisante pour m'assurer que ce que je dis est vrai, s'il pouvoit jamais arriver qu'une chose que je concevrois ainsi clairement et distinctement se trouvât fausse: et partant il me semble que déjà je puis établir pour règle générale que toutes les choses que nous concevons fort clairement et fort distinctement sont toutes vraies.

Toutefois j'ai reçu et admis ci-devant plusieurs choses comme très certaines et très manifestes, lesquelles néanmoins j'ai reconnu par après être douteuses et incertaines. Quelles étoient donc ces choses -là? C'étoit la terre, le ciel, les astres, et toutes les autres choses que j'apercevois par l'entremise de mes sens. Or qu'est -ce que je concevois clairement et distinctement en elles? Certes rien autre chose, sinon que les idées ou les pensées de ces choses-là se présentoient à mon esprit. Et encore à présent je ne nie pas que ces idées ne se rencontrent en moi. Mais il y avoit encore une autre chose que j'assurois, et qu'à cause de l'habitude que

j'avois à la croire, je pensois apercevoir très clairement, quoique véritablement je ne l'aperçusse point, à savoir qu'il y avoit des choses hors de moi d'où procédoient ces idées, et auxquelles elles étoient tout -à-fait semblables: et c'étoit en cela que je me trompois; ou si peut-être je jugeois selon la vérité, ce n'étoit aucune connoissance que j'eusse qui fût cause de la vérité de mon jugement.

Mais lorsque je considérois quelque chose de fort simple et de fort facile touchant l'arithmétique et la géométrie, par exemple que deux et trois joints ensemble produisent le nombre de cinq, et autres choses semblables, ne les concevois-je pas au moins assez clairement pour assurer qu'elles étoient vraies? Certes si j'ai jugé depuis qu'on pouvoit douter de ces choses, ce n'a point été pour autre raison que parce qu'il me venoit en l'esprit que peut-être quelque Dieu avoit pu me donner une telle nature que je me trompasse même touchant les choses qui me semblent les plus manifestes. Or toutes les fois que cette opinion ci-devant conçue de la souveraine puissance d'un Dieu se présente à ma pensée, je suis contraint d'avouer qu'il lui est facile, s'il le veut, de faire en sorte que je m'abuse même dans les choses que je crois connoîtr e avec une évidence très grande: et au contraire toutes les fois que je me tourne vers les choses que je pense concevoir fort clairement,

je suis tellement persuadé par elles, que de moi-même je me laisse emporter à ces paroles: Me trompe qui pourra, si est-ce qu'il ne sauroit jamais faire que je ne sois rien, tandis que je penserai être quelque chose, ou que quelque jour il soit vrai que je n'aie jamais été, étant vrai maintenant que je suis, on bien que deux et trois joints ensemble fassent plus ni moins que cinq, ou choses semblables, que je vois clairement ne pouvoir être d'autre façon que je les conçois.

Et certes, puisque je n'ai aucune raison de croire qu'il y ait quelque Dieu qui soit trompeur, et même que je n'ai pas encore considéré celles qui prouvent qu'il y a un Dieu, la raison de douter qui dépend seulement de cette opinion est bien légère, et pour ainsi dire métaphysique. Mais afin de la pouvoir tout-à-fait ôter, je dois examiner s'il y a un Dieu, sitôt que l'occasion s'en présentera; et si je trouve qu'il y en ait un, je dois aussi examiner s'il peut être trompeur: car, sans la connoissance de ces deux vérités, je ne vois pas que je puisse jamais être certain d'aucune chose. Et afin que je puisse avoir occasion d'examiner cela sans interrompre l'ordre du méditer que je me suis proposé, qui est de passer par degrés des notions que je trouverai les premières en mon esprit, à celles que j'y pourrai trouver par après, il faut ici que je divise toutes mes pensées en certains genres, et que je considère dans lesquels de ces genres il y a proprement de la vérité ou de l'erreur.

Entre mes pensées, quelques unes sont comme les images des choses, et c'est à celles -là seules que convient proprement le nom d'idée; comme lorsque je me représente un homme, ou une chimère, ou le ciel, ou un ange, ou Dieu même. D'autres, outre cela, ont quelques autres formes; comme lorsque je veux, que je crains, que j'affirme ou que je nie, je conçois bien alors quelque chose comme le sujet de l'action de mon esprit, mais j'ajoute aussi quelque autre chose par cette action à l'idée que j'ai de cette chose -là; et de ce genre de pensées, les unes sont appelées volontés ou affections, et les autres jugements.

Maintenant, pour ce qui concerne les idées, si on les considère seulement en elles-mêmes, et qu'on ne les rapporte point à quelque autre chose, elles ne peuvent, à proprement parler, être fausses: car soit que j'imagine une chèvre ou une chimère, il n'est pas moins vrai que j'imagine l'une que l'autre. Il ne faut pas craindr e aussi qu'il se puisse rencontrer de la fausseté dans les affections ou volontés: car encore que je puisse désirer des choses mauvaises, ou même qui ne furent jamais, toutefois il n'est pas pour cela moins vrai que je les désire. Ainsi il ne reste plus que les seuls jugements, dans lesquels je dois prendre garde soigneusement de ne me point tromper. Or la principale erreur et la plus ordinaire qui s'y puisse rencontrer consiste en ce que je juge que les idées qui sont en moi sont semblables ou conformes à des choses qui sont hors de moi: car certainement si je considérois seulement les idées comme de certains modes ou façons de ma pensée, sans les vouloir rapporter à quelque autre chose d'extérieur, à peine me pourroient-elles donner occasion de faillir.

Or, entre ces idées, les unes me semblent être nées avec moi, les autres être étrangères et venir de dehors, et les autres être faites et inventées par moi-même. Car que j'aie la faculté de concevoir ce que c'est qu'on nomme en général une choses, ou une vérité, ou une pensée, il me semble que je ne tiens point cela d'ailleurs que de ma nature propre; mais si j'ois maintenant quelque bruit, si je vois le soleil, si je sens de la chaleur, jusqu'à cette heure j'ai jugé que ces sentiments procédoient de quelques choses qui existent hors de moi; et enfin il me semble que les sirènes, les hippogriffes et toutes les autres semblables chimères sont des fictions et inventions du mon esprit. Mais aussi peut-être me puis-je persuader que toutes ces idées sont du genre de celles que j'appelle étrangères, et qui viennent de dehors, ou bien qu'elles sont toutes nées avec moi, ou bien qu'elles ont toutes été faites par moi: car je n'ai point encore clairement découvert leur véritable origine. Et ce que j'ai principalement à faire en cet endroit est de considérer, touchant celles qui me semblent venir de quelques objets qui sont hors de moi, quelles sont les raisons qui m'obligent à les croire semblables à ces objets.

La première de ces raisons est qu'il me semble que cela m'est enseigné par la nature; et la seconde, que j'expérimente en moi-même que ces idées ne dépendent point de ma volonté; car souvent elles se présentent à moi malgré moi, comme maintenant, soit que je le veuille, soit que je ne le veuille pas, je sens de la chaleur, et pour cela je me persuade que ce sentiment, ou bien cette idée de la chaleur est produite en moi par une chose différente de moi, à savoir par la chaleur du feu auprès duquel je suis assis. Et je ne vois rien qui me semble plus raisonnable que de juger que cette chose étrangère envoie et imprime en moi sa ressemblance plutôt qu'aucune autre chose.

Maintenant il faut que je voie si ces raisons sont assez fortes et convaincantes. Quand je dis qu'il me semble que cela m'est enseigné par la nature, j'entends seulement par ce mot de nature une certaine inclination qui me porte à le croire, et non pas une lumière naturelle qui me fasse connoître que cela est véritable. Or ces deux façons de parler diffèrent beaucoup entre elles. Car je ne saurois r ien révoquer en doute de ce que la lumière naturelle me fait voir être vrai, ainsi qu'elle m'a tantôt fait voir que de ce que je doutois je pouvois conclure que j'étois; d'autant que je n'ai en moi aucune autre faculté ou puissance pour distinguer le vrai d'avec le faux, qui me puisse enseigner que ce que cette lumière me montre comme vrai ne l'est pas, et à qui je me puisse tant fier qu'à elle. Mais pour ce qui est des inclinations qui me semblent aussi m'être naturelles, j'ai souvent remarqué, lorsqu'il a été question de faire choix entre les vertus et les vices, qu'elles ne m'ont pas moins porté au mal qu'au bien; c'est pourquoi je n'ai pas sujet de les suivre non plus en ce qui regarde le vrai et le faux. Et pour l'autre raison, qui est que ces idées doivent venir d'ailleurs, puisqu'elles ne dépendent pas de ma volonté, je ne la trouve non plus convaincante. Car tout de même que ces inclinations dont je parlois tout maintenant se trouvent en moi, nonobstant qu'elles ne s'accordent pas toujours avec ma volonté, ainsi peut-être qu'il y a en moi quelque faculté ou puissance propre à produire ces idées sans l'aide d'aucunes choses extérieures, bien qu'elle ne me soit pas encore connue; comme en effet il m'a toujours semblé jusques ici que lorsque je dors elles se forment ainsi en moi sans l'aide des objets qu'elles représentent. Et enfin encore que je demeurasse d'accord qu'elles sont causées par ces objets, ce n'est pas une conséquence nécessaire qu'elles doivent leur être semblables. Au contraire, j'ai souvent remarqué en beaucoup d'exemples qu'il y avoit une grande différence entre l'objet et son idée. Comme par exemple je trouve en moi deux idées du soleil toutes diverses: l'une tire son origine des sens, et doit être placée dans le genre de celles que j'ai dites ci-dessus venir de dehors, par laquelle il me paroît extrêmement petit; l'autre est prise des raisons de l'astronomie, c'est -à-dire de certaines notions nées avec moi, ou enfin est formée par moi-même de quelque sorte que ce puisse être, par laquelle il me paroît plusieurs fois plus grand que toute la terre. Certes ces deux idées que je conçois du soleil ne peuvent pas être toutes deux semblables au même soleil; et la raison me fait croire que celle qui vient immédiatement de son apparence est celle qui lui est le plus dissemblable. Tout cela me fait assez connoître que jusques à celle heure ce n'a point été par un jugement certain et prémédité, mais seulement par une aveugle et téméraire impulsion, que j'ai cru qu'il y avoit des choses hors de moi, et différentes de mon être, qui, par les organes, de mes sens, ou par quelque autre moyen que ce puisse être, envoyoient en moi leurs idées ou images, et y imprimoient leurs ressemblances.

Mais il se présente encore une autre voie pour rechercher si entre les choses dont j'ai en moi les idées, il y en a quelques unes qui existent hors de moi. A savoir, si ces idées sont prises en tant seulement que ce sont de certaines façons de penser, je ne reconnois entre elles aucune différence ou inégalité, et toutes me semblent procéder de moi d'une même façon; mais les considérant comme des images, dont les unes représentent une chose et les autres une autre, il est évident qu'elles sont fort différentes les unes des autres. Car en effet celles qui me représentent des substances sont sans doute quelque chose de plus, et contiennent en soi, pour ainsi parler, plus de réalité objective, c'est-à-dire participent par représentation à plus de degrés d'être ou de perfection, que celles qui me représentent seulement des modes ou accidents. De plus, celle par laquelle je conçois un Dieu souverain, éternel, infini, immuable, tout connoissant, tout puissant, et créateur universel de toutes les choses qui sont hors de lui; celle-là, dis-je, a certainement en soi plus de réalité objective que celles par qui les substances finies me sont représentées.

Maintenant c'est une chose manifeste par la lumière naturelle, qu'il doit y avoir pour le moins autant de réalité dans la cause efficiente et totale que dans son effet: car d'où est-ce que l'effet peut tirer sa réalité, sinon de sa cause; et comment cette cause la lui pourroit-elle communiquer, si elle ne l'avoit en elle-même? Et de là il suit non seulement que le néant ne saurait produire aucune chose, mais aussi que ce qui est plus pa rfait, c'est-à-dire qui contient en soi plus de réalité, ne peut être une suite et une dépendance du moins parfait. Et cette vérité n'est pas seulement claire et évidente dans les effets qui ont cette réalité que les philosophes appellent actuelle ou formelle, mais aussi dans les idées où l'on considère seulement la réalité qu'ils nomment objective: par exemple, la pierre qui n'a point encore été, non seulement ne peut pas maintenant commencer d'être, si elle n'est produite par une chose qui possède en soi formellement ou éminemment tout ce qui entre en la composition de la pierre, c'est-à-dire qui contienne en soi les mêmes choses, ou d'autres plus excellentes que celles qui sont dans la pierre; et la chaleur ne peut être produite dans un sujet qui en étoit auparavant privé, si ce n'est par une chose qui soit d'un ordre, d'un degré ou d'un genre au moins aussi parfait que la chaleur, et ainsi des autres. Mais encore, outre cela, l'idée de la chaleur ou de la pierre ne peut pas être en moi, si elle n'y a été mise par quelque cause qui contienne en soi pour le moins autant de réalité que j'en conçois dans la chaleur ou dans la pierre: car, encore que cette cause -là ne transmette en mon idée aucune chose de sa réalité actuelle ou formelle, on ne doit pas pour cela s'imaginer que cette cause doive être moins réelle; mais on doit savoir que toute idée étant un ouvrage de l'esprit, sa nature est telle qu'elle ne demande de soi aucune autre réalité formelle que celle qu'elle reçoit et emprunte de la pensée ou de l'es prit, dont elle est seulement un mode, c'est-à-dire une manière ou façon de penser. Or, afin qu'une idée contienne une telle réalité objective plutôt qu'une autre, elle doit sans doute avoir cela de quelque cause dans laquelle il se rencontre pour le moins autant de réalité formelle que cette idée contient de réalité objective; car si nous supposons qu'il se trouve quelque chose dans une idée qui ne se rencontre pas dans sa cause, il faut donc qu'elle tienne cela du néant. Mais, pour imparfaite que soit cette façon d'être par laquelle une chose est objectivement ou par représentation dans l'entendement par son idée, certes on ne peut pas néanmoins dire que cette façon et manière -là d'être ne soit rien, ni par conséquent que cette idée tire son origine du néa nt. Et je ne dois pas aussi m'imaginer que la réalité que je considère dans mes idées n'étant qu'objective, il n'est pas nécessaire, que la même réalité soit formellement ou actuellement dans les causes de ces idées, mais qu'il suffit qu'elle soit aussi objectivement en elles: car, tout ainsi que cette manière d'être objectivement appartient aux idées de leur propre nature, de même aussi la manière ou la façon d'être formellement appartient aux causes de ces idées (à tout le moins aux premières et principales) de leur propre nature. Et encore qu'il puisse arriver qu'une idée donne naissance à une autre idée, cela ne peut pas toutefois être à l'infini; mais il faut à la fin parvenir à une première idée, dont la cause soit comme un patron ou un original dans lequel toute la réalité ou perfection soit contenue formellement et en effet, qui se rencontre seulement objectivement ou par représentation dans ces idées. En sorte que la lumière naturelle me fait connoître évidemment que les idées sont en moi comme des t ableaux ou des images qui peuvent à la vérité facilement déchoir de la perfection des choses dont elles ont été tirées, mais qui ne peuvent jamais rien contenir de plus grand ou de plus parfait.

Et d'autant plus longuement et soigneusement j'examine toute s ces choses, d'autant plus clairement et distinctement je connois qu'elles sont vraies. Mais, enfin, que conclurai-je de tout cela? C'est à savoir que, si la réalité ou perfection objective de quelqu'une de mes idées est telle que je connoisse clairement que cette même réalité ou perfection n'est point en moi ni formellement ni éminemment, et que par conséquent je ne puis moi-même en être la cause, il suit de là nécessairement que je ne suis pas seul dans le monde, mais qu'il y a encore quelque autre chose qui existe et qui est la cause de cette idée; au lieu que, s'il ne se rencontre point en moi de telle idée, je n'aurai aucun argument qui me puisse convaincre et rendre certain de l'existence d'aucune autre chose que de moi-même, car je les ai tous soigneusement recherchés, et je n'en ai pu trouver aucun autre jusqu'à présent.

Or, entre toutes ces idées qui sont en moi, outre celles qui me représentent moi-même à moi-même, de laquelle il ne peut y avoir ici aucune difficulté, il y en a une autre qui me représente un Dieu, d'autres des choses corporelles et inanimées, d'autres des anges, d'autres des animaux, et d'autres enfin qui me représentent des hommes semblables à moi. Mais, pour ce qui regarde les idées qui me représentent d'autres hommes, ou des animaux, ou des anges, je conçois facilement qu'elles peuvent être formées par le mélange et la composition des autres idées que j'ai des choses corporelles et de Dieu, encore que hors de moi il n'y eût point d'autres hommes dans le monde, ni aucuns animaux, ni aucuns anges. Et pour ce qui regarde les idées des choses corporelles, je n'y reconnois rien de si grand ni de si excellent qui ne me semble pouvoir venir de moi-même; car, si je les considère de plus près, et si je les examine de la même façon que j'e xaminai hier l'idée de la cire, je trouve qu'il ne s'y rencontre que fort peu de chose que je conçoive clairement et distinctement, à savoir la grandeur ou bien l'extension en longueur, largeur et profondeur, la figure qui résulte de la terminaison de cette extension, la situation que les corps diversement figurés gardent entre eux, et le mouvement ou le changement de cette situation, auxquelles on peut ajouter la substance, la durée et le nombre. Quant aux autres choses, comme la lumière, les couleurs, les sons, les odeurs, les saveurs, la chaleur, le froid, et les autres qualités qui tombent sous l'attouchement, elles se rencontrent dans ma pensée avec tant d'obscurité et de confusion, que j'ignore même si elles sont vraies ou fausses, c'est -à-dire si les idées que je conçois de ces qualités sont en effet les idées de quelques choses réelles, ou bien si elles ne me représentent que des êtres chimériques qui ne peuvent exister. Car, encore que j'aie remarqué ci-devant qu'il n'y a que dans les jugements que se puisse rencontrer la vraie et formelle fausseté, il se peut néanmoins trouver dans les idées une certaine fausseté matérielle, à savoir lorsqu'elles représentent ce qui n'est rien comme si c'étoit quelque chose. Par exemple, les idées que j'ai du froid e t de la chaleur sont si peu claires et si peu distinctes, qu'elles ne me sauroient apprendre si le froid est seulement une privation de la chaleur, ou la chaleur une privation du froid; ou bien si l'une et l'autre sont des qualités réelles, ou si elles ne le sont pas: et, d'autant que les idées étant comme des images, il n'y en peut avoir aucune qui ne nous semble représenter quelque chose, s'il est vrai de dire que le froid ne soit autre chose qu'une privation de la chaleur, l'idée qui me le représente comme quelque chose de réel et de positif ne sera pas mal à propos appelée fausse, et ainsi des autres. Mais, à dire le vrai, il n'est pas nécessaire que je leur attribue d'autre auteur que moi-même: car, si elles sont fausses, c'est-à-dire si elles représentent des choses qui ne sont point, la lumière naturelle me fait connoître qu'elles procèdent du néant, c'est-à-dire qu'elles ne sont en moi que parce qu'il manque quelque chose à ma nature, et qu'elle n'est pas toute parfaite; et si ces idées sont vraies, néanmoins, parce qu'elles me font paroître si peu de réalité que même je ne saurois distinguer la chose représentée d'avec le non-être, je ne vois pas pourquoi je ne pourrais point en être l'auteur.

Quant aux idées claires et distinctes que j'ai des choses corporelles, il y en a quelques unes qu'il semble que j'ai pu tirer de l'idée que j'ai de moi-même; comme celles que j'ai de la substance, de la durée, du nombre, et d'autres choses semblables. Car lorsque je pense que la pierre est une substance, ou bien une chose qui de soi est capable d'exister, et que je suis aussi moi-même une substance; quoique je conçoive bien que je suis une chose, qui pense et non étendue, et que la pierre au contraire est une chose étendue et qui ne pense point, et qu'ainsi entre ces deux conceptions il se rencontre une notable différence, toutefois elles semblent convenir en ce point qu'elles représentent toutes deux des substances. De même, quand je pense que je suis maintenant, et que je me ressouviens outre cela d'avoir été autrefois, et que je conçois plusieurs diverses pensées dont je connois le nombre, alors j'acquiers en moi les idées de la durée et du nombre, lesquelles, par après, je puis transférer à toutes les autres choses que je voudrai. Pour ce qui est des autres qua lités dont les idées des choses corporelles sont composées, à savoir l'étendue, la figure, la situation et le mouvement, il est vrai qu'elles ne sont point formellement en moi, puisque je ne suis qu'une chose qui pense; mais parceque ce sont seulement de certains modes de la substance, et que je suis moi-même une substance, il semble qu'elles puissent être contenues en moi éminemment.

Partant, il ne reste que la seule idée de Dieu dans laquelle il faut considérer s'il y a quelque chose qui n'ait pu venir de moi-même. Par le nom de Dieu j'entends une substance infinie, éternelle, immuable, indépendante, toute connoissante, toute puissante, et par laquelle moi-même et toutes les autres choses qui sont (s'il est vrai qu'il y en ait qui existent) ont été créées et produites. Or, ces avantages sont si grands et si éminents, que plus attentivement je les considère, et moins je me persuade que l'idée que j'en ai puisse tirer son origine de moi seul. Et par conséquent il faut nécessairement conclure de tout ce que j'ai dit auparavant que Dieu existe: car, encore que l'idée de la substance soit en moi de cela même que je suis une substance, je n'aurois pas néanmoins l'idée d'une substance infinie, moi qui suis un être fini, si elle n'avoit été mise en moi par quelque substance qui fût véritablement infinie.

Et je ne me dois pas imaginer que je ne conçois pas l'infini par une véritable idée, mais seulement par la négation de ce qui est fini, de même que je comprends le repos et les ténèbres par la négation du mouvement et de la lumière: puisqu'au contraire je vois manifestement qu'il se rencontre plus de réalité dans la substance infinie que dans la substance finie, et partant que j'ai en quelque façon plutôt en moi la notion de l'infini que du fini, c'est-à-dire de Dieu que de moi-même: car, comment seroit-il possible que je pusse connoître que je doute et que je désire, c'est-à-dire qu'il me manque quelque chose et que je ne suis pas tout parfait, si je n'avois en moi aucune idée d'un être plus parfait que le mien, pa r la comparaison duquel je connoîtrois les défauts de ma nature? Et l'on ne peut pas dire que peut-être cette idée de Dieu est matériellement fausse, et par conséquent que je la puis tenir du néant, c'est-à-dire qu'elle peut être en moi pource que j'ai du défaut, comme j'ai tantôt dit des idées de la chaleur et du froid et d'autres choses semblables: car au contraire cette idée étant fort claire et fort distincte, et contenant en soi plus de réalité objective qu'aucune autre, il n'y en a point qui de soi s oit plus vraie, ni qui puisse être moins soupçonnée d'erreur et de fausseté.

Cette idée, dis-je, d'un être souverainement parfait et infini est très vraie; car encore que peut-être l'on puisse feindre qu'un tel être n'existe point, on ne peut pas feindre néanmoins que son idée ne me représente rien de réel, comme j'ai tantôt dit de l'idée du froid. Elle est aussi fort claire et fort distincte, puisque tout ce que mon esprit conçoit clairement et distinctement de réel et de vrai, et qui contient en soi quelque perfection, est contenu et renfermé tout entier dans cette idée. Et ceci ne laisse pas d'être vrai, encore que je ne comprenne pas l'infini, et qu'il se rencontre en Dieu une infinité de choses que je ne puis comprendre, ni peut -être aussi atteindre aucunement de la pensée; car il est de la nature de l'infini, que moi qui suis fini et borné ne le puisse comprendre; et il suffit que j'entende bien cela et que je juge que toutes les choses que je conçois clairement, et dans lesquelles je sais qu'il y a quelque perfection, et peut-être aussi une infinité d'autres que j'ignore, sont en Dieu formellement ou éminemment, afin que l'idée que j'en ai soit la plus vraie, la plus claire et la plus distincte de toutes celles qui sont en mon esprit.

Mais peut-être aussi que je suis quelque chose de plus que je ne m'imagine, et que toutes les perfections que j'attribue à la nature d'un Dieu sont en quelque façon en moi en puissance, quoiqu'elles ne se produisent pas encore et ne se fassent point paroître par leurs actions. En effet, j'expérimente déjà que ma connoissance s'augmente et se perfectionne peu à peu; et je ne vois rien qui puisse empêcher qu'elle ne s'augmente ainsi de plus eu plus jusques à l'infini, ni aussi pourquoi, étant ainsi accrue et perfectionnée, je ne pourrois pas acquérir par son moyen toutes les autres perfections de la nature divine, ni enfin pourquoi la puissance que j'ai pour l'acquisition de ces perfections, s'il est vrai qu'elle soit maintenant en moi, ne seroit pas suffisante pour en produire les idées. Toutefois, en y regardant un peu de près, je reconnois que cela ne peut être; car premièrement, encore qu'il fût vrai que ma connoissance acquît tous les jours de nouveaux degrés de perfection, et qu'il y eût en ma nature beaucoup de choses e n puissance qui n'y sont pas encore actuellement, toutefois tous ces avantages n'appartiennent et n'approchent en aucune sorte de l'idée que j'ai de la Divinité, dans laquelle rien ne se rencontre seulement en puissance, mais tout y est actuellement et en effet. Et même n'est-ce pas un argument infaillible et très certain d'imperfection en ma connoissance, de ce qu'elle s'accroît peu à peu et qu'elle s'augmente par degrés? De plus, encore que ma connoissance s'augmentât de plus en plus, néanmoins je ne laisse pas de concevoir qu'elle ne sauroit être actuellement infinie, puisqu'elle n'arrivera jamais à un si haut point de perfection, qu'elle ne soit encore capable d'acquérir quelque plus grand accroissement. Mais je conçois Dieu actuellement infini en un si haut degré, qu'il ne se peut rien ajouter à la souveraine perfection qu'il possède. Et, enfin, je comprends fort bien que l'être objectif d'une idée ne peut être produit par un être qui existe seulement en puissance, lequel à proprement parler n'est rien, mais seulement par un être formel ou actuel.

Et certes je ne vois rien en tout ce que je viens de dire qui ne soit très aisé à connoître par la lumière naturelle à tous ceux qui voudront y penser soigneusement; mais lorsque je relâche quelque chose de mon attention, mon esprit se trouvant obscurci et comme aveuglé par les images des choses sensibles, ne se ressouvient pas facilement de la raison pourquoi l'idée que j'ai d'un être plus parfait que le mien doit nécessairement avoir été mise en moi par un être qui soit en effet plus parfait. C'est pourquoi je veux ici passer outre, et considérer si moi-même qui ai cette idée de Dieu, je pourrais être, en cas qu'il n'y eût point de Dieu. Et je demande, de qui aurois-je mon existence? Peut-être de moi-même, ou de mes parents, ou bien de quelques autres causes moins parfaites que Dieu; car on ne se peut rien imaginer de plus parfait, ni même d'égal à lui. Or, si j'étois indépendant de tout autre, et que je fusse moi-même l'autour de mon être, je ne douterois d'aucune chose, je ne concevrois point de désirs; et enfin il ne me manqueroit aucune perfection, car je me serois donné moi-même toutes celles dont j'ai en moi quelque idée; et ainsi je serois Dieu. Et je ne me dois pas imaginer que les choses qui me manquent sont peut-être plus difficiles à acquérir que celles dont je suis déjà en possession; car au contraire il est très certain qu'il a été beaucoup plus difficile que moi, c'est-à-dire une chose ou une substance qui pense, sois sorti du néant, qu'il ne me seroit d'acquérir les lumières et les connoissances de plusieurs choses que j'ignore, et qui ne sont que des accidents de cette substance; et certainement si je m'étois donné ce plus que je viens de dire, c'est-à-dire si j'étois moi-même l'auteur de mon être, je ne me serois pas au moins dénié les choses qui se peuvent avoir avec plus de facilité, comme sont une infinité de connoissances dont ma nature se trouve dénuée: je ne me serois pas même dénié aucune des choses que je vois être contenues dans l'idée de Dieu, parce qu'il n'y en a aucune qui me semble plus difficile à faire ou à acquérir; et s'il y en avoit quelqu'une qui fût plus difficile, certainement elle me paroîtroit telle (supposé que j'eusse de moi toutes les autres choses que je possède), parceque je verrois en cela ma puissance terminée. Et encore que je puisse supposer que peut-être j'ai toujours été comme je suis maintenant, je ne saurois pas pour cela éviter la force de ce raisonnement, et ne laisse pas de connoître qu'il est nécessaire que Die u soit l'auteur de mon existence. Car tout le temps de ma vie peut être divisé en une infinité de parties, chacune desquelles ne dépend en aucune façon des autres; et ainsi, de ce qu'un peu auparavant j'ai été, il ne s'ensuit pas que je doive maintenant êt re, si ce n'est qu'en ce moment quelque cause me produise et me crée pour ainsi dire derechef, c'est -à-dire me conserve. En effet, c'est une chose bien claire et bien évidente à tous ceux qui considéreront avec attention la nature du temps, qu'une substance, pour être conservée dans tous les moments qu'elle dure, a besoin du même pouvoir et de la même action qui seroit nécessaire pour la produire et la créer tout de nouveau, si elle n'étoit point encore; en sorte que c'est une chose que la lumière naturelle nous fait voir clairement, que la conservation et la création ne diffèrent qu'au regard de notre façon de penser, et non point en effet. Il faut donc seulement ici que je m'interroge et me consulte moi-même, pour voir si j'ai en moi quelque pouvoir et quelque vertu au moyen de laquelle je puisse faire que moi qui suis maintenant, je sois encore un moment après: car puisque je ne suis rien qu'une chose qui pense (ou du moins puisqu'il ne s'agit encore jusques ici précisément que de cette partie-là de moi-même), si une telle puissance résidoit en moi, certes je devrois à tout le moins le penser, et en avoir connoissance; mais je n'en ressens aucune dans moi, et par là je connois évidemment que je dépends de quelque être différent de moi.

Mais peut-être que cet être-là duquel je dépends n'est pas Dieu, et que je suis produit ou par mes parents, ou par quelques autres causes moins parfaites que lui? Tant s'en faut, cela ne peut être: car, comme j'ai déjà dit auparavant, c'est une chose très évidente qu'il doit y avoir pour le moins autant de réalité dans la cause que dans son effet; et partant, puisque je suis une chose qui pense, et qui ai en moi quelque idée de Dieu, quelle que soit enfin la cause de mon être, il faut nécessairement avouer qu'elle est aussi une chose qui pense et qu'elle a en soi l'idée de toutes les perfections que j'attribue à Dieu. Puis l'on peut derechef rechercher si cette cause tient son origine et son existence de soi-même, ou de quelque autre chose. Car si elle la tient de soi-même, il s'ensuit, par les raisons que j'ai ci-devant alléguées, que cette cause est Dieu; puisque ayant la

vertu d'être et d'exister par soi, elle doit aussi sans doute avoir la puissance de posséder actuellement toutes les perfections dont elle a en soi les idées, c'est-à-dire toutes celles que je conçois être en Dieu. Que si elle tient son existence de quelque autre cause que de soi, on demandera derechef par la même raison de cette seconde cause si elle est par soi, ou par autrui, jusques à ce que de degrés en degrés on parvienne enfin a une dernière cause, qui se trouvera être Dieu. Et il est très manifeste qu'en cela il ne peut y avoir de progrès à l'infini, vu qu'il ne s'agit pas tant ici de la cause qui m'a produit autrefois, comme de celle qui me conserve présentement.

On ne peut pas feindre aussi que peut-être plusieurs causes ont ensemble concouru en partie à ma production, et que de l'une j'ai reçu l'idée d'une des perfections que j'attribue à Dieu, et d'une autre l'idée de quelque autre, en sorte que toutes ces perfections se trouvent bien à la vérité quelque part dans l'univers, mais ne se rencontrent pas toutes jointes et assemblées dans une seule qui soit Dieu: car au contraire l'unité, la simplicité, ou l'inséparabilité de toutes les choses qui sont en Dieu est une des principales perfections que je conçois être en lui; et certes l'idée de cette unité de toutes les perfections de Dieu n'a pu être mise en moi par aucune cause de qui je n'aie point aussi reçu les idées de toutes les autres perfections; car elle n'a pu faire que je les comprisse toutes jointes ensemble et inséparables, sans avoir fait en sorte en même temps que je susse ce qu'elles étoient et que je les connusse toutes en quelque façon. Enfin, pour ce qui regarde mes parents, desquels il semble que je tire ma naissance, encore que tout ce que j'en ai jamais pu croire soit véritable, cela ne fait pas toutefois que ce soit eux qui me conservent, ni même qui m'aient fait et produit en tant que je suis une chose qui pense, n'y ayant aucun rapport entre l'action corporelle, par laquelle j'ai coutume de croire qu'ils m'ont engendré, et la production d'une telle substance: mais ce qu'ils ont tout au plus contribué à ma naissance, est qu'ils ont mis quelques dispositions dans cette matière, dans la quelle j'ai jugé jusques ici que moi, c'est-à-dire mon esprit, lequel seul je prends maintenant pour moi-même, est renfermé; et partant il ne peut y avoir ici à leur égard aucune difficulté, mais il faut nécessairement conclure que, de cela seul que j'existe, et que l'idée d'un être souverainement parfait, c'est-à-dire de Dieu, est en moi, l'existence de Dieu est très évidemment démontrée.

Il me reste seulement à examiner de quelle façon j'ai acquis cette idée: car je ne l'ai pas reçue par les sens, et jamais elle ne s'est offerte à moi contre mon attente, ainsi que font d'ordinaire les idées des choses sensibles, lorsque ces choses se présentent ou semblent se présenter aux organes extérieurs des sens; elle n'est pas aussi une pure production ou fiction de mon esprit, car il n'est pas en mon pouvoir d'y diminuer ni d'y ajouter aucune chose; et par conséquent il ne reste plus autre chose à dire, sinon que cette idée est née et produite avec moi dès lors que j'ai été créé, ainsi que l'est l'idée de moi-même. Et de vrai, on ne doit pas trouver étrange que Dieu, en me créant, ait mis en moi cette idée pour être comme la marque de l'ouvrier empreinte sur son ouvrage; et il n'est pas aussi nécessaire que cette marque soit quelque chose de différent de cet ouvrage même: mais, de cela seul que Dieu m'a créé, il est fort croyable qu'il m'a en quelque façon produit à son image et semblance, et que je conçois cette ressemblance, dans laquelle l'idée de Dieu se trouve contenue, par la même faculté par laquelle je me conçois moi-même, c'est-à-dire que, lorsque je fais réflexion sur moi, non seulement je connois que je suis une chose imparfaite, incomplète et dépendante d'autrui, qui tend et qui aspire sans cesse à quelque chose de meilleur et de plus grand que je ne suis, mais je connois aussi en même temps que celui duquel je dépends possède en soi toutes ces grandes choses auxquelles j'aspire et dont je trouve en moi les idées, non pas indéfiniment et seulement en puissance, mais qu'il en jouit en effet, actuellement et infiniment, et ainsi qu'il est Dieu. Et toute la force de l'argument dont j'ai ici usé pour prouver l'existence de Dieu consiste en ce que je reconnois qu'il ne seroit pas possible que ma nature fût telle qu'elle est, c'est -à-dire que j'eusse en moi l'idée d'un Dieu, si Dieu n'existoit véritablement; ce même Dieu, dis -je, duquel l'idée est en moi, c'est-à-dire qui possède toutes ces hautes perfections dont notre esprit peut bien avoir quelque légère idée, sans pourtant les pouvoir comprendre, qui n'est sujet à aucuns défauts, et qui n'a rien de toutes les choses qui dénotent quelque imperfection. D'où il est assez évident qu'il ne peut être trompeur, puisque la lumière naturelle nous enseigne que la tromperie dépend nécessairement de quelque défaut.

Mais auparavant que j'examine cela plus soigneusement, et que je passe à la considération des autres vérités que l'on en peut recueillir, il me semble très à propos de m'arrêter quelque temps à la contemplation de ce Dieu tout parfait, de peser tout à loisir ses merveilleux attributs, de considérer, d'admirer et d'adorer l'incomparable beauté de cette immense lumière au moins autant que la force de mon esprit, qui en demeure en quelque sorte ébloui, me le pourra permettre. Car comme la foi nous apprend que la souveraine félicité de l'autre vie ne consiste que dans cette contemplation de la majesté divine, ainsi expérimentons -nous dès maintenant qu'une semblable méditation, quoique incomparablement moins parfaite, nous fait jouir du plus grand contentement que nous soyons capables de ressentir en cette vie.

MÉDITATION QUATRIÈME. DU VRAI ET DU FAUX.

Je me suis tellement accoutumé ces jours passés à détacher mon esprit des sens, et j'ai si exactement remarqué

qu'il y a fort peu de choses que l'on connoisse avec certitude touchant les choses corporelles, qu'il y en a beaucoup plus qui nous sont connues touchant l'esprit humain, et beaucoup plus encore de Dieu même, qu'il me sera maintenant aisé de détourner ma pensée de la considération des choses sensibles ou imaginables, pour la porter à celles qui, étant dégagées de toute matière, sont purement intelligibles. Et certes, l'idée que j'ai de l'esprit humain, en tant qu'il est une chose qui pense, et non étendue en longueur, largeur et profondeur, et qui ne participe à rien de ce qui appartient au corps, est incomparablement plus distincte que l'idée d'aucune chose corporelle: et lorsque je considère que je doute, c'est-à-dire que je suis une chose incomplète et dépendante, l'idée d'un être complet et indépendant, c'est-à-dire de Dieu, se présente à mon esprit avec tant de distinction et de clarté: et de cela seul que cette idée se trouve en moi, ou bien que je suis ou existe, moi qui possède cette idée, je conclus si évidemment l'existence de Dieu, et que la mienne dépend entièrement de lui en tous les moments de ma vie, que je ne pense pas que l'esprit humain puisse rien connoître avec plus d'évidence et de certitude. Et déjà il me semble que je découvre un chemin qui nous conduira de cette contemplation du vrai Dieu, dans lequel tous les trésors de la science et de la sagesse sont renfermés, à la connoissance des autres choses de l'univers.

Car premièrement, je reconnois qu'il est impossible que jamais il me trompe, puisqu'en toute fraude et tromperie il se rencontre quelque sorte d'imperfection: et quoiqu'il semble que pouvoir tromper soit une marque de subtilité ou de puissance, toutefois vouloir tromper témoigne sans doute de la foiblesse ou de la malice; et, partant, cela ne peut se rencontrer en Dieu. Ensuite, je connois par ma propre expérience qu'il y a en moi une certaine faculté de juger, ou de discerner le vrai d'avec le faux, laquelle sans doute j'ai reçue de Dieu, aussi bien que tout le reste des choses qui sont en moi et que je possède; et puisqu'il est impossible qu'il veuille me tromper, il est certain aussi qu'il ne me l'a pas donnée telle que je puisse jamais faillir lorsque j'en userai comme il faut.

Et il ne resteroit aucun doute touchant cela, si l'on n'en pouvoit, ce semble, tirer cette conséquence, qu' ainsi je ne me puis jamais tromper; car, si tout ce qui est en moi vient de Dieu, et s'il n'a mis en moi aucune faculté de faillir, il semble que je ne me doive jamais abuser. Aussi est-il vrai que, lorsque je me regarde seulement comme venant de Dieu, et que je me tourne tout entier vers lui, je ne découvre en moi aucune cause d'erreur ou de fausseté: mais aussitôt après, revenant à moi, l'expérience me fait connoître que je suis néanmoins sujet à une infinité d'erreurs, desquelles venant à rechercher la c ause, je remarque qu'il ne se présente pas seulement à ma pensée une réelle et positive idée de Dieu, ou bien d'un être souverainement parfait; mais aussi, pour ainsi parler, une certaine idée négative du néant, c'est-à-dire de ce qui est infiniment éloigné de toute sorte de perfection; et que je suis comme un milieu entre Dieu et le néant, c'est-à-dire placé de telle sorte entre le souverain Être et le non-être, qu'il ne se rencontre de vrai rien en moi qui me puisse conduire dans l'erreur, en tant qu'un souverain Être m'a produit: mais que, si je me considère comme participant en quelque façon du néant ou du non-être, c'est-à-dire en tant que je ne suis pas moi-même le souverain Être et qu'il me manque plusieurs choses, je me trouve exposé à une infinité de manquements; de façon que je ne me dois pus étonner si je me trompe. Et ainsi je connais que l'erreur, en tant que telle, n'est pas quelque chose de réel qui dépende de Dieu, mais que c'est seulement un défaut; et partant que, pour faillir, je n'ai pas besoin d'une faculté qui m'ait été donnée de Dieu particulièrement pour cet effet: mais qu'il arrive que je me trompe de ce que la puissance que Dieu m'a donnée pour discerner le vrai d'avec le faux n'est pas en moi infinie. Toutefois, cela ne me satisfait pas encore tout-à-fait, car l'erreur n'est pas une pure négation, c'est-à-dire n'est pas le simple défaut ou manquement de quelque perfection qui ne m'est point due, mais c'est une privation de quelque connoissance qu'il semble que je devrois avoir. Or, e n considérant la nature de Dieu, il ne semble pas possible qu'il ait mis en moi quelque faculté qui ne soit pas parfaite en son genre, c'est -à-dire qui manque de quelque perfection qui lui soit due: car, s'il est vrai que plus l'artisan est expert, plus le s ouvrages qui sortent de ses mains sont parfaits et accomplis, quelle chose peut avoir été produite par ce souverain Créateur de l'univers qui ne soit parfaite et entièrement achevée en toutes ses parties? Et certes, il n'y a point de doute que Dieu n'ait pu me créer tel que je ne me trompasse jamais: il est certain aussi qu'il veut toujours ce qui est le meilleur: est-ce donc une chose meilleure que je puisse me tromper que de ne le pouvoir pas?

Considérant cela avec attention, il me vient d'abord en la pensée que je ne me dois pas étonner si je ne suis pas capable de comprendre pourquoi Dieu fait ce qu'il fait, et qu'il ne faut pas pour cela douter de son existence, de ce que peut-être je vois par expérience beaucoup d'autres choses qui existent, bien que je ne puisse comprendre pour quelle raison ni comment Dieu les a faites: car, sachant déjà que ma nature est extrêmement foible et limitée, et que celle de Dieu au contraire est immense, incompréhensible et infinie, je n'ai plus de peine à reconnoître qu'il y a une infinité de choses en sa puissance desquelles les causes surpassent la portée de mon esprit; et cette seule raison est suffisante pour me persuader que tout ce genre de causes, qu'on a coutume de tirer de la fin, n'est d'aucun usage dans les choses physiques ou naturelles; car il ne me semble pas que je puisse sans témérité rechercher et entreprendre de découvrir les fins impénétrables de Dieu.

De plus, il me vient encore en l'esprit qu'on ne doit pas considérer une seule créature séparément, lorsqu'on recherche si les ouvrages de Dieu sont parfaits, mais généralement toutes les créatures ensemble: car la même chose qui pourroit peut-étre avec quelque sorte de raison sembler fort imparfaite si elle étoit seule dans le monde, ne laisse pas d'être très parfaite étant considérée comme faisant partie de tout cet univers; et quoique, depuis que j'ai fait dessein de douter de toutes choses, je n'aie encore connu certainement que mon existence et celle de Dieu, toutefois aussi, depuis que j'ai reconnu l'infinie puissance de Dieu, je ne saurois nier qu'il n'ait produit beaucoup d'autres choses, ou du moins qu'il n'en puisse produire, en sorte que j'existe et sois placédans le monde comme faisant partie de l'universalité de tous les êtres.

Ensuite de quoi, venant à me regarder de plus près, et à considérer quelles sont mes erreurs, lesquelles seules témoignent qu'il y a en moi de l'imperfection, je trouve qu'elles dépendent du concours de deux causes, à savoir, de la faculté de connoître, qui est en moi, et de la faculté d'élire, ou bien de mon libre arbitre, c'est-à-dire de mon entendement, et ensemble de ma volonté. Car par l'entendement seul je n'assure ni ne nie aucune chose, mais je conçois seulement les idées des choses, que je puis assurer ou nier. Or, en le considérant ainsi précisément, on peut dire qu'il ne se trouve jamais en lui aucune erreur, pourvu qu'on prenne le mot d'erreur en sa propre signification. Et encore qu'il y ait peut-être une infinité de choses dans le monde dont je n'ai aucune idée en mon entendement, ou ne peut pas dire pour cela qu'il soit privé de ces idées, comme de quelque chose qui soit due à sa nature, mais seulement qu'il ne les a pas; parce qu'en effet il n'y a aucune raison qui puisse prouver que Dieu ait dû me donner une plus grande et plus ample faculté de connoître que celle qu'il m'a donnée: et, quelque adroit et savant ouvrier que je me le représente, je ne dois pas pour cela penser qu'il ait dû mettre dans chacun de ses ouvrages toutes les perfections qu'il peut me ttre dans quelques uns. Je ne puis pas aussi me plaindre que Dieu ne m'ait pas donné un libre arbitre ou une volonté assez ample et assez parfaite, puisqu'en effet je l'expérimente si ample et si étendue qu'elle n'est renfermée dans aucunes bornes. Et ce qui me semble ici bien remarquable, est que, de toutes les autres choses qui sont en moi, il n'y en a aucune si parfaite et si grande, que je ne reconnoisse bien qu'elle pourroit être encore plus grande et plus parfaite. Car, par exemple, si je considère la faculté de concevoir qui est en moi, je trouve qu'elle est d'une fort petite étendue, et grandement limitée, et tout ensemble je me représente l'idée d'une autre faculté beaucoup plus ample et même infinie; et de cela seul que je puis me représenter son idée, je connois sans difficulté qu'elle appartient à la nature de Dieu. En même façon si j'examine la mémoire, ou l'imagination, ou quelque autre faculté qui soit en moi, je n'en trouve aucune qui ne soit très petite et bornée, et qui en Dieu ne soit immense et infinie. Il n'y a que la volonté seule ou la seule liberté du franc arbitre que j'expérimente en moi être si grande, que je ne conçois point l'idée d'aucune autre plus ample et plus étendue: en sorte que c'est elle principalement qui me fait connoître que je porte l'image et la ressemblance de Dieu. Car encore qu'elle soit incomparablement plus grande dans Dieu que dans moi, soit à raison de la connoissance et de la puissance qui se trouvent jointes avec elle et qui la rendent plus ferme et plus efficace, soit à raison de l'objet, d'autant qu'elle se porte et s'étend infiniment à plus de choses, elle ne me semble pas toutefois plus grande, si je la considère formellement et précisément en elle -même. Car elle consiste seulement en ce que nous pouvons faire une même chose ou ne la faire pas, c'est-à-dire affirmer ou nier, poursuivre ou fuir une même chose, ou plutôt elle consiste seulement en ce que, pour affirmer ou nier, poursuivre ou fuir les choses que l'entendement nous propose, nous agissons de telle sorte que nous ne sentons point qu'aucune force extérieure nous y contraigne. Car, afin que je sois libre, il n'est pas nécessaire que je sois indifférent à choisir l'un ou l'autre des deux contraires; mais plutôt, d'autant plus que je penche vers l'un, soit que je connoisse évidemment que le bien et le vrai s'y rencontrent, soit que Dieu dispose ainsi l'intérieur de ma pensée, d'autant plus librement j'en fais choix et je l'embrasse: et certes, la grâce divine et la connoissance naturelle, bien loin de diminuer ma liberté, l'augmentent plutôt et la fortifient; de façon que cette indifférence que je sens lorsque je ne suis point emporté vers un côté plutôt que vers un autre par le poids d'aucune raison, est le plus bas degré de la liberté, et fait plutôt paraître un défaut dans la connoissance qu'une perfection dans la volonté; car si je connoissois toujours clairement ce qui est vrai et ce qui est bon, je ne serois jamais en peine de délibérer quel jugement et quel choix je devrois faire; et ainsi je serois entièrement libre, sans jamais être indifférent.

De tout ceci je reconnois que ni la puissance de vouloir, laquelle j'ai reçue de Dieu, n'est point d'elle -même la cause de mes erreurs, car elle est très ample et très parfaite en son genre; ni aussi la puissance d'entendre ou de concevoir, car ne concevant rien que par le moyen de cette puissance que Dieu m'a donnée pour concevoir, sans doute que tout ce que je conçois, je le conçois comme il faut, et il n'est pas possible qu'en cela je me trompe. D'où est-ce donc que naissent mes erreur? c'est à savoir de cela seul que la volonté étant beaucoup plus ample et plus étendue que l'entendement, je ne la contiens pas dans les mêmes limites, mais que je l'étends aussi aux choses que je n'entends pas; auxquelles étant de soi indifférente, elle s'égare fort aisément, et choisit le faux pour le vrai, et le mal pour le bien: ce qui fait que je me trompe et que je pèche.

Par exemple, examinant ces jours passés si quelque chose existoit véritablement dans le monde, e t connoissant que de cela seul que j'examinois cette question, il suivoit très évidemment que j'existois moi-même, je ne pouvois pas m'empêcher de juger qu'une chose que je concevois si clairement étoit vraie; non que je m'y trouvasse forcé par aucune cause extérieure, mais seulement parceque d'une grande clarté qui étoit en mon entendement, a suivi une grande inclination en ma volonté; et je me suis porté à croire avec d'autant plus de liberté, que je me suis trouvé avec moins d'indifférence. Au contraire, à présent je ne connois pas seulement que j'existe, en tant que je suis quelque chose qui pense; mais il se présente aussi à mon esprit une certaine idée de la nature corporelle: ce qui fait que je doute si cette nature qui pense qui est en moi, ou plutôt que je suis moi-même, est différente de cette nature corporelle, ou bien si toutes deux ne sont qu'une même chose; et je suppose ici que je ne connois encore aucune raison qui me persuade plutôt l'un que l'autre: d'où il suit que je suis entièrement indifférent à le nier ou à l'assurer, ou bien même à m'abstenir d'en donner aucun jugement.

Et cette indifférence ne s'étend pas seulement aux choses dont l'entendement n'a aucune connoissance, mais généralement aussi à toutes celles qu'il ne découvre pas avec une parfaite clarté, au moment que la volonté en délibère; car pour probables que soient les conjectures qui me rendent enclin à juger quelque chose, la seule connoissance que j'ai que ce ne sont que des conjectures et non des raisons certaines et indubit ables, suffit pour me donner occasion de juger le contraire: ce que j'ai suffisamment expérimenté ces jours passés, lorsque j'ai posé pour faux tout ce que j'avois tenu auparavant pour très véritable, pour cela seul que j'ai remarqué que l'on en pouvoit en quelque façon douter. Or, si je m'abstiens de donner mon jugement sur une chose, lorsque je ne la conçois pas avec assez de clarté et de distinction, il est évident que je fais bien, et que je ne suis point trompé; mais si je me détermine à la nier ou assurer, alors je ne me sers pas comme je dois de mon libre arbitre; et si j'assure ce qui n'est pas vrai, il est évident que je me trompe: même aussi, encore que je juge selon la vérité, cela n'arrive que par hasard, et je ne laisse pas de faillir et d'user mal de mon libre arbitre; car la lumière naturelle nous enseigne que la connaissance de l'entendement doit toujours précéder la détermination de la volonté.

Et c'est dans ce mauvais usage du libre arbitre que se rencontre la privation qui constitue la forme de l'erreur. La privation, dis-je, se rencontre dans l'opération, en tant qu'elle procède de moi, mais elle ne se trouve pas dans la faculté que j'ai reçue de Dieu, ni même dans l'opération, en tant qu'elle dépend de lui. Car je n'ai certes aucun sujet de me plaindre de ce que Dieu ne m'a pas donné une intelligence plus ample, ou une lumière naturelle plus parfaite que celle qu'il m'a donnée, puisqu'il est de la nature d'un entendement fini de ne pas entendre plusieurs choses, et de la nature d'un entendement créé d'être fini: mais j'ai tout sujet de lui rendre grâces de ce que ne m'ayant jamais rien dû, il m'a néanmoins donné tout le peu de perfections qui est en moi; bien loin de concevoir des sentiments si injustes que de m'imaginer qu'il m'ait ôté ou retenu injustement les autres perfections qu'il ne m'a point données.

Je n'ai pas aussi sujet de me plaindre de ce qu'il m'a donné une volonté plus ample que l'entendement, puisque la volonté ne consistant que dans une seule chose et comme dans un indivisible, il semble que sa nature est telle qu'on ne lui sauroit rien ôter sans la détruire; et certes, plus elle a d'étendue, et plus ai-je à remercier la bonté de celui qui me l'a donnée.

Et enfin je ne dois pas aussi me plaindre de ce que Dieu concourt avec moi pour former les actes de cette volonté, c'est-à-dire les jugements dans lesquels je me trompe, parce que ces actes -là sont entièrement vrais et absolument bons, en tant qu'ils dépendent de Dieu; et il y a en quelque sorte plus de perfection en ma na ture, de ce que je les puis former, que si je ne le pouvois pas. Pour la privation, dans laquelle seule consiste la raison formelle de l'erreur et du péché, elle n'a besoin d'aucun concours de Dieu, parce que ce n'est pas une chose ou un être, et que si on la rapporte à Dieu comme à sa cause, elle ne doit pas être nommée privation, mais seulement négation, selon la signification qu'on donne à ces mots dans l'école. Car en effet ce n'est point une imperfection en Dieu de ce qu'il ma donné la liberté de donne r mon jugement, ou de ne le pas donner sur certaines choses dont il n'a pas mis une claire et distincte connoissance en mon entendement; mais sans doute c'est en moi une imperfection de ce que je n'use pas bien de cette liberté, et que je donne téméraireme nt mon jugement sur des choses que je ne conçois qu'avec obscurité et confusion.

Je vois néanmoins qu'il étoit aisé à Dieu de faire en sorte que je ne me trompasse jamais, quoique je demeurasse libre et d'une connaissance bornée--à savoir, s'il eût donné à mon entendement une claire et distincte intelligence de toutes les choses dont je devois jamais délibérer, ou bien seulement s'il eût si profondément gravé dans ma mémoire la résolution de ne juger jamais d'aucune chose sans la concevoir clairement et distinctement, que je ne la pusse jamais oublier. Et je remarque bien qu'en tant que je me considère tout seul, comme s'il n'y avoit que moi au monde, j'aurois été beaucoup plus parfait que je ne suis, si Dieu m'avoit créé tel que je ne faillisse jamais; mais je ne puis pas pour cela nier que ce ne soit en quelque façon une plus grande perfection dans l'univers, de ce que quelques unes de ses parties ne sont pas exemptes de défaut, que d'autres le sont, que si elles étoient toutes semblables.

Et je n'ai aucun droit de me plaindre que Dieu, m'ayant mis au monde, n'ait pas voulu me mettre au rang des choses les plus nobles et les plus parfaites: même j'ai sujet de me contenter de ce que, s'il ne m'a pas donné la perfection de ne point faillir par le premier moyen que j'ai ci-dessus déclaré, qui dépend d'une claire et évidente connaissance de toutes les choses dont je puis délibérer, il a au moins laissé en ma puissance l'autre moyen, qui est de retenir fermement la résolution de ne jamais donner mon jugement sur les choses dont la vérité ne m'est pas clairement connue; car quoique j'expérimente en moi cette faiblesse de ne pouvoir attacher continuellement mon esprit à une même pensée, je puis toutefois, par une méditation attentive et souvent réitérée, me l'imprimer si fortement en la mémoire, que je ne manque jamais de m'en ressouvenir toutes les fois que j'en aurai besoin, et acquérir de cette façon l'habitude de ne point faillir; et d'autant que c'est en cela que consiste la plus grande et la principale perfection de l'homme, j'estime n'avoir pas aujourd'hui peu gagné par cette méditation, d'avoir découvert la cause de l'erreur et de la fausseté.

Et certes il n'y en peut avoir d'autres que celle que je viens d'expliquer: car toutes les fois que je retiens tellement ma volonté dans les bornes de ma connoissance, qu'elle ne fait aucun jugement que des choses qui lui sont clairement et distinctement représentées par l'entendement, il ne se peut faire que je me trompe; parceque toute conception claire et distincte est sans doute quelque chose, et partant elle ne peut tirer son origine du néant, mais doit nécessairement avoir Dieu pour son auteur; Dieu, dis -je, qui étant souverainement parfait ne peut être cause d'aucune erreur; et par conséquent il faut conclure qu'une telle conception ou un tel jugement est véritable. Au reste je n'ai pas seulement appris aujourd'hui ce que je dois éviter pour ne plus faillir, mais aussi ce que je dois faire pour parvenir à la connoissance de la vérité. Car certainement j'y parviendrai si j'arrête suffisamment mon attention sur toutes les choses que je conçois parfaitement, et si je les sépare des autres que je ne conçois qu'avec confusion et obscurité --à quoi dorénavant je prendrai soigneusement garde.

MÉDITATION CINQUIÈME.

DE L'ESSENCE DES CHOSES MATÉRIELLES; ET, POUR LA SECONDE FOIS, DE L'EXISTENCE DE DIEU.

Il me reste beaucoup d'autres choses à examiner touchant les attributs de Dieu et touchant ma propre nature, c'est-à-dire celle de mon esprit: mais j'en reprendrai peut-être une autre fois la recherche. Maintenant, après avoir remarqué ce qu'il faut faire ou éviter pour parvenir à la connoissance de la vérité, ce que j'ai principalement à faire est d'essayer de sortir et me débarrasser de tous les doutes où je suis tombé ces jours passés, et de voir si l'on ne peut rien connoître de certain touchant les choses matérielles. Mais avant que j'examine s'il y a de telles choses qui existent hors de moi, je dois considérer leurs idées, en tant qu'elles sont en ma pensée, et voir quelles sont celles qui sont distinctes, et quelles sont celles qui sont confuses.

En premier lieu, j'imagine distinctement cette quantité que les philosophes appellent vulgairement la quantité continue, ou bien l'extension en longueur, largeur et profondeur, qui est en cette quantité, ou plutôt en la chose à qui on l'attribue. De plus, je puis nombrer en elle plusieurs diverses parties, et attribuer à chacune de ces parties toutes sortes de grandeurs, de figures, de situations et de mouvements; et enfin je puis assigner à chacun de ces mouvements toutes sortes de durées. Et je ne connois pas seulement ces choses avec distinction, lorsque je les considère ainsi en général; mais aussi, pour peu que j'y applique mon attention, je viens à connoître une infinité de particularités touchant les nombres, les figures, les mouvements, et autres choses semblables, dont la vérité se fait paroître avec tant d'évidence et s'accorde si bien avec ma nature, que lorsque je commence à les découvrir, il ne me semble pas que j'a pprenne rien de nouveau, mais plutôt que je me ressouviens de ce que je savois déjà auparavant, c'est-à-dire que j'aperçois des choses qui étoient déjà dans mon esprit, quoique je n'eusse pas encore tourné ma pensée vers elles. Et ce que je trouve ici de plus considérable, c'est que je trouve en moi une infinité d'idées de certaines choses qui ne peuvent pas être estimées un pur néant, quoique peut-être elles n'aient aucune existence hors de ma pensée; et qui ne sont pas feintes par moi, bien qu'il soit en ma liberté de les penser ou de ne les penser pas; mais qui ont leurs vraies et immuables natures. Comme, par exemple, lorsque j'imagine un triangle, encore qu'il n'y ait peut -être en aucun lieu du monde hors de ma pensée une telle figure, et qu'il n'y en a it jamais eu, il ne laisse pas néanmoins d'y avoir une certaine nature, ou forme, ou essence déterminée du cette figure, laquelle est immuable et éternelle, que je n'ai point inventée, et qui ne dépend en aucune façon de mon esprit; comme il paroit de ce que l'on peut démontrer diverses propriétés de ce triangle, à savoir, que ses trois angles sont égaux à deux droits, que le plus grand angle, est soutenu par le plus grand côté, et autres semblables, lesquelles maintenant, soit que je le veuille on non, je reconnois très clairement et très évidemment être en lui, encore que je n'y aie pensé auparavant en aucune façon, lorsque je me suis imaginé la première fois un triangle, et partant on ne peut pas dire que je les aie feintes et inventées. Et je n'ai que fa ire ici de m'objecter que peut-être cette idée du triangle est venue en mon esprit par l'entremise de mes sens, pour avoir vu quelquefois des corps de figure triangulaire; car je puis former en mon esprit une infinité d'autres figures, dont on ne peut avoir le moindre soupçon que jamais elles me soient tombées sous les sens, et je ne laisse pas toutefois de pouvoir démontrer diverses propriétés touchant leur nature, aussi bien que touchant celle du triangle; lesquelles, certes, doivent être toutes vraies, puisque je les conçois clairement: et partant elles sont quelque chose, et non pas un pur néant; car il est très évident que tout ce qui est vrai est quelque chose, la vérité étant une même chose avec l'être; et j'ai déjà amplement démontré ci-dessus que toutes les choses que je connois clairement et distinctement sont vraies. Et quoique je ne l'eusse pas démontré, toutefois la nature de mon esprit est telle, que je ne me saurois empêcher de les estimer vraies, pendant que je les conçois clairement et distinctement; et je me ressouviens que lors même que j'étois encore fortement attaché aux objets des sens, j'avois tenu au nombre des plus constantes vérités celles que je concevois clairement et distinctement touchant les figures, les nombres, et les autres choses qui appartiennent à l'arithmétique et à la géométrie. Or, maintenant si de cela

seul que je puis tirer de ma pensée l'idée de quelque chose, il s'ensuit que tout ce que je reconnois clairement et distinctement appartenir à cette chose lui appartient en effet, ne puis-je pas tirer de ceci un argument et une preuve démonstrative de l'existence de Dieu? Il est certain que je ne trouve pas moins en moi son idée, c'est-à-dire l'idée d'un être souverainement parfait, que celle de quelque figure ou de quelque nombre que ce soit: et je ne connois pas moins clairement et distinctement qu'une actuelle et éternelle existence appartient à sa nature, que je connois que tout ce que je puis démontrer de quelque figure, ou de quelque nombre, appartient véritablement à la nature de cette figure ou de ce nombre; et partant, encore que tout ce que j'ai conclu dans les méditations précédentes ne se trouvât point véritable, l'existence de Dieu devroit passer en mon esprit au moins pour aussi certaine que j'ai estimé jusques ici toutes les vérités des mathématiques, qui ne regardent que les nombres et les figures: bien qu'à la vérité, cela ne paroisse pas d'abord entièrement manifeste, mais semble avoir quelque apparence de sophisme. Car ayant accoutumé dans toutes les autres choses de faire distinction entre l'existence et l'essence, je me persuade aisément que l'existence peut être séparée de l'essence de Dieu, et qu'ainsi on peut concevoir Dieu comme n'étant pas actuellement. Mais néanmoins, lorsque j'y pense avec plus d'attention, je trouve manifestement que l'existence ne peut non plus être séparée de l'essence de Dieu, que de l'essence d'un triangle rectiligne la grandeur de ses trois angles égaux à deux droits, ou bien de l'idée d'une montagne l'idée d'une vallée; en sorte qu'il n'y a pas moins de répugnance de concevoir un Dieu, c'est-à-dire un être souverainement parfait, auquel manque l'existence, c'est-à-dire auquel manque quelque perfection, que de concevoir une montagne qui n'ait point de vallée. Mais encore qu'en effet je ne puisse pas concevoir un Dieu sans existence, non plus qu'une montagne sans vallée; toutefois, comme de cela seul que je conçois une montagne avec une vallée, il ne s'ensuit pas qu'il y ait aucune montagne dans le monde, de même aussi, quoique je conçoive Dieu comme existant, il ne s'ensuit pas ce semble pour cela que Dieu existe: car ma pensée n'impose aucune nécessité aux choses; et comme il ne tient qu'à moi d'imaginer un cheval ailé, encore qu'il n'y en ait aucun qui ait des ailes, ainsi je pourrois peut-être attribuer l'existence à Dieu, encore qu'il n'y eût aucun Dieu qui existât. Tant s'en faut, c'est ici qu'il y a un sophisme caché sous l'apparence de cette objection: car de ce que je ne puis concevoir une montagne sans une vallée, il ne s'ensuit pas qu'il y ait au monde aucune montagne ni aucune vallée, mais seulement que la montagne et la vallée, soit qu'il y en ait, soit qu'il n'y en ait point, sont inséparables l'une de l'autre; au lieu que de cela seul que je ne puis concevoir Dieu que comme existant, il s'ensuit que l'existence est inséparable de lui, et partant qu'il existe véritablement: non que ma pensée puisse faire que cela soit, ou qu'elle impose aux choses aucune nécessité; mais, au contraire, la nécessité qui est en la chose même, c'est-à-dire la nécessité de l'existence de Dieu, me détermine à avoir cette pensée. Car il n'est pas en ma liberté de concevoir un Dieu sans existence, c'est-à-dire un Être souverainement parfait sans une souveraine perfection, comme il m'est libre d'imaginer un cheval sans ailes ou avec des ailes.

Et l'on ne doit pas aussi dire ici qu'il est à la vérité nécessaire que j'avoue que Dieu existe, après que j'ai supposé qu'il possède toutes sortes de perfections, puisque l'existence en est une, mais que ma première supposition n'étoit pas nécessaire; non plus qu'il n'est point nécessaire de penser que toutes les figures de quatre côtés se peuvent inscrire dans le cercle, mais que, supposant que j'aie cette pensée, je suis contraint d'avouer que le rhombe y peut être inscrit, puisque c'est une figure de quatre côtés, et ainsi je serai contraint d'avouer une chose fausse. On ne doit point, dis-je, alléguer cela: car encore qu'il ne soit pas nécessaire que je tombe jamais dans aucune pensée de Dieu, néanmoins, toutes les fois qu'il m'arrive de penser à un Être premier et souverain, et de tirer, pour ainsi dire, son idée du trésor de mon esprit, il est nécessaire que je lui attribue toutes sortes de perfections, quoique je ne vienne pas à les nombrer toutes, et à appliquer mon attention sur chacune d'elles en particulier. Et cette nécessité est suffisante pour faire que par après (sitôt que je viens à reconnoître que l'existence est une perfection) je conclus fort bien que cet Être premier et souverain existe: de même qu'il n'est pas nécessaire que j'imagine jamais aucun triangle; mais toutes les fois que je veux considérer une figure rectiligne, composée seulement de trois angles, il est absolument nécessaire que je lui attribue toutes les choses qui servent à conclure que ces trois angles ne sont pas plus grands que deux droits, encore que peut-être je ne considère pas alors cela en particulier. Mais quand j'examine quelles figures sont capables d'être inscrites dans le cercle, il n'est en aucune façon nécessaire que je pense que toutes les figures de quatre côtés sont de ce nombre; au contraire, je ne puis pas même feindre que cela soit, tant que je ne voudrai rien recevoir en ma pensée que ce que je pourrai concevoir clairement et distinctement. Et par conséquent il y a une grande différence entre les fausses suppositions, comme est celle -ci, et les véritables idées qui sont nées avec moi, dont la première et principale est celle de Dieu. Car en effet je reconnois en plusieurs façons que cette idée n'est point quelque chose de feint ou d'inventé, dépendant seulement de ma pensée, mais que c'est l'image d'une vraie et immuable nature: premièrement, à cause que je ne saurois concevoir autre chose que Dieu seul, à l'essence de laquelle l'existence appartienne avec né cessité: puis aussi, pource qu'il ne m'est pas possible de concevoir deux ou plusieurs dieux tels que lui; et, posé qu'il y en ait un maintenant qui existe, je vois clairement qu'il est nécessaire qu'il ait été auparavant de toute éternité, et qu'il soit éternellement à l'avenir: et enfin, parceque je conçois plusieurs autres choses en Dieu où je ne puis rien diminuer ni changer.

Au reste, de quelque preuve et argument que je me serve, il en faut toujours revenir là, qu'il n'y a que les choses que je conçois clairement et distinctement, qui aient la force de me persuader entièrement. Et quoique entre les choses que je conçois de cette sorte, il y en ait à la vérité quelques unes manifestement connues d'un chacun, et qu'il y en ait d'autres aussi qui ne se découvrent qu'à ceux qui les considèrent de plus près et qui les examinent plus exactement, toutefois après qu'elles sont une fois découvertes, elles ne sont pas estimées moins certaines les unes que les autres. Comme, par exemple, en tout triangle rectangle, encore qu'il ne paroisse pas d'abord si facilement que le carré de la base est égal aux carrés des deux autres côtés, comme il est évident que cette base est opposée au plus grand angle, néanmoins, depuis que cela a été une fois reconnu, on est autant persuadé de la vérité de l'un que de l'autre. Et pour ce qui est de Dieu, certes si mon esprit n'étoit prévenu d'aucuns préjugés, et que ma pensée ne se trouvât point divertie par la présence continuelle des images des choses sensibles, il n'y auroit aucune chose que je connusse plus tôt ni plus facilement que lui. Car y a-t-il rien de soi plus clair et plus manifeste que de penser qu'il y a un Dieu, c'est-à-dire un Être souverain et parfait, en l'idée duquel seul l'existence nécessaire ou éternelle est comprise, et par conséquent qui existe? Et quoique, pour bien concevoir cette vérité, j'aie eu besoin d'une grande application d'esprit, toutefois à présent je ne m'en tiens pas seulement aussi assuré que de tout ce qui me semble le plus certain: mais outre ce la je remarque que la certitude de toutes les autres choses en dépend si absolument, que sans cette connoissance il est impossible de pouvoir jamais rien savoir parfaitement.

Car encore que je sois d'une telle nature que, dès aussitôt que je comprends que lque chose fort clairement et fort distinctement, je ne puis m'empêcher de la croire vraie; néanmoins, parceque je suis aussi d'une telle nature que je ne puis pas avoir l'esprit continuellement attaché à une même chose, et que souvent je me ressouviens d'avoir jugé une chose être vraie, lorsque je cesse de considérer les raisons qui m'ont obligé à la juger telle, il peut arriver pendant ce temps-là que d'autres raisons se présentent à moi, lesquelles me feroient aisément changer d'opinion, si j'ignorois qu'il y eût un Dieu; et ainsi je n'aurois jamais une vraie et certaine science d'aucune chose que ce soit, mais seulement de vagues et inconstantes opinions. Comme, par exemple, lorsque je considère la nature du triangle rectiligne, je connois évidemment, moi qui suis un peu versé dans la géométrie, que ses trois angles sont égaux à deux droits; et il ne m'est pas possible de ne le point croire, pendant que j'applique ma pensée à sa démonstration: mais aussitôt que je l'en détourne, encore que je me ressouvienne de l'avoir clairement comprise, toutefois il se peut faire aisément que je doute de sa vérité, si j'ignore qu'il y ait un Dieu; car je puis me persuader d'avoir été fait tel par la nature, que je me puisse aisément tromper, même dans les choses que je crois comprendre avec le plus d'évidence et de certitude; vu principalement que je me ressouviens d'avoir souvent estimé beaucoup de choses pour vraies et certaines, lesquelles d'autres raisons m'ont par après porté à juger absolument fausses.

Mais après avoir reconnu qu'il y a un Dieu; pource qu'en même temps j'ai reconnu aussi que toutes choses dépendent de lui, et qu'il n'est point trompeur, et qu'ensuite de cela j'ai jugé que tout ce que je conçois clairement et distinctement ne peut manquer d'être vrai; encore que je ne pense plus aux raisons pour lesquelles j'ai jugé cela être véritable, pourvu seulement que je me ressouvienne de l'avoir clairement et distinctement compris, on ne me peut apporter aucune raison contraire qui me le fasse jamais révoque r en doute; et ainsi j'en ai une vraie et certaine science. Et cette même science s'étend aussi à toutes les autres choses que je me ressouviens d'avoir autrefois démontrées, comme aux vérités de la géométrie, et autres semblables: car qu'est-ce que l'on me peut objecter pour m'obliger à les révoquer en doute? Sera -ce que ma nature est telle que je suis fort sujet à me méprendre? Mais je sais déjà que je ne puis me tromper dans les jugements dont je connois clairement les raisons. Sera -ce que j'ai estimé autrefois beaucoup de choses pour vraies et pour certaines, que j'ai reconnues par après être fausses? Mais je n'avois connu clairement ni distinctement aucunes de ces choses-là, et ne sachant point encore cette règle par laquelle je m'assure de la vérité, j'avois été porté à les croire, par des raisons que j'ai reconnues depuis être moins fortes que je ne me les étois pour lors imaginées. Que me pourra-t-on donc objecter davantage? Sera-ce que peut-être je dors (comme je me l'étois moi-même objecté ci-devant), ou bien que toutes les pensées que j'ai maintenant ne soit pas plus vraies que les rêveries que nous imaginons étant endormis? Mais, quand bien même je dormirois, tout ce qui se présente à mon esprit avec évidence est absolument véritable.

Et ainsi je reconnois très clairement que la certitude et la vérité de toute science dépend de la seule connoissance du vrai Dieu: en sorte qu'avant que je le connusse je ne pouvois savoir parfaitement aucune autre chose. Et à présent que je le connois, j'ai le moyen d'acquérir une science parfaite touchant une infinité de choses, non seulement de celles qui sont en lui, mais aussi de celles qui appartiennent à la nature corporelle, en tant qu'elle peut servir d'objet aux démonstrations des géomètres, lesquels n'ont point d'égard à son existence.

MEDITATION SIXIÈME.

DE L'EXISTENCE DES CHOSES MATÉRIELLES, ET DE LA DISTINCTION RÉELLE ENTRE L'AME ET LE CORPS DE L'HOMME.

Il ne me reste plus maintenant qu'à examiner s'il y a des choses matérielles: et certes, au moins s ais-je déjà qu'il y en peut avoir, en tant qu'on les considère comme l'objet des démonstrations de géométrie, vu que de cette façon je les conçois fort clairement et fort distinctement. Car il n'y a point de doute que Dieu n'ait la puissance de produire toutes les choses que je suis capable de concevoir avec distinction; et je n'ai jamais jugé qu'il lui fût impossible de faire quelque chose, que par cela seul que je trouvois de la contradiction à la pouvoir bien concevoir. De plus, la faculté d'imaginer qui est en moi, et de laquelle je vois par expérience que je me sers lorsque je m'applique à la considération des choses matérielles, est capable de me persuader leur existence: car, quand je considère attentivement ce que c'est que l'imagination, je trouve qu'elle n'est autre chose qu'une certaine application de la faculté qui connoît, au corps qui lui est intimement présent, et partant qui existe.

Et pour rendre cela très manifeste, je remarque premièrement la différence qui est entre l'imagination et là pure intellection ou conception. Par exemple, lorsque j'imagine un triangle, non seulement je conçois que c'est une figure composée de trois lignes, mais avec cela j'envisage ces trois lignes comme présentes par la force et l'application intérieure de mon esprit; et c'est proprement ce que j'appelle imaginer. Que si je veux penser à un chiliogone, je conçois bien à la vérité que c'est une figure composée de mille côtés aussi facilement que je conçois qu'un triangle est une figure composée de trois côtés seule ment; mais je ne puis pas imaginer les mille côtés d'un chiliogone comme je fais les trois d'un triangle, ni pour ainsi dire les regarder comme présents avec les yeux de mon esprit. Et quoique, suivant la coutume que j'ai de me servir toujours de mon imagination lorsque je pense aux choses corporelles, il arrive qu'en concevant un chiliogone je me représente confusément quelque figure, toutefois il est très évident que cette figure n'est point un chiliogone, puisqu'elle ne diffère nullement de celle que je me représenterois, si je pensois à un myriogone ou à quelque autre figure de beaucoup de côtés; et qu'elle ne sert en aucune façon à découvrir les propriétés qui font la différence du chiliogone d'avec les autres polygones. Que s'il est question de considérer un pentagone, il est bien vrai que je puis concevoir sa figure, aussi bien que celle d'un chiliogone, sans le secours de l'imagination; mais je la puis aussi imaginer en appliquant l'attention de mon esprit à chacun de ses cinq côtés, et tout ensemble à l'aire ou à l'espace qu'ils renferment. Ainsi, je connois clairement que j'ai besoin d'une particulière contention d'esprit pour imaginer, de laquelle je ne me sers point pour concevoir on pour entendre; et cette particulière contention d'esprit montre évidemment la différence qui est entre l'imagination et l'intellection ou conception pure. Je remarque outre cela que cette vertu d'imaginer qui est en moi, en tant qu'elle diffère de la puissance de concevoir, n'est en aucune façon nécessaire à ma nature ou à mon essence, c'est-à-dire à l'essence de mon esprit; car, encore que je ne l'eusse point, il est sans doute que je demeurerois toujours le même que je suis maintenant: d'où il semble que l'on puisse conclure qu'elle dépend de quelque chose qui diffère de mon esprit. Et je conçois facilement que, si quelque corps existe auquel mon esprit soit tellement conjoint et uni qu'il se puisse appliquer à le considérer quand il lui plaît, il se peut faire que par ce moyen il imagine les choses corporelles; en sorte que cette façon de penser diffère seulement de la pure intellection en ce que l'esprit en concevant se tourne en quelque façon vers soi-même, et considère quelqu'une des idées qu'il a en soi; mais en imaginant il se tourne vers le corps, et considère en lui quelque chose de conforme à l'idée qu'il a lui-même formée ou qu'il a reçue par les sens. Je conçois, dis-je, aisément que l'imagination se peut faire de cette sorte, s'il est vrai qu'il y ait des corps; et, parceque je ne puis rencontrer aucune autre voie pour expliquer comment elle se fait, je conjecture de là probablement qu'il y en a: mais ce n'est que probablement; et, quoique j'examine soigneusement toutes choses, je ne trouve pas néanmoins que, de cette idée distincte de la nature corporelle que j'ai en mon imagination, je puisse tirer aucun argument qui conclue avec nécessité l'existence de quelque corps.

Or j'ai accoutumé d'imaginer beaucoup d'autres choses outre cette nature corporelle qui est l'objet de la géométrie, à savoir les couleurs, les sons, les saveurs, la douleur, et autres choses semblables, quoique moins distinctement; et d'autant que j'aperçois beaucoup mieux ces choses -là par les sens, par l'entremise desquels et de la mémoire, elles semblent être parvenues jusqu'à mon imagination, je crois que, pour les examiner plus commodément, il est à propos que j'examine en même temps ce que c'est que sentir, et que je voie si de ces idées que je reçois eu mon esprit par cette façon de penser que j'appelle sentir, je ne pourrai point tirer quelque preuve certaine de l'existence des choses corporelles.

Et premièrement, je rappellerai en ma mémoire quelles sont les choses que j'ai ci-devant tenues pour vraies, comme les ayant reçues par les sens, et sur quels fondements ma créance étoit appuyée; après, j'examinerai les raisons qui m'ont obligé depuis à les révoquer en doute; et enfin, je considérerai ce que j'en dois maintenant croire.

Premièrement donc j'ai senti que j'avois une tête, des mains, des pieds, et tous les autres membres dont est composé ce corps que je considérois comme une partie de moi-même ou peut-être aussi comme le tout: de plus, j'ai senti que ce corps étoit placé entre beaucoup d'autres, desquels il étoit capable de recevoir diverses commodités et incommodités, et je remarquois ces commodités par un certain sentiment de plaisir ou de volupté, et ces incommodités par un sentiment de douleur. Et, outre ce plaisir et cette douleur, je ressentois aussi en moi la faim, la soif, et d'autres semblables appétits; comme aussi de cer taines inclinations corporelles vers la joie, la tristesse, la colère, et autres semblables passions. Et au dehors, outre l'extension, les figures, les mouvements des corps, je remarquois en eux de la dureté, de la chaleur, et toutes les autres qualités qui tombent sous l'attouchement; de plus, j'y remarquois de la lumière, des couleurs, des odeurs, des saveurs et des sons, dont la variété me donnait moyen de distinguer le ciel, la terre, la mer, et généralement tous les autres corps les uns d'avec les autres. Et certes, considérant les idées de toutes ces qualités qui se présentoient à ma pensée, et lesquelles seules je sentois proprement et immédiatement, ce n'étoit pas sans raison que je croyois sentir des choses entièrement différentes de ma pensée, à sa voir des corps d'où procédoient ces idées: car j'expérimentois qu'elles se présentoient à elle sans que mon consentement y fût requis, en sorte que je ne pouvois sentir aucun objet, quelque volonté que j'en eusse, s'il ne se trouvoit présent à l'organe d'un de mes sens; et il n'étoit nullement en mon pouvoir de ne le pas sentir lorsqu'il s'y trouvoit présent. Et parce que les idées que je recevois par les sens étoient beaucoup plus vives, plus expresses, et même à leur façon plus distinctes qu'aucunes de celles que je pouvois feindre de moi-même en méditant, ou bien que je trouvois imprimées en ma mémoire, il sembloit qu'elles ne pouvoient procéder de mon esprit; de façon qu'il étoit nécessaire qu'elles fussent causées en moi par quelques autres choses. Des quelles choses n'ayant aucune connoissance, sinon celle que me donnoient ces mêmes idées, il ne me pouvoit venir autre chose en l'esprit, sinon que ces choses-là étaient semblables aux idées qu'elles causoient. Et pource que je me ressouvenois

aussi que je m'étois plutôt servi des sens que de ma raison, et que je reconnoissois que les idées que je formois

de moi-même n'étoient pas si expresses que celles que je recevois par les sens, et même qu'elles étoient le plus souvent composées des parties de celles-ci, je me persuadois aisément que je n'avois aucune idée dans mon esprit qui n'eût passé auparavant par mes sens. Ce n'étoit pas aussi sans quelque raison que je croyois que ce corps, lequel par un certain droit particulier j'appelois mien, m'appartenoit plus proprement et plus étroitement que pas un autre; car en effet je n'en pouvois jamais être séparé comme des autres corps: je ressentois en lui et pour lui tous mes appétits et toutes mes affections; et enfin j'étois touché des sentiments de plaisir et de

douleur en ses parties, et non pas en celles des autres corps, qui en sont séparés. Mais quand j'examinois

pourquoi de ce je ne sais quel sentiment de douleur suit la tristesse en l'esprit, et du sentiment de plaisir nait la joie, ou bien pourquoi cette je ne sais quelle émotion de l'estomac, que j'appelle faim, nous fait avoir envie de manger, et la sécheresse du gosier nous fait avoir envie de boire, et ainsi du reste, je n'en pouvois rendre aucune raison, sinon que la nature me l'enseignoit de la sorte; car il n'y a certes aucune affinité ni aucun rapport, au moins que je puisse comprendre, entre cette émotion de l'estomac et le désir de manger, non plus qu'entre le sentiment de la chose qui cause de la douleur, et la pensée de tristesse que fait naître ce sentiment. Et, en même façon, il me sembloit que j'avois appris de la nature toutes les autres choses que je jugeois touchant les objets de mes sens; pource que je remarquois que les jugements que j'avois coutume de faire de ces objets se formoient en moi avant que j'eusse le loisir de peser et considérer aucunes raisons qui me pussent obliger à les faire.

Mais par après, plusieurs expériences ont peu à peu ruiné toute la créance que j'avois ajoutée à mes sens: car j'ai observé plusieurs fois que des tours, qui de loin m'avoient semblé rondes, me paroissoient de près être carrées, et que des colosses élevés sur les plus hauts sommets de ces tours me paroissoient de petites statues à les regarder d'en bas; et ainsi, dans une infinité d'autres rencontres, j'ai trouvé de l'erreur dans les jugements fondés sur les sens extérieurs; et non pas seulement sur les sens extérieurs, mais même sur les intérieurs: car y a-t-il chose plus intime ou plus intérieure que la douleur? et cependant j'ai autrefois appris de quelques personnes qui avoient les bras et les jambes coupées, qu'il leur sembloit encore quelquefois sentir de la

douleur dans la partie qu'ils n'avoient plus; ce qui me donnoit sujet de penser que je ne pouvois aussi être

entièrement assuré d'avoir mal à quelqu'un de mes membres, quoique je sentisse en lui de la douleur. Et à ces raisons de douter j'en ai encore ajouté depuis peu deux autres fort générales: la première est que je n'ai jamais rien cru sentir étant éveillé que je ne puisse quelquefois croire aussi sentir quand je dors; et comme je ne crois pas que les choses qu'il me semble que je sens en dormant procèdent de quelques objets hors de moi, je ne voyois pas pourquoi je devois plutôt avoir cette créance touchant celles qu'il me semble que je sens étant éveillé: et la seconde, que, ne connoissant pas encore ou plutôt feignant de ne pas connoître l'auteur du mon être, je ne voyois rien qui put empêcher que je n'eusse été fait tel par la nature, que je me trompasse même dans les choses qui me paroissoient les plus véritables. Et, pour les raisons qui m'avoient ci-devant persuadé la vérité des choses sensibles, je n'avois pas beaucoup de peine à y répondre; car la nature semblant me porter à beaucoup de choses dont la raison me détournoit, je ne croyois pas me devoir confier beaucoup aux enseignements de cette nature. Et quoique les idées que je reçois par les sens ne dépendent point de ma volonté, je ne pensois pas devoir pour cela conclure qu'elles procédoient de choses différentes de moi, puisque peut-être il se peut rencontrer en moi quelque faculté, bien qu'elle m'ait été jusques ici inconnue, qui en soit la cause et qui les produise.

Mais maintenant que je commence à me mieux connoître moi-même et à découvrir plus clairement l'auteur de mon origine, je ne pense pas à la vérité que je doive témérairement admettre toutes les choses que les sens semblent nous enseigner, mais je ne pense pas aussi que je les doive toutes généralement révoquer en doute.

Et premièrement, pource que je sais que toutes le s choses que je conçois clairement et distinctement peuvent

être produites par Dieu telles que je les conçois, il suffit que je puisse concevoir clairement et distinctement une chose sans une autre, pour être certain que l'une est distincte ou différente de l'autre, parce qu'elles peuvent être mises séparément, au moins par la toute -puissance de Dieu; et il n'importe par quelle

puissance cette séparation se fasse pour être obligé à les juger différentes: et partant, de cela même que je connois avec certitude que j'existe, et que cependant je ne remarque point qu'il appartienne nécessairement aucune autre chose à ma nature ou à mon essence sinon que je suis une chose qui pense, je conclus fort bien que mon essence consiste en cela seul que je suis une chose qui pense, ou une substance dont toute l'essence ou la nature n'est que de penser. Et quoique peut-être, ou plutôt certainement, comme je le dirai tantôt, j'aie un corps auquel je suis très étroitement conjoint; néanmoins, pource que d'un coté j'ai une cla ire et distincte idée de
moi-même, en tant que je suis seulement une chose qui pense et non étendue, et que d'un autre j'ai une idée distincte du corps, en tant qu'il est seulement une chose étendue et qui ne pense point, il est certain que moi, c'est-à-dire mon âme, par laquelle je suis ce que je suis, est entièrement et véritablement distincte de mon corps, et qu'elle peut être ou exister sans lui.

De plus, je trouve en moi diverses facultés de penser qui ont chacune leur manière particulière; par exemple, je trouve en moi les facultés d'imaginer et de sentir, sans lesquelles je puis bien me concevoir clairement et distinctement tout entier, mais non pas réciproquement elles sans moi, c'est-à-dire sans une substance intelligente à qui elles soient attachées ou à qui elles appartiennent; car, dans la notion que nous avons de ces facultés, ou, pour me servir des termes de l'école, dans leur concept formel, elles enferment quelque sorte d'intellection: d'où je conçois qu'elles sont distinctes de moi comme les modes le sont des choses. Je connois aussi quelques autres facultés, comme celles de changer de lieu, de prendre diverses situations, et autres semblables, qui ne peuvent être conçues, non plus que les précédentes, sans quelque substance à qui elles soient attachées, ni par conséquent exister sans elle; mais il est très évident que ces facultés, s'il est vrai qu'elles existent, doivent appartenir à quelque substance corporelle ou étendue, et non pas à une substance intelligente, puisque dans leur concept clair et distinct, il y a bien quelque sorte d'extension qui se trouve contenue, mais point du tout d'intelligence. De plus, je ne puis douter qu'il n'y ait en moi une certaine faculté passive de sentir, c'est-à-dire de recevoir et de connoître les idées de s choses sensibles; mais elle me seroit inutile, et je ne m'en pourrois aucunement servir, s'il n'y avoit aussi en moi, ou en quelque autre chose, une autre faculté active, capable de former et produire ces idées. Or, cette faculté active ne peut être en moi en tant que je ne suis qu'une chose qui pense, vu qu'elle ne présuppose point ma pensée, et aussi que ces idées -là me sont souvent représentées sans que j'y contribue en aucune façon, et même souvent contre mon gré; il faut
donc nécessairement qu'elle soit en quelque substance différente de moi, dans laquelle toute la réalité, qui est
objectivement dans les idées qui sont produites par cette faculté, soit contenue formellement ou éminemment, comme je l'ai remarqué ci-devant: et

cette substance est ou un corps, c'est-à-dire une nature corporelle, dans laquelle est contenu formellement et en effet tout ce qui est effectivement et par représentation dans ces idées; ou bien c'est Dieu même, ou quelque autre créature plus noble que le corps. dans laquelle cela même est contenu éminemment. Or, Dieu n'étant point trompeur, il est très manifeste qu'il ne m'envoie point ces idées immédiatement par lui-même, ni aussi par l'entremise de quelque créature dans laquelle leur réalité ne soit pas contenue formellement, mais seulement éminemment. Car ne m'ayant donné aucune faculté pour connoître

que cela soit, mais au contraire une très grande inclination à croire qu'elles partent des choses corporelles, je ne vois pas comment on pourroit l'excuser de tromperie, si en effe t ces idées partoient d'ailleurs, ou étoient produites par d'autres causes que par des choses corporelles: et partant il faut conclure qu'il y a des choses corporelles qui existent. Toutefois elles ne sont peut-être pas entièrement telles que nous les apercevons par les sens, car il y a bien des choses qui rendent cette perception des sens fort obscure et confuse; mais au moins faut-il avouer que toutes les choses que je conçois clairement et distinctement, c'est-à-dire toutes les choses, généralement parlant, qui sont comprises dans l'objet de la géométrie spéculative, s'y rencontrent véritablement.

Mais pour ce qui est des autres choses, lesquelles ou sont seulement particulières, par exemple que le soleil soit de telle grandeur et de telle figure, etc.; ou bien sont conçues moins clairement et moins distinctement, comme la lumière, le son, la douleur, et autres semblables, il est certain qu'encore qu'elles soient fort

douteuses et incertaines, toutefois de cela seul que Dieu n'est point trompeur, et que par conséquent il n'a point permis qu'il pût y avoir aucune fausseté dans mes opinions qu'il ne m'ait aussi donné quelque faculté capable de la corriger, je crois pouvoir conclure assurément que j'ai en moi les moyens de les connoître avec certitude. Et premièrement, il n'y a point de doute que tout ce que la nature m'enseigne contient quelque vérité: car par la nature, considérée en général, je n'entends maintenant autre chose que Dieu même, ou bien l'ordre et la disposition que Dieu a établie dans les choses créées; et par ma nature en particulier, je n'entends autre chose que la complexion ou l'assemblage de toutes les choses que Dieu m'a données.

Or, il n'y a rien que cette nature m'enseigne plus expressément ni plus sensiblement, sinon que j'ai un corps qui est mal disposé quand je sens de la douleur, qui a besoin de manger ou de boire quand j'ai les sentiments de la faim ou de la soif, etc. Et partant je ne dois aucunement douter qu'il n'y ait en cela quelque vérité.

La nature m'enseigne aussi par ces sentiments de douleur, de faim, de soif, etc., que je ne suis pas seulement logé dans mon corps ainsi qu'un pilote en son navire, mais outre cela que je lui suis conjoint très étroitement, et tellement confondu et mêlé que je compose comme un seul tout avec lui. Car si cela n'étoit, lorsque mon corps est blessé, je ne sentirois pas pour cela de la douleur, moi qui ne suis qu'une chose qui pense, mais j'apercevrois cette blessure par le seul entendement, comme un pilote aperçoit par la vue si quelque chose se rompt dans son vaisseau. Et lorsque mon corps a besoin de boire ou de manger, je connoîtrois simplement cela même, sans en être averti par des sentiments confus de faim et de soif: car en effet tous ces sentiments de faim, de soif, de douleur, etc., ne sont autre chose que de certaines façons confuses de penser, qui proviennent et dépendent de l'union et comme du mélange de l'esprit avec le corps.

Outre cela, la nature m'enseigne que plusieurs autres corps existent autour du mien, desquels j'ai à poursuivre les uns et à fuir les autres Et certes, de ce que je sens différentes sortes de couleurs, d'odeurs, de saveurs, de sons, de chaleur, de dureté, etc., je conclus fort bien qu'il y a dans les corps d'où procèdent toutes ces diverses perceptions des sens, quelques variétés qui leur répondent, quoique peut-être ces variétés ne leur soient point en effet semblables; et de ce qu'entre ces diverses perceptions des sens, les unes me sont agréables, et les autres désagréables, il n'y a point de doute que mon corps, ou plutôt moi-même tout entier, en tant que je suis composé de corps et d'âme, ne puisse recevoir diverses commodités ou incommodités des autres corps qui l'environnent.

Mais il y a plusieurs autres choses qu'il semble que la nature m'ait enseignées, lesquelles toutefois je n'ai pas véritablement apprises d'elle, mais qui se sont introduites en mon esprit par une certaine coutume que j'ai de juger inconsidérément des choses; et ainsi il peut aisément arriver qu'elles contiennent quelque fausseté: comme, par exemple, l'opinion que j'ai que tout espace dans lequel il n'y a rien qui meuve et fasse impression sur mes sens soit vide; que dans un corps qui est chaud il y ait quelque chose de semblable à l'idée de la chaleur qui est en moi; que dans un corps blanc ou noir il y ait la même blancheur ou noirceur que je sens; que dans un corps amer ou doux il y ait le même goût ou la même saveur, et ainsi des autres; que les astres, les tours, et tous les autres corps éloignés, soient de la même figure et grandeur qu'ils paroissent de loin à nos yeux, etc. Mais afin qu'il n'y ait rien en ceci que je ne conçoive distinctement, je dois précisément définir ce que j'entends proprement lorsque je dis que la nature m'enseigne quelque chose. Car je prends ici la nature e u une signification plus resserrée que lorsque je l'appelle un assemblage ou une complexion de toutes les choses que Dieu m'a données; vu que cet assemblage ou complexion comprend beaucoup de choses qui n'appartiennent qu'à l'esprit seul, desquelles je n'e ntends point ici parler en parlant de la nature, comme, par exemple, la notion que j'ai de cette vérité, que ce qui a une fois été fait ne peut plus n'avoir point été fait, et une infinité d'autres semblables, que je connois par la lumière naturelle sans l'aide du corps; et qu'il en comprend aussi plusieurs autres qui n'appartiennent qu'au corps seul, et ne sont point ici non plus contenues sous le nom de nature, comme la qualité qu'il a d'être pesant, et plusieurs autres semblables, desquelles je ne parle pas aussi, mais seulement des choses que Dieu m'a données, comme étant composé d'esprit et de corps. Or, cette nature m'apprend bien à fuir les choses qui causent en moi le sentiment de la douleur, et à me porter vers celles qui me font avoir quelque sentiment de plaisir; mais je ne vois point qu'outre cela elle m'apprenne que de ces diverses perceptions des sens, nous devions jamais rien conclure touchant les choses qui sont hors de nous, sans que l'esprit les ait soigneusement et mûrement examinées; car c 'est, ce me semble, à l'esprit seul, et non point au composé de l'esprit et du corps, qu'il appartient de connoître la vérité de ces choses -là. Ainsi, quoiqu'une étoile ne fasse pas plus d'ımpression en mon oeil que le feu d'une chandelle, il n'y a toutef ois en moi aucune faculté réelle ou naturelle qui me porte à croire qu'elle n'est pas plus grande que ce feu, mais je l'ai jugé ainsi dès mes premières années sans aucun raisonnable fondement. Et quoiqu'en approchant du feu je sente de la chaleur, et même que m'en approchant un peu trop près je ressente de la douleur, il n'y a toutefois aucune raison qui me puisse persuader qu'il y a dans le feu quelque chose de semblable à cette chaleur, non plus qu'à cette douleur; mais seulement j'ai raison de croire qu' il y a quelque chose en lui, quelle qu'elle puisse être, qui excite eu moi ces sentiments de chaleur ou de douleur. De même aussi, quoiqu'il y ait des espaces dans lesquels je ne trouve rien qui excite et meuve mes sens, je ne dois pas conclure pour cela que ces espaces ne contiennent en eux aucun corps; mais je vois que tant en ceci qu'en plusieurs autres choses semblables, j'ai accoutumé de pervertir et confondre l'ordre de la nature, parceque ces sentiments ou perceptions des sens n'ayant été mises en moi que pour signifier à mon esprit quelles choses sont convenables ou nuisibles au composé dont il est partie, et jusque là étant assez claires et assez distinctes, je m'en sers néanmoins comme si elles étoient des règles très certaines, par lesquelles je pusse connoître immédiatement l'essence et la nature

des corps qui sont hors de moi, de laquelle toutefois elles ne me peuvent rien enseigner que de fort obscur et confus.

Mais j'ai déjà ci-devant assez examiné comment, nonobstant la souveraine bonté de Dieu, il arrive qu'il y ait de la fausseté dans les jugements que je fais en cette sorte. Il se présente seulement encore ici une difficulté touchant les choses que la nature m'enseigne devoir être suivies ou évitées, et aussi touchant les sentiments intérieurs qu'elle a mis en moi; car il me semble y avoir quelquefois remarqué de l'erreur, et ainsi que je suis directement trompé par ma nature: comme, par exemple, le goût agréable de quelque viande en laquelle on aura mêlé du poison peut m'inviter à prendre ce poison, et ainsi me tromper. Il est vrai toutefois qu'en ceci la nature peut être excusée, car elle me porte seulement à désirer la viande dans laquelle se rencontre une saveur agréable, et non point à désirer le poison, lequel lui est inconnu; de façon que je ne puis conclure de ceci autre chose sinon que ma nature ne connoît pas entièrement et universellement toutes choses, de quoi certes il n'y a pas lieu de s'étonner, puisque l'homme, étant d'une nature finie, ne peut aussi avoir qu'une connoissance d'une perfection limitée.

Mais nous nous trompons aussi assez souvent, même dans les choses auxquelles nous sommes directement portés par la nature, comme il arrive aux malades, lorsqu'ils désirent de boire ou de manger des choses qui leur peuvent nuire. On dira peut-être ici que ce qui est cause qu'ils se trompent, est que leur nature est corrompue mais cela n'ôte pas la difficulté, car un homme malade n'est pas moins véritablement la créature de Dieu qu'un homme qui est en pleine santé; et partant il répugne autant à la bonté de Dieu qu'il ait une nature trompeuse et fautive que l'autre. Et comme une horloge, composée de roues et de contrepoids, n'observe pas moins exactement toutes les lois de la nature lorsqu'elle est mal faite et qu'elle ne montre pas bien les heures que lorsqu'elle satisfait entièrement au désir de l'ouvrier, de même aussi si je considère le corps de l'homme comme étant une machine tellement bâtie et composée d'os, de nerfs, de muscles, de veines, de sang et de peau, qu'encore bien qu'il n'y eût en lui aucun esprit, il ne laisseroit pas de se mouvoir en toutes les mêmes façons qu'il fait à présent, lorsqu'il ne se meut point par la direction de sa volonté, ni par conséquent par l'aide de l'esprit, mais seulement par la disposition de ses organes, je reconnois facilement qu'il seroit aussi naturel à ce corps, étant par exemple hydropique, de souffrir la sécheresse du gosier, qui a coutume de porter à l'esprit le sentiment de la soif, et d'être disposé par cette sécheresse à mouvoir ses ner fs et ses autres parties en la façon qui est requise pour boire, et ainsi d'augmenter son mal et se nuire à soi-même, qu'il lui est naturel, lorsqu'il n'a aucune indisposition, d'être porté à boire pour son utilité par une semblable sécheresse de gosier; et quoique, regardant à l'usage auquel une horloge a été destinée par son ouvrier, je puisse dire qu'elle se détourne de sa nature lorsqu'elle ne marque pas bien les heures; et qu'en même façon, considérant la machine du corps humain comme ayant été formée de Dieu pour avoir en soi tous les mouvements qui ont coutume d'y être, j'aie sujet de penser qu'elle ne suit pas l'ordre de sa nature quand son gosier est sec, et que le boire nuit à sa conservation; je reconnois toutefois que cette dernière façon d'expliquer la nature est beaucoup différente de l'autre: car celle-ci n'est autre chose qu'une certaine dénomination extérieure, laquelle dépend entièrement de ma pensée, qui compare un homme malade et une horloge mal faite avec l'idée que j'ai d'un homme sain et d'une horloge bien faite, et laquelle ne signifie rien qui se trouve, en effet dans la chose dont elle se dit; au lieu que, par l'autre façon d'expliquer la nature, j'entends quelque chose qui se rencontre véritablement dans les choses, et partant qui n'est point sans quelque vérité.

Mais certes, quoique au regard d'un corps hydropique ce ne soit qu'une dénomination extérieure quand on dit que sa nature est corrompue lorsque, sans avoir besoin de boire, il ne laisse pas d'avoir le gosier sec et aride, toutefois, au regard de tout le composé, c'est-à-dire de l'esprit, ou de l'âme unie au corps, ce n'est pas une pure dénomination, mais bien une véritable erreur de nature, de ce qu'il a soif lorsqu'il lui est très nuisible de boire; et partant il reste encore à examiner comment la bonté de Dieu n'empêche pas que la nature de l'homme, prise de cette sorte, soit fautive et trompeuse.

Pour commencer donc cet examen, je remarque ici, premièrement, qu'il y a une grande différence entre l'esprit et le corps, en ce que le corps, de sa nature, est toujours divisible, et que l'esprit est entièrement indivisible. Car, en effet, quand je le considère, c'est-à-dire quand je me considère moi-même, en tant que je suis seulement une chose qui pense, je ne puis distinguer e n moi aucunes parties, mais je connois et conçois fort clairement que je suis une chose absolument une et entière. Et quoique tout l'esprit semble être uni à tout le corps, toutefois lorsqu'un pied, ou un bras, ou quelque autre partie vient à en être sépar ée, je connois fort bien que rien pour cela n'a été retranché de mon esprit. Et les facultés de vouloir, de sentir, de concevoir, etc., ne peuvent pas non plus être dites proprement ses parties: car c'est le même esprit qui s'emploie tout entier à vouloir, et tout entier à sentir et à concevoir, etc. Mais c'est tout le contraire dans les choses corporelles ou étendues: car je n'en puis imaginer aucune, pour petite qu'elle soit, que je ne mette aisément en pièces par ma pensée, ou que mon esprit ne divise fort facilement en plusieurs parties, et par conséquent que je ne connoisse être divisible. Ce qui suffiroit pour m'enseigner que l'esprit ou l'âme de l'homme est entièrement différente du corps, si je ne l'avois déjà d'ailleurs assez appris.

Je remarque aussi que l'esprit ne reçoit pas immédiatement l'impression de toutes les parties du corps, mais seulement du cerveau, ou peut-être même d'une de ses plus petites parties, à savoir de celle où s'exerce cette faculté qu'ils appellent le sens commun, laquelle, toutes les fois qu'elle est disposée de même façon, fait sentir la même chose à l'esprit, quoique cependant les autres parties du corps puissent être diversement disposées, comme le témoignent une infinité d'expériences, lesquelles il n'est pas besoin ici de rapporter.

Je remarque, outre cela, que la nature du corps est telle, qu'aucune de ses parties ne peut être mue par une autre partie un peu éloignée, qu'elle ne le puisse être aussi de la même sorte par chacune des parties qui sont entre deux, quoique cette partie plus éloignée n'agisse point. Comme, par exemple, dans la corde A B C D, qui est toute tendue, si l'on vient à tirer et remuer la dernière partie D, la première A ne sera pas mue d'une autre façon qu'elle le pourroit aussi être si on tiroit une des parties moyennes B ou C, et que la dernière D demeurât cependant immobile. Et en même façon, quand je ressens de la douleur au pied, la physique m'apprend que ce sentiment se communique par le moyen des nerfs dispersés dans le pied, qui se trouvant tendus comme des cordes depuis là jusqu'au cerveau, lorsqu'ils sont tirés dans le pied, tirent aussi en même temps l'endroit du cerveau d'où ils viennent, et auquel ils aboutissent, et y excitent un certain mouvement que la nature a institué pour faire sentir de la douleur à l'esprit, comme si cette douleur étoit dans le pied; mais parce que ces nerfs doivent passer par la jambe, par la cuisse, par les reins, par le dos et par le col, pour s'étendre depuis le pied jusqu'au cerveau, il peut arriver qu'encore bien que leurs extrémités qui sont dans le pied ne soient point remuées, mais seulement quelques unes de leurs parties qui passent par les reins ou par le col, cela néanmoins excite les mêmes mouvements dans le cerveau qui pourroient y être excités par une blessure reçue dans le pied; ensuite de quoi il sera nécessaire que l'esprit ressente dans le pied la même douleur que s'il y avoit reçu une blessure: et il faut juger le semblable de toutes les autres perceptions de nos sens.

Enfin, je remarque que, puisque chacun des mouvements qui se font dans la partie du cerveau dont l'esprit reçoit immédiatement l'impression, ne lui fait ressentir qu'un seul sentiment, on ne peut en cela souhaiter ni imaginer rien de mieux, sinon que ce mouvement fasse ressentir à l'esprit, entre tous les sentiments qu'il est capable de causer, celui qui est le plus propre et le plus ordinairement utile à la conservation du corps humain

lorsqu'il est en pleine santé. Or l'expérience nous fait connoître que tous les sentiments que la nature nous a donnés sont tels que je viens de dire; et partant il ne se trouve rien en eux qui ne fasse paroître la puissance et la bonté de Dieu. Ainsi, par exemple, lorsque les nerfs qui sont dans le pied sont remués fortement et plus qu'à l'ordinaire, leur mouvement passant par la moelle de l'épine du dos jusqu'au cerveau, y fait là une impression à l'esprit qui lui fait sentir quelque chose, à savoir de la douleur, comme étant dans le pied, par laquelle l'esprit est averti et excité à faire son possible pour en chasser la cause, comme très dangereuse et nuisible au pied. Il est vrai que Dieu pouvoit établir la nature de l'homme de telle sorte que ce même mouvement dans le cerveau fît sentir toute autre chose à l'esprit; par exemple, qu'il se fît sentir soi-même, ou en tant qu'il est dans le cerveau, ou en tant qu'il est dans le pied, ou bien en tant qu'il est en quelque autre endroit entre le pied et le cerveau, ou enfin quelque autre chose telle qu'elle peut être: mais rien de tout cela n'eût si bien contribué à la conservation du corps que ce qu'il lui fait sentir. De même, lorsque nous avons besoin de boire, il naît de là une certaine sécheresse dans le gosier qui remue ses nerfs, et par leur moyen les parties intérieures du cerveau; et ce mouvement fait ressentir à l'esprit le sentiment de la soif, parce qu'en cette occasion-là il n'y a rien qui nous soit plus utile que de savoir que nous avons besoin de boire pour la conservation de notre santé, et ainsi des autres. D'où il est entièrement manifeste que, nonobstant la souveraine bonté de Dieu, la nature de l'homme, en tant qu'il est composé de l'esprit et du corps, ne peut qu'elle ne soit quelquefois fautive et trompeuse. Car s'il y a quelque cause qui excite, non dans le pied, mais en quelqu'une des parties du nerf qui est tendu depuis le pied jusqu'au cerveau, ou même dans le cerveau, le même mouvement qui se fait ordinairement quand le pied est mal disposé, on sentira de la douleur comme si elle étoit dans le pied, et le sens sera naturellement trompé; parce qu'un même mouvement dans le cerveau ne pouvant causer en l'esprit qu'un même sentiment, et ce sentiment étant beaucoup plus souvent excité par une cause qui blesse le pied que par une autre qui soit ailleurs, il est bien plus raisonnable qu'il porte toujours à l'esprit la douleur du pied que celle d'aucune autre partie. Et, s'il arrive que parfois la sécheresse du gosier ne vienne pas comme à l'ordinaire de ce que le boire est nécessaire pour la santé du corps, mais de quelque cause toute contra ire, comme il arrive à ceux qui sont hydropiques, toutefois il est beaucoup mieux qu'elle trompe en ce rencontre -là, que si, au contraire, elle trompoit toujours lorsque le corps est bien disposé, et ainsi des autres.

Et certes, cette considération me sert beaucoup non seulement pour reconnoître toutes les erreurs auxquelles ma nature est sujette, mais aussi pour les éviter ou pour les corriger plus facilement: car, sachant que tous mes sens me signifient plus ordinairement le vrai que le faux touchant les choses qui regardent les commodités ou incommodités du corps, et pouvant presque toujours me servir de plusieurs d'entre eux pour examiner une même chose, et, outre cela, pouvant user de ma mémoire pour lier et joindre les connoissances présentes aux passées, et de mon entendement qui a déjà découvert toutes les causes de mes erreurs, je ne dois plus craindre désormais qu'il se rencontre de la fausseté dans les choses qui me sont le plus ordinairement représentées par mes sens. Et je dois rejeter tous les doutes de ces jours passés, comme hyperboliques et ridicules, particulièrement cette incertitude si générale, touchant le sommeil, que je ne pouvois distinguer de la veille: car à présent j'y rencontre une très notable différence, en ce que notre mémoire ne peut jamais lier et joindre nos songes les uns avec les autres, et avec toute la suite de notre vie, ainsi qu'elle a de coutume de joindre les choses qui nous arrivent étant éveillés. Et en effet, si quelqu'un, lorsque je veille, m'apparoissoit tout soudain et disparoissoit de même, comme font les images que je vois en dormant, en sorte que je ne pusse remarquer ni d'où il viendrait ni où il iroit, ce ne seroit pas sans raison que je l'estimerois un spectre ou un fantôme formé dans mon cerveau, et semblable à ceux qui s'y forment quand je dors, plutôt qu'un vrai homme. Mais lorsque j'aperçois des choses dont je connois distinctement et le lieu d'où elles viennent, et celui où elles sont, et le temps auquel elles m'apparoissent, et que, sans aucune interruption, je puis lier le sentiment que j'en ai avec la suite du reste de ma vie, je suis entièrement assuré que je les aperçois en veillant et non point dans le sommeil. Et je ne dois en aucune façon douter de la vérité de ces choses -là, si, après avoir appelé tous mes sens, ma mémoire et mon entendement pour les examiner, il ne m'est rien rapporté par aucun d'eux qui ait de la répugnance avec ce qui m'est rapporté par les autres. Car, de ce que Dieu n'est point trompeur, il suit nécessairement que je ne suis point en cela trompé. Mais, parceque la nécessité des affaires nous oblige souvent à nous déterminer avant que nous ayons eu le loisir de les examiner si soigneusement, il faut avouer que la vie de l'homme est sujette à faillir fort souvent dans les choses particulières; et enfin il faut reconnoître l'infirmité et la faiblesse de notre nature.

FIN DES MÉDITATIONS.

OBJECTIONS AUX MÉDITATIONS.

Ce recueil, publié en latin par Descartes, à Paris, 1641, et à Amsterdam, 1642 à la suite des MÉDITATIONS, a été traduit par M. Clerselier, élève et ami de Descartes, qui a revu, retouché et reconnu cette traduction. Elle a toujours été réimprimée à la suite des Méditations.

OBJECTIONS FAITES PAR DES PERSONNES TRÈS DOCTES CONTRE LES PRÉCÉDENTES MÉDITATIONS, LES RÉPONSES DE L'AUTEUR.

PREMIÈRES OBJECTIONS,

FAITES PAR M. CATÉRUS, SAVANT THÉOLOGIEN DES PAYS-BAS, SUR LES IIIe, Ve ET Vie MÉDITATIONS.

MESSIEURS,

Aussitôt que j'ai reconnu le désir que vous aviez que j'examinasse avec soin les écrits de M. Descartes, j'ai pensé qu'il étoit de mon devoir de satisfaire en cette occasion à des personnes qui me sont si chères, tant pour vous témoigner par là l'estime que je fais de votre amitié, que pour vous faire connoitre ce qui manque à ma suffisance et à la perfection de mon esprit; afin que dorénavant vous ayez un peu plus de charité pour moi, si j'en ai besoin, et que vous m'épargniez une autre fois, si je ne puis porter la charge que vous m'avez imposée.

On peut dire avec vérité, selon que j'en puis juger, que M. Descartes est un homme d'un très grand esprit et d'une très profonde modestie, et sur lequel je ne pense pas que Momus lui-même put trouver à reprendre. Je pense, dit-il, donc je suis; voire même je suis la pensée même ou l'esprit. Cela est vrai. Or est -il qu'en pensant j'ai en moi les idées des choses, et premièrement celle d'un être très parfait et infini. Je l'accorde. Mais je n'en suis pas la cause, moi qui n'égale pas la réalité objective d'une telle idée: donc quelque chose de plus parfait que moi en est la cause; et partant il y a un être différent de moi qui existe, et qui a plus de perfections que je n'ai pas. Ou, comme dit saint Denys au chapitre cinquième des Noms divins, il y a quelque nature qui ne possède pas l'être à la façon des autres choses, mais qui embrasse et contient en soi très simplement et sans aucune circonscription tout ce qu'il y a d'essence dans l'être, et en qui toutes choses sont renfermées comme dans la cause première et universelle.

Mais je suis ici contraint de m'arrêter un peu, de peur de me fatiguer trop; car j'ai déjà l'esprit aussi agité que le flottant Euripe: j'accorde, je nie, j'approuve, je réfute, je ne veux pas m'éloigner de l'opinion de ce grand homme, et toutefois je n'y puis consentir. Car, je vous prie, quelle cause re quiert une idée? ou dites-moi ce que c'est qu'idée. Si je l'ai bien compris, c'est la chose même pensée en tant qu'elle est objectivement dans l'entendement. Mais qu'est-ce qu'être objectivement dans l'entendement? Si je l'ai bien appris, c'est terminer à la façon d'un objet l'acte de l'entendement, ce qui en effet n'est qu'une dénomination extérieure, et qui n'ajoute rien de réel à la chose. Car, tout ainsi qu'être vu n'est en moi autre chose sinon que l'acte que la vision tend vers moi, de même être pensé, ou être objectivement dans l'entendement, c'est terminer et arrêter en soi la pensée de l'esprit; ce qui se peut faire sans aucun mouvement et changement en la chose, voire même sans que la chose soit. Pourquoi donc rechercherai-je la cause d'une chose qui actuellement n'est point, qui n'est qu'une simple dénomination et un pur néant?

Et néanmoins, dit ce grand esprit, de ce qu'une idée contient une telle réalité objective, ou celle -là plutôt qu'une autre, elle doit sans doute avoir cela de quelque cause [1]. Au contraire, d'aucune; car la réalité objective est une pure dénomination: actuellement elle n'est point. Or l'influence que donne une cause est réelle et actuelle: ce qui actuellement n'est point, ne la peut pas recevoir, et partant ne peut pas dépe ndre ni procéder d'aucune véritable cause, tant s'en faut qu'il en requière. Donc j'ai des idées, mais il n'y a point de causes de ces idées; tant s'en faut qu'il y en ait une plus grande que moi et infinie.

[Note 35: Voyez Méditation III]

Mais quelqu'un me dira peut-être, Si vous n'assignez point de cause aux idées, dites-nous au moins la raison pourquoi cette idée contient plutôt cette réalité objective que celle -la: c'est très bien dit; car je n'ai pas coutume d'être réservé avec mes amis, mais je traite avec eux libéralement. Je dis universellement de toutes les idées ce que M. Descartes a dit autrefois du triangle: Encore que peut-être, dit-il, il n'y ait en aucun lieu du monde hors de ma pensée une telle figure, et qu'il n'y en ait jamais eu, il ne la isse pas néanmoins d'y avoir une certaine nature, ou forme, ou essence déterminée de cette figure, laquelle est immuable et éternelle. Ainsi cette vérité est éternelle, et elle ne requiert point de cause. Un bateau est un bateau, et rien autre chose; Davus est Davus, et non OEdipus. Si néanmoins vous me pressez de vous dire une raison, je vous dirai que cela vient de l'imperfection de notre esprit, qui n'est pas infini: car, ne pouvant par une seule appréhension embrasser l'univers, c'est-à-dire tout l'être et tout le bien en général, qui est tout ensemble et tout à la fois, il le divise et le partage; et ainsi ce qu'il ne sauroit enfanter ou produire tout entier, il le conçoit petit à petit, ou bien, comme on dit en l'école (inadoequaté), imparfaitement et par partie. Mais ce grand homme poursuit:«Or, pour imparfaite que soit cette façon d'être, par laquelle une chose est objectivement dans l'entendement par son idée, certes on ne peut pas néanmoins dire que cette façon et manière -là ne soit rien, ni par conséquent que cette idée vient du néant[1].»

[Note 36: Méditation III.]

Il y a ici de l'équivoque; car si ce mot rien est la même chose que n'être pas actuellement, eu effet ce n'est rien, parce qu'elle n'est pas actuellement, et ainsi elle vient du néant, c'est-à-dire qu'elle n'a point de cause. Mais si ce mot rien dit quelque chose de feint par l'esprit, qu'ils appellent vulgairement être de raison, ce n'est pas un rien, mais une chose réelle, qui est conçue distinctement. Et néanmoins, parce qu'elle est seulement conçue, et qu'actuellement elle n'est pas, elle peut à la vérité être conçue, mais elle ne peut aucunement être causée ou mise hors de l'entendement.

«Mais je veux, dit-il, outre cela examiner si moi, qui ai celle idée de Dieu, je pourrois être, en cas qu'il n'y eût point de Dieu, ou (comme il dit immédiatement auparavant) en cas qu'il n'y eût point d'être plus parfait que le mien, et qui ait mis en moi son idée. Car (dit-il) de qui aurois-je mon existence? peut-être de moi-même, ou de mes parents, ou de quelques autres, etc.: or est-il que si je l'avois du moi-même, je ne douterois point ni ne désirerois point, et il ne me manqueroit aucune chose; car je me serois donné toutes les perfections dont j'ai en moi quelque idée, et ainsi moi-même je serois Dieu. Que si j'ai mon existence d'autrui, je viendrai enfin à ce qui l'a de soi; et ainsi le même raisonnement que je viens de faire pour moi est pour lui, et prouve qu'il est Dieu.[1]» Voilà certes, à mon avis, la même voie que suit saint Thomas, qu' il appelle la voie de la causalité de la cause efficiente, laquelle il a tirée du Philosophe, hormis que saint Thomas ni Aristote ne se sont pas souciés des causes des idées. Et peut-être n'en étoit-il pas besoin; car pourquoi ne suivrai-je pas la voie la plus droite et la moins écartée? Je pense, donc je suis, voire même je suis l'esprit même et la pensée; or, cette pensée et cet esprit, ou il est par soi-même ou par autrui; si par autrui, celui-là enfin par qui est-il? s'il est par soi, donc il est Dieu; car ce qui est par soi se sera aisément donné toutes choses.

[Note 37: Voyez Méditation III.]

Je prie ici ce grand personnage et le conjure de ne se point cacher à un lecteur qui est désireux d'apprendre, et qui peut-être n'est pas beaucoup intelligent. Car ce mot par soi est pris en deux façons: en la première, il est pris positivement, à savoir par soi-même, comme par une cause; et ainsi ce qui seroit par soi et se donneroit l'être à soi-même, si, par un choix prévu et prémédité, il se donnoit ce qu'il voudroit, sans doute qu'il se donneroit toutes choses, et partant il serait Dieu. En la seconde, ce mot par soi est pris négativement et est la même chose que de soi-même ou non par autrui; et c'est de cette façon, si je m'en souviens, qu'il est pris de tout le monde. Or maintenant, si une chose est par soi, c'est-à-dire non par autrui, comment prouverez-vous pour cela qu'elle comprend tout et qu'elle est infinie? car, à présent, je ne vous écoute point, si vous dites, Puisqu'elle est par soi elle se sera aisément donné toutes choses; d'autant qu'elle n'est pas par soi comme par une cause, et qu'il ne lui a pas été possible, avant, qu'elle fût, de prévoir ce qu'elle pourrait être pour choisir ce qu'elle seroit après. Il me souvient d'avoir autrefois entendu Suarez raisonner de la sorte: Toute limitation vient d'une cause; car une chose est finie et limitée, un parceque la cause ne lui a pu donner rien de plus grand ni de plus parfait, ou parce qu'elle ne l'a pas voulu: si donc quelque chose est par soi et non par une cause, il est vrai de dire qu'elle est infinie et non limitée.

Pour moi, je n'acquiesce pas tout-à-fait à ce raisonnement; car, qu'une chose soit par soi tant qu'il vous plaira, c'est-à-dire qu'elle ne soit point par autrui, que pourrez-vous dire si cette limitation vient de ses principes internes et constituants, c'est-à-dire de sa forme même et de son essence, laquelle néanmoins vous n'avez pas encore prouvé être infinie? Certainement, si vous supposez que le chaud est chaud, il sera chaud par ses principes internes et constituants, et non pas froid, encore que vous imaginiez qu'il ne soit pas par autrui ce qu'il est. Je ne doute point que M. Descartes ne manque pas de raisons pour substituer à ce que les autres n'ont peut-être pas assez suffisamment expliqué ni déduit assez clairement.

Enfin, je conviens avec ce grand homme en ce qu'il établit pour règle générale «que les choses que nous concevons fort clairement et fort distinctement sont toutes vraies.» Même je crois que tout ce que je pense est vrai: et il y a déjà longtemps que j'ai renoncé à toutes les chimères et à tous les êtres de raison, car aucune puissance ne se peut détourner du son propre objet; si la volonté se meut, elle tend au bien; les sens mêmes ne se trompent point: car la vue voit ce qu'elle voit, l'oreille entend ce qu'elle entend; et si on voit de l'oripeau, on voit bien; mais ou se trompe lorsqu'on détermine par son jugement que ce que l'on voit est de l'or. Et alors c'est qu'on ne conçoit pas bien, ou plutôt qu'on ne conç oit point; car, comme chaque faculté ne se trompe point vers son propre objet, si une fois l'entendement conçoit clairement et distinctement une chose, elle est vraie; de sorte que M. Descartes attribue avec beaucoup de raison toutes les erreurs au jugement et à la volonté.

Mais maintenant voyons si ce qu'il veut inférer de cette règle est véritable. «Je connois, dit -il, clairement et distinctement l'Être infini; donc c'est un être vrai et qui est quelque chose.» Quelqu'un lui demandera: Connoissez-vous clairement et distinctement l'Être infini? Que veut donc dire cette commune maxime, laquelle est reçue d'un chacun: L'infini, en tant qu'infini, est inconnu . Car si, lorsque je pense à un chiliogone, me représentant confusément quelque figure, je n'imagine ou ne connois pas distinctement ce chiliogone, parce que je ne me représente pas distinctement ses mille côtés, comment est -ce que je concevrai distinctement et non pas confusément l'Être infini, en tant qu'infini, vu que je ne puis voir clairement, et comme au doigt et à l'oeil, les infinies perfections dont il est composé?

Et c'est peut-être ce qu'a voulu dire saint Thomas: car, ayant nié que cette proposition, Dieu est, fût claire et connue sans preuve, il se fait à soi-même cette objection des paroles de saint Damascène: La connaissance que Dieu est, est naturellement empreinte en l'esprit de tous les hommes; donc c'est une chose claire, et qui n'a point besoin de preuve pour être connue. A quoi il répond: Connoitre que. Dieu est en général, et, comme il dit sous quelque confusion, à sa voir en tant: qu'il est la béatitude de l'homme, cela est naturellement imprimé en nous; mais ce n'est pas, dit-il, connoître simplement que Dieu est; tout ainsi que connoitre que quelqu'un vient, ce n'est pas connoître Pierre; encore que ce soit Pierre qui vienne, etc. Comme s'il vouloit dire que Dieu est connu sous une raison commune on de fin dernière, ou même de premier être et très parfait, ou enfin sous la raison d'un être qui comprend et embrasse confusément et en gé néral toutes choses; mais non pas sous la raison précise clé son être, car ainsi il est infini et nous est inconnu. Je sais que M. Descartes répondra facilement à celui qui l'interrogera de la sorte: je crois néanmoins que les choses que j'allègue ici, seulement par forme d'entretien et d'exercice, feront qu'il se ressouviendra de ce que dit Boëce, qu'il y a certaines notions communes qui ne peuvent être connues sans preuves que par les savants. De sorte qu'il ne se faut pas fort étonner si ceux-là interrogent beaucoup qui désirent savoir plus que les autres, et s'ils s'arrêtent long-temps à considérer ce qu'ils savent avoir été dit et avancé, comme le premier et principal fondement de toute l'affaire, et que néanmoins ils ne peuvent entendre sans une longue recherche et une très grande attention d'esprit.

Mais demeurons d'accord de ce principe, et supposons que quelqu'un ait l'idée claire et distincte d'un être souverain et souverainement parfait: que prétendez-vous inférer de là? C'est à savoir que cet être infini existe; et cela si certainement, que je dois être au moins aussi assuré de l'existence de Dieu, que je l'ai été jusques ici de la vérité des démonstrations mathématiques; en sorte qu'il n'y a pas moins de répugnance de concevoir un Dieu, c'est-à-dire un être souverainement parfait, auquel manque l'existence, c'est-à-dire auquel manque quelque perfection, que de concevoir une montagne qui n'ait point de vallée[1]. C'est ici le noeud de toute la question; qui cède à présent, il faut qu'il se confesse vaincu: pour moi, qui ai affaire avec un puissant adversaire, il faut que j'esquive un peu, afin qu'ayant à être vaincu, je diffère au moins pour quelque temps ce que je ne puis éviter.

[Note 38: Voyez Méditation v.]

Et, premièrement, encore que nous n'agissions pas ici par autorité, mais seulement par raison, néanmoins, de peur qu'il ne semble que je me veuille opposer sans sujet à ce grand esprit, écoutez plutôt saint Thomas, qui se fait à soi-même cette objection: aussitôt qu'on a compris et entendu c e que signifie ce nom Dieu, on sait que Dieu est; car, par ce nom, on entend une chose telle que rien de plus grand ne peut être conçu. Or, ce qui est dans l'entendement et en effet est plus grand que ce qui est seulement dans l'entendement; c'est pourquoi, puisque ce nom Dieu étant entendu, Dieu est dans l'entendement, il s'ensuit aussi qu'il est en effet; lequel argument je rends ainsi en forme: Dieu est ce qui est tel que rien de plus grand ne peut être conçu; mais ce qui est tel que rien de plus grand ne peut être conçu enferme l'existence: donc Dieu, par son nom ou par son concept, enferme l'existence; et partant il ne peut être ni être conçu sans existence. Maintenant dites -moi, je vous prie, n'est-ce pas là le même argument de M. Descartes? Saint Thomas définit Dieu ainsi, Ce qui est tel que rien de plus grand ne peut être conçu; M. Descartes l'appelle un être souverainement parfait: certes rien de plus grand que lui ne peut être conçu. Saint Thomas poursuit: ce qui est tel que rien de plus grand ne pe ut être conçu enferme l'existence; autrement quelque chose de plus grand que lui pourroit être conçu, à savoir ce qui est conçu enferme aussi l'existence. Mais M. Descartes ne semble -t-il pas se servir de la même mineure dans son argument: Dieu est un être souverainement parfait; or est-il que l'être souverainement parfait enferme l'existence, autrement il ne seroit pas souverainement parfait. Saint Thomas infère: donc, puisque ce nom Dieu étant compris et entendu, il est dans l'entendement, il s'ensuit aussi qu'il est eu effet; c'est-à-dire de ce que dans le concept ou la notion essentielle d'un être tel que rien de plus grand ne peut être conçu l'existence est comprise et enfermée, il s'ensuit que cet être existe. M. Descartes infère la même chose. «Mais, dit-il, de cela seul que je ne puis concevoir Dieu sans existence, il s'ensuit que l'existence est inséparable de lui, et partant qu'il existe véritablement.» Que maintenant saint Thomas réponde à soi-même et à M. Descartes. Posé, dit-il, que chacun entende que par ce nom Dieu il est signifié ce qui a été dit, à savoir ce qui est tel que rien de plus grand ne peut être conçu, il ne s'ensuit pas pour cela qu'on entende que la chose qui est signifiée par ce nom soit dans la nature, mais seulement dans l'appré hension de l'entendement. Et on ne peut pas dire qu'elle soit en effet, si on ne demeure d'accord qu'il y a en effet quelque chose tel que rien de plus grand ne peut être conçu; ce que ceux-là nient ouvertement, qui disent qu'il n'y a point de Dieu. D'où je réponds aussi en peu de paroles, Encore que l'on demeure d'accord que l'être souverainement parfait par son propre nom emporte l'existence, néanmoins il ne s'ensuit pas que cette même existence soit dans la nature actuellement quelque chose, mais seulement qu'avec le concept ou la notion de l'être souverainement parfait, celle de l'existence est inséparablement conjointe. D'où vous ne pouvez pas inférer que l'existence de Dieu soit actuellement quelque chose, si vous ne supposez que cet être souverainement parfait existe actuellement; car pour lors il contiendra actuellement toutes les perfections, et celle aussi d'une existence réelle.

Trouvez bon maintenant qu'après tant de fatigue je délasse un peu mon esprit. Ce composé, «un lion existant, enferme essentiellement ces deux parties, à savoir, un lion et l'existence; car si vous ôtez l'une ou l'autre, ce ne sera plus le même composé. Maintenant Dieu n'a-t-il pas de toute éternité, connu clairement et distinctement ce composé? Et l'idée de ce composé, en tant que tel, n'enferme-t-elle pas essentiellement l'une et l'autre de ces parties? C'est-à-dire l'existence n'est-elle pas de l'essence de ce composé un lion existant? Et néanmoins la distincte connoissance que Dieu en a eue de toute éternité ne fait pas nécessairement que l'une ou l'autre partie de ce composé soit, si on ne suppose que tout ce composé est actuellement; car alors if enfermera et contiendra en soi toutes ses perfections essentielles, et partant aussi l'existence actuelle. De même, encore que je connoisse clairement et distinctement l'être souverain, et encore que l'être souverainement parfait dans son concept essentiel enferme l'existence, néanmoins il ne s'ensuit pas que cette existence soit actuellement quelque chose, si vous ne supposez que cet être souverain existe;

car alors, avec toutes ses autres perfections, il enfermera aussi actuellement celle de l'existence; et ainsi il faut prouver d'ailleurs que cet être souverainement parfait existe.

J'en dirai peu touchant l'essence de l'âme e t sa distinction réelle d'avec le corps; car je confesse que ce grand esprit m'a déjà tellement fatigué qu'au-delà je ne puis quasi plus rien. S'il y a une distinction entre l'âme et le corps, il semble la prouver de ce que ces deux choses peuvent être conçues distinctement et séparément l'une de l'autre. Et sur cela je mets ce savant homme aux prises avec Scot, qui dit qu'afin qu'une chose soit courue distinctement et séparément d'une autre, il suffit qu'il y ait entre elles une distinction, qu'il appelle formelle et objective, laquelle il met entre la distinction réelle et celle de raison; et c'est ainsi qu'il distingue la justice de Dieu d'avec sa miséricorde; car elles ont, dit-il, avant aucune opération de l'entendement des raisons formelles différentes, en sorte que l'une n'est pas l'autre; et néanmoins ce seroit une mauvaise conséquence de dire, La justice peut être conçue séparément d'avec la miséricorde, donc elle peut aussi exister séparément. Mais je ne vois pas que j'ai déjà passé les bornes d'une lettre.

Voilà, Messieurs, les choses que j'avois à dire touchant ce que vous m'avez proposé; c'est à vous maintenant d'en être les juges. Si vous prononcez en ma faveur, il ne sera pas malaisé d'obliger M. Descartes à ne me vouloir point de mal, si je lui ai un peu contredit; que si vous êtes pour lui, je donne dès à présent les mains, et me confesse vaincu, et ce d'autant plus volontiers que je craindrois de l'être encore une autre fois. Adieu.

RÉPONSES DE L'AUTEUR AUX PREMIÈRES OBJECTIONS.

MESSIEURS,

Je vous confesse que vous avez suscité contre moi un puissant adversaire, duquel l'esprit et la doctrine eussent pu me donner beaucoup de peine, si cet officieux et dévot théologien n'eût mieux aimé favoriser la cause de Dieu et celle de son foible défenseur, que de la combattre à force ouverte. Mais quoiqu'il lui ait été très honnête d'en user de la sorte, je ne pourrois pas m'exempter de blâme si je tâchois de m'en prévaloir: c'est pourquoi mon dessein est plutôt de découvrir ici l'artifice dont il s'est servi pour m'assister, que de lui répondre comme à un adversaire.

Il a commencé par une briève déduction de la principale raison dont je me sers pour prouver l'existence de Dieu, afin que les lecteurs s'en ressouvinssent d'autant mieux. Puis, ayant succinctement accordé les choses qu'il a jugées être suffisamment démontrées, et ainsi les ayant appuyées de son autorité, il est venu au noeud de la difficulté, qui est de savoir ce qu'il faut ici entendre par le nom d' idée, et quelle cause cette idée requiert.

Or, j'ai écrit quelque part «que l'idée est la chose même conçue, ou pensée, en tant quelle est objectivement dans l'entendement,» lesquelles paroles il feint d'entendre tout autrement que je ne les ai dites, afin de me donner occasion de les expliquer plus clairement. «Être, dit-il, objectivement dans l'entendement, c'est terminer à la façon d'un objet l'acte de l'entendement, ce qui n'est qu'une dénomination extérieure, et qui n'ajoute rien de réel à la chose, etc.» Où il faut remarquer qu'il a égard à la chose même, en tant qu'elle est hors de l'entendement, au respect de laquelle c'est de vrai une dénomination extérieure qu'elle soit objectivement dans l'entendement; mais que je parle de l'idée qui n'est jamais hors de l'entendement, et au respect de laquelle être objectivement ne signifie autre chose qu'être dans l'entendement en la manière que les objets ont coutume d'y être. Ainsi, par exemple, si quelqu'un demande qu'est-ce qui arrive au soleil de ce qu'il est objectivement dans mon entendement, on répond fort bien qu'il ne lui arrive rien qu'une dénomination extérieure, savoir est qu'il termine à la façon d'un objet l'opération de mon entendement: mais si l'on demande de l'idée du soleil ce que c'est, et qu'on répond que c'est la chose même pensée, en tant qu'elle est objectivement dans l'entendement, personne n'entendra que c'est le soleil même, en tant que cette extérieure dénomination est en lui. Et là être objectivement dans l'entendement ne signifiera pas terminer son opération à la façon d'un objet, mais bien être dans l'entendement en la manière que ses objets ont coutume d'y être: en telle sorte que l'idée du soleil est le soleil même existant dans l'entendement, non pas à la vérité formellement, comme il est au ciel, mais objectivement, c'e st-à-dire en la manière que les objets ont coutume d'exister dans l'entendement: laquelle façon d'être est de vrai bien plus imparfaite que celle par laquelle les choses existent hors de l'entendement; mais pourtant ce n'est pas un pur rien, comme j'ai déjà dit ci-devant. Et lorsque ce savant théologien dit qu'il y a de l'équivoque en ces paroles, un pur rien, il semble avoir voulu m'avertir de celle que je viens tout maintenant de remarquer, de peur que je n'y prisse pas garde. Car il dit premièrement qu'une chose ainsi existante dans l'entendement par son idée n'est pas un être réel ou actuel, c'est-à-dire que ce n'est pas quelque chose qui soit hors de l'entendement, ce qui est vrai; et après il dit aussi que ce n'est pas quelque chose de feint par l'esprit, ou un être de raison, mais quelque chose de réel, qui est conçu distinctement: par lesquelles paroles il admet entièrement tout ce que j'ai avancé; mais néanmoins il ajoute, parce que cette chose est seulement conçue, et qu'actuellement elle n'est pas , c'est-à-dire parce qu'elle est seulement une idée et non pas quelque chose hors de l'entendement, elle peut à la vérité être conçue, mais elle ne peut aucunement être causée ou mise hors de l'entendement, c'est-à-dire qu'elle n'a pas besoin de cause pour exister hors de l'entendement: ce que je confesse, car hors de lui elle n'est rien; mais certes elle a besoin de cause pour être conçue, et c'est de celle -là seule qu'il est ici question. Ainsi, si quelqu'un a dans l'esprit l'idée de quelque machine fort artificielle, on peut avec raison demander quelle est la causé de cette idée; et celui-là ne satisferoit pas qui diroit que cette idée hors de l'entendement n'est rien, et partant qu'elle ne peut être causée, mais seulement conçue; car on ne demande ici rien autre chose, sinon quelle est la cause pourquoi elle est conçue:

celui-là ne satisfera pas non plus qui dira que l'entendement même en est la cause, comme étant une de ses opérations; car on ne doute point de cela, mais seulement on demande quelle est la cause de l'artifice objectif qui est en elle. Car, que cette idée contienne un tel artifice objectif plutôt qu'un autre, elle

doit sans doute avoir cela de quelque cause; et l'artifice objectif est la même chose au respect de cette idée, qu'un respect de l'idée de Dieu la réalité ou perfection objective. Et de vrai l'on peut assigner diverses causes de cet artifice; car ou c'est quelque réelle et semblable machine qu'on aura vue auparavant, à la ressemblance de laquelle cette idée a été formée, ou une grande connoissance de la mécanique qui est dans l'entendement de celui qui a cette idée, ou peut-être une grande subtilité d'esprit, par le moyen de laquelle il a pu l'inventer sans aucune autre connoissance précédente. Et il faut remarquer que tout l'artifice, qui n'est qu'objectivement dans cette idée, doit par nécessité être formellement ou éminemment dans sa cause, quelle que cette cause puisse être. Le même aussi faut-il penser de la réalité objective qui est dans l'idée de Dieu. Mais en qui est-ce que toute cette réalité ou perfection se pourra ainsi rencontrer, sinon en Dieu réellement existant? Et cet esprit excellent a fort bien vu toutes ces choses; c'est pourquoi il confesse qu'on peut demander pourquoi cette idée contient cette réalité objective plutôt qu'une autre, à laquelle demande il a répondu premièrement: «que de toutes les idées il en est de même que de ce que j'ai écrit de l'idée du triangle, savoir est que bien que peut -être il n'y ait point de triangle en aucun lieu du monde, il ne laisse pas néanmoins d'y avoir une certaine nature, ou forme, ou essence déterminée du triangle, laquelle est immuable et éternelle;» et laquelle il dit n'avoir pas besoin de cause. Ce que néanmoins il a bien jugé ne pouvoir pas satisfaire; car, encore que la nat ure du triangle soit immuable et éternelle, il n'est pas pour cela moins permis de demander pourquoi son idée est en nous. C'est pourquoi il a ajouté: «Si néanmoins vous me pressez de vous dire une raison, je vous dirai que cela vient de l'imperfection de notre esprit, etc.» Par laquelle réponse il semble n'avoir voulu signifier autre chose, sinon que ceux qui se voudront ici éloigner de mon sentiment ne pourront rien répondre de vraisemblable.

Car, en effet, il n'est pas plus probable de dire que la cause pourquoi l'idée de Dieu est en nous soit l'imperfection de notre esprit, que si on disoit que l'ignorance des mécaniques fût la cause pourquoi nous imaginons plutôt une machine fort pleine d'artifice qu'une autre moins parfaite; car, tout au contraire, si quelqu'un a l'idée d'une machine dans laquelle soit contenu tout l'artifice que l'on sauroit imaginer, l'on infère fort bien de là que cette idée procède d'une cause dans laquelle il y avoit réellement et en effet tout l'artifice imaginable, encore qu'il ne soit qu'objectivement et non point en effet dans cette idée. Et par la même raison, puisque nous avons en nous l'idée de Dieu, dans laquelle toute la perfection est contenue que l'on puisse jamais concevoir, on peut de là conclure très évidemment que cette idée dépend et procède de quelque cause qui contient en soi véritablement toute cette perfection, à savoir de Dieu réellement existant. Et certes la difficulté ne paroîtroit pas plus grande en l'un qu'en l'autre, si, comme tous les hommes ne sont pas s avants en la mécanique, et pour cela ne peuvent pas avoir des idées de machines fort artificielles, ainsi tous n'avoient

pas la même faculté de concevoir l'idée de Dieu; mais, parce qu'elle est empreinte d'une même façon dans l'esprit de tout le monde, et que nous ne voyons pas qu'elle nous vienne jamais d'ailleurs que de nous -mêmes, nous supposons qu'elle appartient à la nature de notre esprit; et certes non mal à propos: mais nous oublions une autre chose que l'on doit principalement considérer, et d'où dépend toute la force et toute la lumière ou l'intelligence de cet argument, qui est que cette faculté d'avoir en soi l'idée de Dieu ne pourroit être en nous si notre esprit étoit seulement une chose finie, comme il est en effet, et qu'il n'eût point pour c ause de son être une cause qui fût Dieu. C'est pourquoi, outre cela, j'ai demandé, savoir, si je pourrois être en cas que Dieu ne fût point; non tant pour apporter une raison différente de la précédente, que pour l'expliquer plus parfaitement.

Mais ici la courtoisie de cet adversaire me jette dans un passage assez difficile, et capable d'attirer sur moi l'envie et la jalousie de plusieurs; car il compare mon argument avec un autre tiré de saint Thomas et d'Aristote, comme s'il vouloit par ce moyen m'oblige r à dire la raison pourquoi étant entré avec eux dans un même chemin, je ne l'ai pas néanmoins suivi en toutes choses; mais je le prie de me permettre de ne point parler des autres, et de rendre seulement raison des choses que j'ai écrites. Premièrement donc, je n'ai point tiré mon argument de ce que je voyois que dans les choses sensibles il y avoit un ordre ou une certaine suite de causes efficientes; partie à cause que j'ai pensé que l'existence de Dieu étoit beaucoup plus évidente que celle d'aucune chose sensible; et partie aussi pource que je ne voyois pas que cette suite de causes me pût conduire ailleurs qu'à me faire connoître l'imperfection de mon esprit, en ce que je ne puis comprendre comment une infinité de telles causes ont tellement succédé le s unes aux autres de toute éternité qu'il n'y en ait point eu de première: car certainement, de ce que je ne puis comprendre cela, il ne s'ensuit pas qu'il y en doive avoir une première; non plus que de ce que je ne puis comprendre une infinité de divisions en une quantité finie, il ne s'ensuit pas que l'on puisse venir à une dernière, après laquelle cette quantité ne puisse plus être divisée; mais bien il suit seulement que mon entendement, qui est fini, ne peut comprendre l'infini. C'est pourquoi j'ai mieux aimé appuyer mon raisonnement sur l'existence de moi-même, laquelle ne dépend d'aucune suite de causes, et qui m'est si connue que rien ne le peut être davantage: et, m'interrogeant sur cela moi-même, je n'ai pas tant cherché par quelle cause j'ai autre fois été produit, que j'ai cherché quelle est la cause qui à présent me conserve, afin de me délivrer par ce moyen de toute suite et succession de causes. Outre cela, je n'ai pas cherché quelle est la cause de mon être en tant que je suis composé de corps et d'âme, mais seulement et précisément en tant que je suis une chose qui pense, ce que je crois ne servir pas peu à ce sujet: car ainsi j'ai pu beaucoup mieux me délivrer des préjugés, considérer ce que dicte la lumière naturelle, m'interroger moi-même, et tenir pour certain que rien ne peut être en moi dont je n'aie quelque connoissance: ce qui en effet est tout autre chose que si, de ce que je vois que je suis né de mon père, je considérois que mon père vient aussi de mon aïeul; et si, voyant qu'en reche rchant ainsi les pères de mes pères je ne pourrois pas continuer ce progrès à l'infini, pour mettre fin à cette recherche, je concluois qu'il y a une première cause. De plus, je n'ai pas seulement recherché quelle est la cause de mon être en tant que je suis une chose qui pense; mais je l'ai principalement et précisément recherchée en tant que je suis une chose qui pense, qui, entre plusieurs autres pensées, reconnois avoir en moi l'idée d'un être souverainement partait; car c'est de cela seul que dépend toute la force de ma démonstration. Premièrement, parceque cette idée me fait connoître ce que c'est que Dieu, au moins autant que je suis capable de le connoître: et, selon les lois de la vraie logique, on ne doit jamais demander d'aucune chose si elle est, qu'on ne sache premièrement ce qu'elle est. En second lieu, parceque c'est cette même idée qui me donne occasion d'examiner si je suis par moi ou par autrui, et de reconnoître mes défauts. Et, en dernier lieu, c'est elle qui m'apprend que non seulement il y a une cause de mon être, mais de plus aussi que cette cause contient toutes sortes de perfections, et partant qu'elle est Dieu. Enfin, je n'ai point dit qu'il est impossible qu'une chose soit la cause efficiente de soi-même; car, encore que cela soit manifestement véritable, lorsqu'on restreint la signification d'efficient à ces causes qui sont différentes de leurs effets, ou qui les précèdent en temps, il semble toutefois que dans cette question elle ne doit pas être ainsi restreinte, tant parceque ce seroit une question frivole, car qui ne sait qu'une même chose ne peut pas être différente de soi-même ni se précéder en temps? comme aussi parceque la lumière naturelle ne nous dicte point que ce soit le propre de la cause efficient de précéder en temps son effet; car au contraire, à proprement parier, elle n'a point le nom ni la nature de cause efficiente, sinon lorsqu'elle produit son effet, et partant elle n'est point devant lui. Mais certes la lumière naturelle nous dicte qu'il n'y a aucune chose de laquelle il ne soit loisible de demander pourquoi elle existe, ou bien dont on ne puisse rechercher la cause efficiente; ou, si elle n'en a point, demander pourquoi elle n'en a pas besoin; de sorte que, si je pensois qu'aucune chose ne peut en quelque façon être à l'égard de soi-même ce que la cause efficiente est à l'égard de son effet, tant s'en faut que de là je voulusse conclure qu'il y a une première cause, qu'au contraire de celle -là même qu'on appelleroit première, je rechercherais derechef la cause, e t ainsi je ne viendrois jamais à une première. Mais certes j'avoue franchement qu'il peut y avoir quelque chose dans laquelle il y ait une puissance si grande et si inépuisable qu'elle n'ait jamais eu besoin d'aucun secours pour exister, et qui n'eu ait pa s encore besoin maintenant pour être conservée, et ainsi qui soit en quelque façon la cause de soi-même; et je conçois que Dieu est tel: car, tout de même que bien que j'eusse été de toute éternité, et que par conséquent il n'y eût rien eu avant moi, néanmoins, parceque je vois que les parties du temps peuvent être séparées les unes d'avec les autres, et qu'ainsi, de ce ce que je suis maintenant, il ne s'ensuit pas que je doive être encore après, si, pour ainsi parler, je ne suis créé de nouveau à chaque moment par quelque cause, je ne ferois point difficulté d'appeler efficiente la cause qui me crée continuellement en cette façon, c'est-à-dire qui me conserve. Ainsi, encore que Dieu ait toujours été, néanmoins, parceque c'est lui-même qui en effet se conserve, il semble qu'assez proprement il peut être dit et appelé la cause de soi-même. Toutefois il faut remarquer que je n'entends pas ici parler d'une conservation qui se fasse par aucune influence réelle et positive de la cause efficiente, mais que j'entends seulement que l'essence de Dieu est telle, qu'il est impossible qu'il ne soit ou n'existe pas toujours.

Cela étant posé, il me sera facile de répondre à la distinction du mot par soi, que ce très docte théologien m'avertit devoir être expliquée; car encore bien que ceux qui, ne s'attachant qu'à la propre et étroite signification d'efficient, pensent qu'il est impossible qu'une chose soit la cause efficiente de soi-même, et ne remarquent ici aucun autre genre de cause qui ait rapport et analogie avec la c ause efficiente, encore, dis-je, que ceux-là n'aient pas de coutume d'entendre autre chose lorsqu'ils disent que quelque chose est par soi, sinon qu'elle n'a point de cause, si toutefois ils veulent plutôt s'arrêter à la chose; qu'aux paroles, ils reconnoîtront facilement que la signification négative du mot par soi ne procède que de la seule imperfection de l'esprit humain, et qu'elle n'a aucun fondement dans les choses, mais qu'il y en a une autre positive, tirée de la vérité des choses, et sur laquelle seule mon argument est appuyé. Car si, par exemple, quelqu'un pense

qu'un corps soit par soi, il peut n'entendre par là autre chose, sinon que ce corps n'a point de cause; et ainsi il n'assure point ce qu'il pense par aucune raison positive, mais seulement d'une façon négative, parce qu'il ne connoît aucune cause de ce corps: mais cela témoigne quelque imperfection en son jugement, comme il reconnoîtra facilement après, s'il considère que les parties du temps ne dépendent point les unes des autres, et que, partant de ce qu'il a supposé que ce corps jusqu'à cette heure a été par soi, c'est-à-dire sans cause, il ne s'ensuit pas pour cela qu'il doive être encore à l'avenir, si ce n'est qu'il y ait en lui quelque puissance réelle et positive laquelle, pour ainsi dire, le produise continuellement; car alors, voyant que dans l'idée du corps il ne se rencontre point une telle puissance, il lui sera aisé d'inférer de là que ce corps n'est pas par soi; et ainsi il prendra ce mot, par soi, positivement. De même, lorsque nous disons que Dieu est par soi, nous pouvons aussi à la vérité entendre cela négativement, comme voulant dire qu'il n'a point de cause; mais si nous avons auparavant recherché la cause pourquoi il est, ou pourquoi il ne cesse point d'être, et que, considérant l'immense et incompréhensible puissance qui est contenue dans son idée, nous l'ayons reconnue si pleine et si abondante qu'en effet elle soit la vraie cause pourquoi il est, et pourquoi il continue ainsi toujours d'être, et qu'il n'y en puisse avoir d'autre que celle-là, nous disons que Dieu est par soi, non plus négativement, mais au contraire très positivement. Car, encore qu'il ne soit pas besoin de dire qu'il est la cause efficiente de soi-même, de peur que peut-être on n'entre en dispute du mot, néanmoins, parceque nous voyons que ce qui fait qu'il est par soi, ou qu'il n'a point de cause différente de soi-même, ne procède pas du néant, mais de la réelle et véritable immensité de sa puissance, il nous est tout-à-fait loisible de penser qu'il fait en quelque façon la même chose à l'égard de soi-même, que la cause efficiente à l'égard de son effet, et partant qu'il est par soi positivement. Il est aussi loisible à un chacun de s'interroger soi-même, savoir si en ce même sens il est par soi; et lorsqu'il ne trouve en soi aucune puissance capable de le conserver seulement un moment, il conclut avec raison qu'il est par un autre, et même par un autre qui est par soi, pource qu'étant ici question du temps présent, et non point du passé ou du futur, le progrès ne peut pas être continué à l'infini; voire même j'ajouterai ici de plus, ce que néanmoins je n'ai point écrit ailleurs, qu'on ne peut pas seulement aller jusqu'à une seconde cause, pource que celle qui a tant de puissance que de conserver une chose qui est hors de soi, se conserve à plus forte raison soi-même par sa propre puissance, et ainsi elle est par soi.

Et, pour prévenir ici une objection que l'on pourroit faire, à savoir que peut-être celui qui s'interroge ainsi soi-même a la puissance de se conserver sans qu'il s'en aperçoive, je dis que cela ne peut être, et que si cette puissance étoit en lui, il en auroit nécessairement connoissance; car, comme il ne se considère en ce moment que comme une chose qui pense, rien ne peut être en lui dont il n'ait ou ne puisse avoir connoissance, à cause que toutes les actions d'un esprit, comme seroit celle de se conserver soi-même si elle procédoit de lui, étant, des pensées, et partant étant présentes et connues à l'esprit, celle -là, comme les autres, lui seroit aussi présente et connue, et par elle il viendroit nécessairement à connoître la faculté qui la produiroit, toute action nous menant nécessairement à la connoissance de la faculté qui la produit.

Maintenant, lorsqu'on dit que toute limitation est par une cause, je pense à la vérité qu'on entend une chose vraie, mais qu'on ne l'exprime pas en termes assez propres, et qu'on n'ôte pas la difficulté; car, à proprement parler, la limitation est seulement une négation d'une plus grande perfection, laquelle négation n'est point par une cause, mais bien la chose limitée. Et encore qu'il soit vrai que toute chose est limitée par une cause, cela néanmoins n'est pas de soi manifeste, mais il le faut prouver d'ailleurs. Car, comme répond fort bien ce subtil théologien, une chose peut être limitée en deux façons, ou parceque celui qui l'a produite ne lui a pas donné plus de perfections, ou parceque sa nature est telle qu'elle n'en peut recevoir qu'un certain nombre, comme il est de la nature du triangle de n'avoir pas plus de trois côtés: mais il me semble que c'est une chose de soi évidente, et qui n'a pas besoin de preuve, que tout ce qui existe est ou par une cause, ou par soi comme par une cause; car puisque nous concevons et entendons fort bien, non seulement l'existence, mais aussi la négation de l'existence, il n'y a rien que nous puissions feindre être tellement par soi, qu'il ne faille donner aucune raison pourquoi plutôt il existe qu'il n'existe point; et ainsi nous devons toujours interpréter ce mot, être par soi, positivement, et comme si c'étoit être par une cause, à savoir par une surabondance de sa propre puissance, laquelle ne peut être qu'en Dieu seul, ainsi qu'on peut aisément démontrer.

Ce qui m'est ensuite accordé par ce savant docteur, bien qu' en effet il ne reçoive aucun doute, est néanmoins ordinairement si peu considéré, et est d'une telle importance pour tirer toute la philosophie hors des ténèbres où elle semble être ensevelie, que lorsqu'il le confirme par son autorité, il m'aide beaucoup en mon dessein.

Et il demande ici[1], avec beaucoup de raison, si je connois clairement et distinctement l'infini; car bien que j'aie tâché de prévenir cette objection, néanmoins elle se présente si facilement à un chacun, qu'il est nécessaire que j'y réponde un peu amplement. C'est pourquoi je dirai ici premièrement que l'infini, en tant qu'infini, n'est point à la vérité compris, mais que néanmoins il est entendu; car, entendre clairement et distinctement qu'une chose est telle qu'un ne peut du tout point y rencontrer de limites, c'est clairement entendre qu'elle est infinie. Et je mets ici de la distinction entre l' indéfini et l'infini. Et il n'y a rien que je nomme proprement infini, sinon ce en quoi de toutes parts je ne rencontre point de limites, auquel sens Dieu seul est infini; mais pour les choses où sous quelque considération seulement je ne vois point de fin, comme l'étendue des espaces imaginaires, la multitude des nombres, la divisibilité des parties de la quantité, et autres choses semblables, je les appelle indéfinies et non pas infinies, parceque de toutes parts elles ne sont pas sans fin ni sans Limites.

[Note 39: Voyez Objections]

De plus je mets distinction entre la raison formelle de l'infini, ou l'infinité, et la chose qui est infinie. Car, quant à l'infinité, encore que nous la concevions être très positive, nous ne l'entendons néanmoins que d'une façon négative, savoir est de ce que nous ne remarquons en la chose aucune limitation: et quant à la chose qui est infinie, nous la concevons à la vérité positivement, mais non pas selon toute son étendue, c'est-à-dire que nous ne comprenons pas tout ce qui est intelligible en elle. Mais tout ainsi que, lorsque nous jetons les yeux sur la mer, on ne laisse pas de dire que nous la voyons, quoique notre vue n'en atteigne pas toutes les parties et n'en mesure pas la vaste étendue; et de vrai, lorsque nous ne la regardons que de loin, comme si nous la voulions embrasser toute avec les yeux, nous ne la voyons que confusément: comme aussi n'imaginons-nous que confusément un chiliogone, lorsque nous tâchons d'imaginer tous ses côtés ensemble; mais lorsque notre vue s'arrête sur une partie de la mer seulement, cette vision alors peut être fort claire et fort distincte, comme aussi l'imagination d'un chiliogone, lorsqu'elle s'étend seulement sur un ou deux de ses côtés. De même J'avoue avec tous les théologiens que Dieu ne peut être compris par l'esprit humain; et même qu'il ne peut être distinctement connu par ceux qui tâchent de l'embrasser tout entier et tout à la fois par la pensée, et qui le regardent comme de loin; auquel sens saint Thomas a dit, au lieu ci-devant cité, que la connoissance de Dieu est en nous sous une espèce de confusion seulement, et comme sous une image obscure: mais ceux qui considèrent attentivement chacune de ses perfections, et qui appliquent toutes les forces de leur esprit à les contempler, non point à dessein de les comprendre, mais plutôt de les admirer et reconnoître combien elles sont au-delà de toute compréhension, ceux-là, dis-je, trouvent en lui incomparablement plus de choses qui peuvent être clairement et distinctement connues, et avec plus de facilité, qu'il ne s'en trouve en aucune des choses créées. Ce que saint Thomas a fort bien reconnu lui-même en ce lieu-là, comme il est aisé de voir de ce qu'en l'article suivant il assure que l'existence de Dieu peut être démontrée. Pour moi, toutes les fois que j'ai dit que Dieu pouvoit être connu clairement et distinctement, je n'ai jamais entendu parler que de cette connoissance finie, et accommodée à la petite capacité de nos esprits; aussi n'a -t-il pas été nécessaire de l'entendre autrement pour la vérité des choses que j'ai avancées, comme un verra facilement, si on prend garde que je n'ai dit cela qu'en deux endroits, en l'un desquels il étoit question de savoir si quelque chose de réel étoit contenu dans l'idée que nous formons de Dieu, ou bien s'il n'y avoit qu'une négation de chose (ainsi qu'on peut douter si, dans l'idée du froid, il n'y a rien qu'une négation de chale ur), ce qui peut aisément ètre connu, encore qu'on ne comprenne pas l'infini. Et en l'autre j'ai maintenu que l'existence n'appartenoit pas moins à la nature de l'être souverainement parfait, que trois côtés appartiennent à la nature du triangle: ce qui se peut aussi assez entendre sans qu'on ait une connoissance de Dieu si étendue qu'elle comprenne tout ce qui est en lui.

Il compare ici derechef un de mes arguments avec un autre de saint Thomas, afin de m'obliger en quelque façon de montrer lequel des deux a le plus de force. Et il me semble que je le puis faire sans beaucoup d'envie, parce que saint Thomas ne s'est pas servi de cet argument comme sien, et il ne conclut pas la même chose que celui dont je me sers; et, enfin, je ne m'éloigne ici en aucune façon de l'opinion de cet angélique docteur. Car on lui demande, savoir, si la connoissance de l'existence de Dieu est si naturelle à l'esprit humain qu'il ne soit pas besoin de la prouver, c'est-à-dire si elle est claire et manifeste à un chacun, ce qu'il nie, et moi avec lui. Or l'argument qu'il s'objecte à soi-même se peut ainsi proposer. Lorsqu'on comprend et entend ce que signifie ce nom Dieu, on entend une chose telle que rien de plus grand ne peut être conçu; mais c'est une chose plus grande d'être en effet et dans l'entendement, que d'être seulement dans l'entendement: donc, lorsqu'on comprend et entend ce que signifie ce nom Dieu, on entend que Dieu est en effet et dans l'entendement. Où il y a une faute manifeste en la forme; car on devoit seulement conclure: donc, lorsqu'on comprend et entend ce que signifie ce nom Dieu, on entend qu'il signifie une chose qui est en effet, et dans l'entendement; or ce qui est signifié par un mot, ne paroît pas pour cela être vrai. Mais mon argument a été tel: Ce que nous concevons clairement et distinctement appartenir à la nature ou à l'essence ou à la forme immuable et vraie de quelque chose, cela peut être dit ou affirmé avec vérité de cette chose; mais après que nous avons assez soigneusement recherché ce que c'est que Dieu, nous concevons clairement et distinctement qu'il appartient à sa vraie et immuable nature qu'il existe; donc alors nous pouvons affirmer avec vérité qu'il existe: ou du moins la conclusion est légitime. Mais la majeure ne se peut aussi nier, parce qu'un est déjà demeuré d'accord ci-devant que tout ce que nous entendons ou concevons clairement et distinctement, est vrai. Il ne reste plus que la mineure, où je confesse que la difficulté n'est pas petite; premièrement, parceque nous sommes telleme nt accoutumés dans toutes les autres choses de distinguer l'existence de l'essence, que nous ne prenons pas assez garde comment elle appartient à l'essence de Dieu plutôt qu'à celle des autres choses; et aussi pource que ne distinguant pas assez soigneusement les choses qui appartiennent à la vraie et immuable essence de quelque chose de celles qui ne lui sont attribuées que par la fiction de notre entendement, encore que nous apercevions assez clairement que l'existence appartient à l'essence de Dieu, nous ne concluons pas toutefois de là que Dieu existe, pource que nous ne savons pas si son essence est immuable et vraie, on si elle a seulement été faite et inventée par notre esprit. Mais, pour ôter la première partie de cette difficulté, il faut faire dis tinction entre l'existence possible et la nécessaire; et remarquer que l'existence possible est contenue dans la notion ou dans l'idée de toutes les choses que nous concevons clairement et distinctement, mais que l'existence nécessaire n'est contenue que dans l'idée seule de Dieu: car je ne doute point que ceux qui considéreront avec attention cette différence qui est entre l'idée de Dieu et toutes les autres idées n'aperçoivent fort bien qu'encore que nous ne concevions jamais les autres choses sinon comme existantes, il ne s'ensuit pas néanmoins de là qu'elles existent, mais seulement qu'elles peuvent exister; parce que nous ne concevons pas qu'il soit nécessaire que l'existence actuelle soit conjointe avec leurs autres propriétés, mais que de ce que nous concevons clairement que l'existence actuelle est nécessairement et toujours conjointe avec les autres attributs de Dieu, il suit de là nécessairement que Dieu existe. Puis, pour ôter l'autre partie de la difficulté, il faut prendre garde que les idées qui ne contiennent pas de vraies et immuables natures, mais seulement de feintes et composées par l'entendement, peuvent être divisées par l'entendement même, non seulement par une abstraction ou restriction de sa pensée, mais par une claire et distincte opération; en sorte que les choses que l'entendement ne peut pas ainsi diviser n'ont point sans doute été faites ou composées par lui. Par exemple, lorsque je me représente un cheval ailé, ou un lion actuellement existant, ou un triangle inscrit dans un carré, je conçois facilement que je puis aussi tout au contraire me représenter un cheval qui n'ait point d'ailes, un lion qui ne soit point existant, un triangle sans carré; et partant, que ces choses n'ont point de vraies et immuables natures. Mais si je me représente un triangle ou un carré (je ne parle point ici du lion ni du cheval, pource que leurs natures ne nous sont pas entièrement connues), alors certes toutes les choses que je reconnoîtrai être contenues dans l'idée du triangle, comme que ses trois angles sont égaux à deux droits, etc., je l'assurerai avec vérité d'un triangle; et d'un carré, tout ce que je trouverai être contenu dans l'idée dit carré; car encore que je puisse concevoir un triangle, en restreignant tellement ma pensée que je ne conçoive en aucune façon que ses trois angles sont égaux à deux droits, je ne puis pas néanmoins nier cela de lui par une claire et distincte opération, c'est -à-dire entendant nettement ce que je dis. De plus, si je considère un triangle inscrit dans un carré, non afin d'attribuer au carré ce qui appartient seulement au triangle, ou d'attribuer au triangle ce qui appartient au carré, mais pour examiner seulement les choses qui naissent de la conjonction de l'un et de l'autre, la nature de cette figure composée du triangle et du carré ne sera pas moins vraie et immuable que celle du seul carré, ou du seul triangle. De façon que je pourrai assurer avec vérité que le carré n'est pas moindre que le double du triangle qui lui est inscrit, et autres choses semblables qui appartiennent à la nature de cette figure composée. Mais si je considère que, dans l'idée d'un corps très parfait, l'existence est contenue, et cela pource que c'est une plus grande perfection d'être en effet et dans l'entendement que d'être seulement dans l'entendement, je ne puis pas de là conclure que ce corps très parlait existe, mais seulement qu'il peut exister. Car je reconnois assez que cette idée a été faite par mon entendement même, lequel a joint ensemble toutes les perfections corporelles; et aussi que l'existence ne résulte point des autres perfections qui sont comprises en la nature du corps, pource que l'on peut également affirmer ou nier qu'elles existent, c'est-à-dire les concevoir comme existantes ou non existantes. Et de plus, à cause qu'en examinant l'idée du corps, je ne vois en lui aucune force par laquelle il se produise ou se conserve lui-même, je conclus fort bien que l'existence nécessaire, de laquelle seule il est ici question, convient aussi peu à la nature du corps, tant parfait qu'il puisse être, qu'il appartient à la nature d'une montagne de n'avoir point de vallée, ou à la nature du triangle d'avoir ses trois angles plus grands que deux droits. Mais maintenant si nous demandons, non d'un corps, mais d'une chose, telle qu'elle puisse être, qui ait en soi toutes les perfections qui peuvent être ensemble, savoir si l'existence doit être comptée parmi elles; il est vrai que d'abord nous en pourrons douter, parce que notre esprit, qui est fini, n'ayant coutume de les considérer que séparées, n'apercevra peut-être pas du premier coup combien nécessairement elles sont jointes entre elles. Mais si nous examinons soigneusement, savoir, si l'existence convient à l'être souverainement puissant, et quelle sorte d'existence, nous pourrons clairement et distinctement connoître, premièrement, qu'au moins l'existence possible lui convient, comme à toutes les autres choses dont nous avons en nous quelque idée distincte, même à celles qui sont composées par les fictions de notre esprit. En après, pa rce que nous ne pouvons penser que son existence est possible qu'en même temps, prenant garde à sa puissance infinie, nous ne connoissions qu'il peut exister par sa propre force, nous conclurons de là que réellement il existe, et qu'il a été de toute éternité; car il est très manifeste, par la lumière naturelle, que ce qui peut exister par sa propre force existe toujours; et ainsi nous connoîtrons que l'existence nécessaire est contenue dans l'idée d'un être souverainement puissant, non par une fiction de l'entendement, mais parce qu'il appartient à la vraie et immuable nature d'un tel être d'exister; et il nous sera aussi aisé de connoître qu'il est impossible que cet être souverainement puissant n'ait point en soi toutes les autres perfections qui sont contenues dans l'idée de Dieu, en sorte que, de leur propre nature, et sans aucune fiction de l'entendement, elles soient toutes jointes ensemble et existent dans Dieu: toutes lesquelles choses sont manifestes à celui qui y pense sérieusement, et ne diffèrent point de celles que j'avois déjà ci-devant écrites, si ce n'est seulement en la façon dont elles sont ici expliquées, laquelle j'ai expressément changée pour m'accommoder à la diversité des esprits. Et je confesserai ici librement que cet argument est tel, que ceux qui ne se ressouviendront pas de toutes les choses qui servent à sa démonstration, le prendront aisément pour un sophisme; et que cela m'a fait douter au commencement si je m'en devois servir, de peur de donner occasion à ceux qui ne le comprendroient pas de se défier aussi des autres. Mais pource qu'il n'y a que deux voies par lesquelles on puisse prouver qu'il y a un Dieu, savoir, l'une par ses effets, et l'autre par son essence ou sa nature même, et que j'ai expliqué, autant qu'il m'a été possible, la première dans la troisième Méditation, j'ai cru qu'après cela je ne devois pas omettre l'autre.

Pour ce qui regarde la distinction formelle, que ce très docte théologien dit avoir prise de Scot[1], je réponds brièvement qu'elle ne diffère point de la modale, et qu'elle ne s'étend que sur les êtres incomplets, lesquels j'ai soigneusement distingués de ceux qui sont complets; et qu'à la vérité elle suffit pour faire qu'une chose soit conçue séparément et distinctement d'une autre, par une abstraction de l'esprit qui conçoive la chose imparfaitement, mais non pas pour faire que deux choses soient conçues tellement distinctes et séparées l'une de l'autre que nous entendions que chacune est un être complet et différent de tout autre; car pour cela il e st besoin d'une distinction réelle. Ainsi, par exemple, entre le mouvement et la figure d'un même corps il y a une distinction formelle, et je puis fort bien concevoir le mouvement sans la figure, et la figure sans le mouvement, et l'un et l'autre sans penser particulièrement au corps qui se meut ou qui est figuré; mais je ne puis pas néanmoins concevoir pleinement et parfaitement le mouvement sans quelque corps auquel ce mouvement soit attaché, ni la figure sans quelque corps où réside cette figure, ni enf in je ne puis pas feindre que le mouvement soit en une chose dans laquelle la figure ne puisse être, ou la figure en une chose incapable de mouvement. De même je ne puis pas concevoir la justice sans un juste, ou la miséricorde sans un miséricordieux; et on ne peut pas feindre que celui-là même qui est juste ne puisse pas être miséricordieux. Mais je conçois pleinement ce que c'est que le corps (c'est-à-dire je conçois le corps comme une chose complète), en pensant seulement que c'est une chose étendue, figurée, mobile, etc., encore que je nie de lui toutes les choses qui appartiennent a la nature de l'esprit; et je conçois aussi que l'esprit est une chose complète, qui doute, qui entend, qui veut, etc., encore que je nie qu'il y ait en lui aucune des choses qui sont contenues en l'idée du corps: ce qui ne se pourroit aucunement faire s'il n'y avoit une distinction réelle entre le corps et l'esprit.

[Note 40: Voyez Objections.]

Voilà, Messieurs, ce que j'ai eu à répondre aux objections subtiles et officieuses de votre ami commun. Mais si je n'ai pas été assez heureux d'y satisfaire entièrement, je vous prie que je puisse être averti des lieux qui méritent une plus ample explication, ou peut-être même sa censure; que si je puis obtenir cela de lui par votre moyen, je me tiendrai à tous infiniment votre obligé.

SECONDES OBJECTIONS,

RECUEILLIES PAR LE R. P. MERSENNE, DE LA BOUCHE DE DIVERS THÉOLOGIENS ET PHILOSOPHES, CONTRE LES IIe, IIIe, IVe, Ve ET VIe MÉDITATIONS.

MONSIEUR,

Puisque, pour confondre les nouveaux géants du siècle, qui osent attaquer l'Auteur de toutes choses, vous avez entrepris d'en affermir le trône en démontrant son existence; et que votre dessein semble si bien conduit que les gens de bien peuvent espérer qu'il ne se trouvera désormais personne qui, après avoir lu attentivement vos Méditations, ne confesse qu'il y a un Dieu éternel de qui toutes choses dépendent, nous avons jugé à propos de vous avertir et vous prier tout ensemble de répandre encore sur de certains lieux, que nous vous marquerons ci-après, une telle lumière qu'il ne reste rien dans tout votre ouvrage qui ne soit, s'il est possible, très clairement et très manifestement démontré. Car d'autant que depuis plusieurs années vous avez, par de continuelles méditations, tellement exercé votre esprit, que les choses qui semblent aux autres obscures et incertaines vous peuvent paroître plus claires, et que vous les concevez peut-être par une simple inspection de l'esprit, sans vous apercevoir de l'obscurité que les autres y trouvent, il sera bon que vous soyez averti de celles qui ont besoin d'être plus clairement et plus amplement expliquées et démontrées; et lorsque vous nous aurez satisfait en ceci, nous ne jugeons pas qu'il y ait guère personne qui puisse nier que les raisons dont vous avez commencé la déduction pour la gloire de Dieu et l'utilité du public ne doivent être prises pour des démonstrations.

Premièrement, vous vous ressouviendrez que ce n'est pas tout de bon et en vérité, mais seulement par une fiction d'esprit, que vous avez rejeté, autant qu'il vous a été possible, tous les fantômes des corps, pour conclure que vous êtes seulement une chose qui pense, de peur qu'après cela vous ne croyiez peut-être que l'on puisse conclure qu'en effet et sans fiction vous n'êtes rie n autre chose qu'un esprit ou une chose qui pense; et c'est tout ce que nous avons trouvé digne d'observation touchant vos deux premières Méditations, dans lesquelles vous faites voir clairement qu'au moins il est certain que vous qui pensez êtes quelque c hose. Mais arrêtons-nous un peu ici.[1] Jusque là vous connoissez que vous êtes une chose qui pense, mais vous ne savez pas encore ce que c'est que cette chose qui pense. Et que savez-vous si ce n'est point un corps qui, par ses divers mouvements et rencontres, fait cette action que nous appelons du nom de pensée? Car, encore que vous croyiez avoir rejeté toutes sortes de corps, vous vous êtes pu tromper en cela, que vous ne vous êtes pas rejeté vous-même, qui peut-être êtes un corps. Car comment prouvez-vous qu'un corps ne peut penser, ou que des mouvements corporels ne sont point la pensée même? Et pourquoi tout le système de votre corps, que vous croyez avoir rejeté, ou quelques parties d'icelui, par exemple celles du cerveau, ne pourroient -elles pas concourir à former ces sortes de mouvements que nous appelons des pensées? Je suis, dites -vous, une chose qui pense; mais que savez-vous si vous n'êtes point aussi un mouvement corporel, ou un corps remué?

[Note 41: Voyez Méditation II.]

Secondement, de l'idée d'un être souverain, laquelle vous soutenez ne pouvoir être produite par vous, vous osez conclure l'existence d'un souverain être, duquel seul peut procéder l'idée qui est en votre esprit[1]; comme si nous ne nous trouvions pas en nous un fondement suffisant, sur lequel seul étant appuyés, nous pouvons former cette idée, quoiqu'il n'y eût point de souverain être, ou que nous ne sussions pas s'il y en a un, et que son existence ne nous vînt pas même en la pensée: car ne vois -je pas que moi, qui pense, j'ai quelque degré de perfection? Et ne vois-je pas aussi que d'autres que moi ont un semblable degré? ce qui me sert de fondement pour penser à quelque nombre que ce soit, et ainsi pour ajouter un degré de perfection à un autre jusqu'à l'infini; tout de même que, bien qu'il n'y eût au monde qu'un degré de chaleur ou de lumière, je pourrois néanmoins en ajouter et en feindre toujours de nouveaux jusques à l'infini. Pourquoi pareillement ne pourrai-je pas ajouter à quelque degré d'être que j'aperçois être en moi, tel autre degré que ce soit, et, de tous les degrés capables d'être ajoutés, former l'idée d'un être parfait? Mais, dites -vous, l'effet ne peut avoir aucun degré de perfection ou de réalité qui n'ait été auparavant dans sa cause; mais, outre que nous voyons tous les jours que les mouches, et plusieurs autres animaux, comme aussi les plantes, sont produites par le soleil, la pluie et la terre, dans lesquels il n'y a point de vie comme en ces animaux, laquelle vie est plus noble qu'aucun autre degré purement corporel, d'où il arrive que l'effet lire quelque réalité de sa cause, qui néanmoins n'étoit pas dans sa cause; mais, dis-je, cette idée n'est rien autre chose qu'un être de raison, qui n'est pas plus noble que votre esprit qui la conçoit. De plus, que savez-vous si cette idée se fût jamais offerte à votre esprit, si vous eussiez passé toute votre vie dans un désert, et non point en la compagnie de personnes savantes? et ne peut-on pas dire que vous l'avez puisée des pensées que vous avez eues auparavant, des enseignements des livres, des discours et entretiens de vos amis, etc., et non pas de votre esprit seul ou d'un souverain être existant? Et partant il faut prouver plus clairement que cette idée ne pourroit être en vous, s'il n'y avoit point de souverain être; et alors nous serons les premiers à nous rendre à votre raisonnement, et nous y donnerons tous les mains. Or, que cette idée procède de ces notions anticipées, cela paroît, ce semble, assez clairement de ce que les Canadiens, les Hurons et les autres hommes sauvages n'ont point en eux une telle idée, laquelle vous pouvez même former de la connoissance que vous avez des choses corporelles; en sorte que votre idée ne représente rien que ce monde corporel, qui embrasse toutes les perfections que vous sauriez imaginer: de sorte que vous ne pouvez conclure autre chose, sinon qu'il y a un être corporel très parfait, si ce n'est que vous ajoutiez quelque chose de plus qui élève notre esprit jusqu'à la connoissance des choses spirituelles ou incorporelles. Nous pouvons ici encore dire que l'idée d'un ange peut être en vous aussi bien que celle d'un être très parfait, sans qu'il soit besoin pour cela qu'elle soit formée en vous par un ange réellement existant, bien que l'ange soit plus parfait que vous. Mais je dis de plus que vous n'avez pas l'idée de Dieu non plus que celle d'un nombre ou d'une ligne infinie, laquelle quand vous pourriez avoir, ce nombre néanmoins est entièrement impossible: ajoutez à cela que l'idée de l'unité et simplicité d'une seule per fection, qui embrasse et contienne toutes les autres, se fait seulement par l'opération de l'entendement qui raisonne, tout ainsi que se font les unités universelles, qui ne sont point dans les choses, mais seulement dans l'entendement, comme on peut voir par l'unité générique, transcendantale, etc.

[Note 42: Voyez Méditation III.]

En troisième lieu, puisque vous n'êtes pas encore assuré de l'existence de Dieu, et que vous dites[1] néanmoins que vous ne sauriez être assuré d'aucune chose, ou que vous ne pouvez rien connoître clairement et distinctement si premièrement vous ne connoissez certainement et clairement que Dieu existe, il s'ensuit que vous ne savez pas encore que vous êtes une chose qui pense, puisque, selon vous, cette connoissance dépend de la connoissance claire d'un Dieu existant, laquelle vous n'avez pas encore démontrée, aux lieux où vous concluez que vous connoissez clairement ce que vous êtes. Ajoutez à cela qu'un athée connoît clairement et distinctement que les trois angles d'un triangle sont égaux à deux droits, quoique néanmoins il soit fort éloigné de croire l'existence de Dieu, puisqu'il la nie tout-à-fait; parce, dit-il, que si Dieu existoit il y auroit un souverain être et un souverain bien, c'est-à-dire un infini; or ce qui est infini en tout genre de perfection exclut toute autre chose que ce soit, non seulement toute sorte d'être et de bien, mais aussi toute sorte du non-être et de mal: et néanmoins il y a plusieurs êtres et plusieurs biens, comme aussi plusieurs non-êtres et plusieurs maux; à laquelle objection nous jugeons à propos que vous répondiez, afin qu'il ne reste plus rien aux impies à objecter, et qui puisse servir de prétexte à leur Impiété.

[Note 43: Voyez Méditation II.]

En quatrième lieu, vous niez[1] que Dieu puisse mentir ou décevoir; quoique néanmoins il se trouve des scolastiques qui tiennent le contraire, comme Gabriel, Ariminensis, et quelques autres, qui pensent que Dieu ment, absolument parlant, c'est-à-dire qu'il signifie quelque chose aux hommes contre son intention et contre ce qu'il a décrété et résolu, comme lorsque, sans ajouter de condition, il dit aux Ninivites par son prophète: «Encore quarante jours, et Ninive sera subvertie.» Et lorsqu'il a dit plusieurs autres choses qui ne sont point arrivées, parce qu'il n'a pas voulu que telles paroles répondissent à son intention ou à son décret. Que, s'il a endurci et aveuglé Pharaon, et s'il a mis dans les prophètes un esprit de mensonge, comment pouvez-vous dire que nous ne pouvons être trompés par lui? Dieu ne peut-il pas se comporter envers les hommes comme un médecin envers ses malades et un père envers ses enfants, lesquels l'un et l'autre trompent si souvent, mais toujours avec prudence et utilité; car si Dieu nous montroit la vérité toute nue, quel oeil ou plutôt quel esprit auroit assez de force pour la supporter? Combien qu'à vrai dire il ne soit pas nécessaire de feindre un Dieu trompeur afin que vous soyez déçu dans les choses que vous pensez connoître clairement et distinctement, vu que la cause de cette déception peut être en vous, quoique vous n'y songiez seulement pas. Car que savez-vous si votre nature n'est point telle qu'elle se trompe toujours, ou du moins fort souvent? Et d'où avez-vous appris que, touchant les choses que vous pensez connoître clairement et distinctement, il est certain que vous n'êtes jamais trompé, et que vous ne le pouvez être? Car combien de fois avons-nous vu que des personnes se sont trompées en des choses qu'elles pensoient voir plus clairement que le soleil? Et partant, ce principe d'une claire et distincte connoissance doit être expliqué si clairement et si distinctement que personne désormais, qui ait l'esprit raisonnable, ne puisse être déçu dans les choses qu'il croira savoir clairement et distinctement; autrement nous ne voyons point encore que nous puissions répondre avec certitude de la vérité d'aucune chose.

[Note 44: Voyez Méditations III et IV.]

En cinquième lieu, si la volonté ne peut jamais faillir, on ne pèche point lorsqu'elle suit et se laisse conduire par les lumières claires et distinctes de l'esprit qui la gouverne, et si, au contraire, elle se met en danger du faillir lorsqu'elle poursuit et embrasse les connoissances obscures et confuses de l'entendement, prenez garde que de là il semble que l'on puisse inférer que les Turcs et les autres infidèles non seulement ne pèchent point lorsqu'ils n'embrassent pas la religion chrétienne et catholique, mais même qu'ils pèchent lorsqu'ils l'embrassent, puisqu'ils n'en connoissent point la vérité ni clairement ni distinctement. Bien plus, si cette règle que vous établissez[1] est vraie, il ne sera permis à la volonté d'embrasser que fort peu de choses, vu que nous ne connoissons quasi rien avec cette clarté et distinction que vous requérez pour former une certitude qui ne puisse être sujette à aucun doute. Prenez donc garde, s'il vous plaît, que, voulant affermir le parti de la vérité, vous ne prouviez plus qu'il ne faut, et qu'au lieu de l'appuyer vous ne la renversiez.

[Note 45: Voyez Méditation IV.]

En sixième lieu, dans vos réponses[1] aux précédentes objections, il semble que vous ayez manqué de bien tirer la conclusion dont voici l'argument: «Ce que clairement et distinctement nous entendons appartenir à la nature, ou à l'essence, ou à la forme immuable e t vraie de quelque chose, cela peut être dit ou affirmé avec vérité de cette chose; mais, après que nous avons soigneusement observé ce que c'est que Dieu, nous entendons clairement et distinctement qu'il appartient à sa vraie et immuable nature qu'il exis te.» Il faudroit conclure: Donc, après que nous avons assez soigneusement observé ce que c'est que Dieu, nous pouvons dire ou affirmer cette vérité, qu'il appartient à la nature de Dieu qu'il existe. D'où il ne s'ensuit pas que Dieu existe en effet, mais seulement qu'il doit exister si sa nature est possible ou ne répugne point, c'est-à-dire que la nature ou l'essence de Dieu ne peut être conçue sans existence, en telle sorte que, si cette essence est, il existe réellement; ce qui se rapporte à cet argument, que d'autres proposent de la sorte: S'il n'implique point que Dieu soit, il est certain qu'il existe; or il n'implique point qu'il existe, donc, etc. Mais on est en question de la mineure, à savoir, qu'il n'implique point qu'il existe, la vérité de laque lle quelques uns de nos adversaires révoquent en doute, et d'autres la nient. De plus, cette clause de votre raisonnement, «après que nous avons assez clairement reconnu ou observé ce que c'est que Dieu,» est supposée comme vraie, dont tout le monde ne tombe pas encore d'accord, vu que vous avouez vous-même que vous ne comprenez l'infini qu'imparfaitement; le même faut-il dire de tous ses autres attributs: car tout ce qui est en Dieu étant entièrement infini, quel est l'esprit qui puisse comprendre la moindre chose qui soit en Dieu que très imparfaitement? Comment donc pouvez-vous avoir assez clairement et distinctement observé ce que c'est que Dieu?

[Note 46: Voyez Réponses aux premières objections.]

En septième lieu, nous ne trouvons pas un seul mot dans vos Méditations touchant l'immortalité de l'âme de l'homme, laquelle néanmoins vous deviez principalement prouver, et en faire une très exacte démonstration pour confondre ces personnes indignes de l'immortalité, puisqu'ils la nient, et que peut-être ils la détestent. Mais, outre cela, nous craignons que vous n'ayez pas encore assez prouvé la distinction qui est entre l'âme et le corps de l'homme[1], comme nous avons déjà remarqué en la première de nos observations, à laquelle nous ajoutons qu'il ne semble pas que, de cette distinction de l'âme d'avec le corps, il s'ensuive qu'elle soit incorruptible ou immortelle: car qui sait si sa nature n'est point limitée selon la durée de la vie corporelle, et si Dieu n'a point tellement mesuré ses forces et son existence qu'elle finisse avec le Corps?

[Note 47: Voyez Méditation VI.]

Voilà, Monsieur, les choses auxquelles nous désirons que vous apportiez une plus grande lumière, afin que la lecture de vos très subtiles et, comme nous estimons, très véritables Médita tions soit profitable à tout le monde. C'est pourquoi ce seroit une chose fort utile si, à la fin de vos solutions, après avoir premièrement avancé quelques définitions, demandes et axiomes, vous concluiez le tout selon la méthode des géomètres, en laquelle vous êtes si bien versé, afin que tout d'un coup et comme d'une seule oeillade, vos lecteurs y puissent voir de quoi se satisfaire, et que vous remplissiez leur esprit de la connoissance de la Divinité

RÉPONSES DE L'AUTEUR AUX SECONDES OBJECTIONS.

MESSIEURS,

C'est avec beaucoup de satisfaction que j'ai lu les observations que vous avez faites sur mon petit traité de la première philosophie; car elles m'ont fait connoître la bienveillance que vous avez pour moi, votre piété envers Dieu, et le soin que vous prenez pour l'avancement de sa gloire: et je ne puis que je ne me réjouisse non seulement de ce que vous avez jugé mes raisons dignes de votre censure, mais aussi de ce que vous n'avancez rien contre elles à quoi il ne me semble que je pourrai répondre assez commodément.

En premier lieu, vous m'avertissez de me ressouvenir «que ce n'est pas tout de bon et en vérité, mais seulement par une fiction d'esprit, que j'ai rejeté les idées ou les fantômes des corps pour conclure que je suis une chose qui pense, de peur que peut-être je n'estime qu'il suit de là que je ne suis qu'une chose qui pense[1].» Mais j'ai déjà fait voir, dans ma seconde Méditation, que je m'en étois assez souvenu, vu que j'y ai mis ces paroles: «Mais aussi peut-il arriver que ces mêmes choses que je suppose n'être point parce qu'elles me sont inconnues, ne sont point en effet différentes de moi que je connois: je n'en sais rien, je ne dispute pas maintenant de cela, etc.» Par lesquelles j'ai voulu expressément avertir le lecteur, que je ne cherchois pas encore en ce lieu-là si l'esprit étoit différent du corps, mais que j'examinois seulement celles de ses propriétés dont je puis avoir une claire et assurée connoissance. Et, d'autant que j'en ai là remarqué plusieurs, je ne puis admettre sans distinction ce que vous ajoutez ensuite: «Que je ne sais pas néanmoins ce que c'est qu'une chose qui pense.» Car, bien que j'avoue que je ne savois pas encore si cette chose qui pense n'étoit point différente du corps, ou si elle l'étoit, je n'avoue pas pour cela que je ne la connoissois point; car qui a jamais tellement connu aucune chose qu'il sût n'y avoir rien en elle que cela même qu'il connoissoit? Mais nous pensons d'autant mieux connoître une chose qu'il y a plus de particularités en elle que nous connoissons; ainsi nous avons plus de connoissance de ceux avec qui nous conversons tous les jours que de ceux dont nous ne connoissons que le nom ou le visage; et toutefois nous ne jugeons pas que ceux-ci nous soient tout-à-fait inconnus; auquel sens je pense avoir assez démontré que l'esprit, considéré sans les choses que l'on a de coutume d'attribuer au corps, est plus connu que le corps considéré sans l'esprit: et c'est tout ce que j'avois dessein de prouver en cette seconde Méditation.

[Note 48: Voyez secondes objections.]

Mais je vois bien ce que vous voulez dire, c'est à savoir que, n'ayant écrit que six méditations touchant la première philosophie, les lecteurs s'étonneront que dans les deux premières je ne conclue rien autre chose que ce que je viens de dire tout maintenant, et que pour cela ils les trouveront trop stériles, et indignes d'avoir été mises en lumière. A quoi je réponds seulement que je ne crains pas que ceux qui auront lu avec jugement le reste de ce que j'ai écrit aient occasion de soupçonner que la matière m'ait manqué; mais qu'il m'a semblé très raisonnable que les choses qui demandent une particulière attention, et qui doivent être considérées séparément d'avec les autres, fussent mises dans des méditations séparées. C'est pourquoi, ne sachant rien de plus utile pour parvenir à une ferme et assurée connoissance des choses que si, avant de rien établir, on s'accoutume à douter de tout et principalement des choses corporelles, encore que j'eusse vu il y a long-temps plusieurs livres écrits par les sceptiques et académiciens touchant cette matière, et que ce ne fût pas sans quelque dégoût que je ramâchois une viande si commune, je n'ai pu toutefois me dispenser de lui donner une méditation tout entière; et je voudrois que les lecteurs n'employassent pas seulement le peu de temps qu'il faut pour la lire, mais quelques mois, ou du moins quelques semaines, à considérer les choses dont elle traite auparavant que de passer outre: car ainsi je ne doute point qu'ils ne lissent bien mieux leur profit de la lecture du reste.

De plus, à cause que nous n'avons eu jusques ici aucunes idées des choses qui appartiennent à l'esprit qui n'aient été très confuses et mêlées avec les idées des choses sensibles, et que c'a été la première et principale cause pourquoi on n'a pu entendre assez clairement aucune des choses qui se sont dites de Dieu et de l'âme, j'ai pensé que je ne ferois pas peu, si je montrois comment il faut distinguer les propriétés ou qualités de l'esprit des propriétés ou qualités du corps, et comment il les faut reconnoître; car, encore qu'il ait déjà été dit par plusieurs que, pour bien concevoir les choses immatérielles ou métaphysiques, il faut éloigner son esprit des sens, néanmoins personne, que je sache, n'avoit encore montré pa r quel moyen cela se peut faire. Or le vrai et à mon jugement l'unique moyen pour cela est contenu dans ma seconde Méditation; mais il est tel que ce n'est pas assez de l'avoir envisagé une fois, il le faut examiner souvent et le considérer longtemps, afin que l'habitude de confondre les choses intellectuelles avec les corporelles, qui s'est enracinée en nous pendant tout le cours de notre vie, puisse être effacée par une habitude contraire de les distinguer, acquise par l'exercice de quelques journées. Ce qui m'a semblé une cause assez juste pour ne point traiter d'autre matière en la seconde Méditation.

Vous demandez ici comment je démontre que le corps ne peut penser: mais pardonnez-moi si je réponds que je n'ai pas encore donné lieu à cette question, n'ayant commencé à en traiter que dans la sixième Méditation, par ces paroles: «C'est assez, que je puisse clairement et distinctement concevoir une chose sans une autre pour être certain que l'une est distincte ou différente de l'autre, etc.» Et un peu aprè s: «Encore que j'aie un corps qui me soit fort étroitement conjoint, néanmoins, parce que, d'un côté, j'ai une claire et distincte idée de moi-même en tant que je suis seulement une chose qui pense et non étendue, et que d'un autre j'ai une claire et distincte idée du corps en tant qu'il est seulement une chose étendue et qui ne pense point, il est certain que moi, c'est-à-dire mon esprit ou mon âme, par laquelle je suis ce que je suis, est entièrement et véritablement distincte de mon corps, et qu'elle peut être ou exister sans lui.» A quoi il est aisé d'ajouter: «Tout ce qui peut penser est esprit ou s'appelle esprit.» Mais, puisque le corps et l'esprit sont réellement distincts, nul corps n'est esprit: donc nul corps ne peut penser. Et certes je ne vois rien en cela que vous puissiez nier; car nierez-vous qu'il suffit que nous concevions clairement une chose sans une autre pour savoir qu'elles sont réellement distinctes? Donnez-nous donc quelque signe, plus certain de la distinction réelle, si toutefois on en peut

donner aucun. Car que direz-vous? Sera-ce que ces choses-là sont réellement distinctes, chacune desquelles peut exister sans l'autre? Mais derechef je vous demanderai d'où vous connoissez qu'une chose peut exister sans une autre? Car, afin que ce soit un signe de distinction, il est nécessaire qu'il soit connu. Peut-être direz-vous que les sens vous le font connoître, parce que vous voyez une chose en l'absence de l'autre, ou que vous la touchez, etc. Mais la foi des sens est plus incertaine que ce lle de l'entendement; et il se peut faire en plusieurs façons qu'une seule et même chose paroisse à nos sens sous diverses formes, ou en plusieurs lieux ou manières, et qu'ainsi elle soit prise pour deux. Et enfin, si vous vous ressouvenez de ce qui a été dit de la cire à là fin de la seconde Méditation, vous saurez que les corps mêmes ne sont pas proprement connus par les sens, mais par le seul entendement; en telle sorte que sentir une chose sans une autre n'est rien autre chose sinon avoir l'idée d'une chose, et savoir que cette idée n'est pas la même que l'idée d'une autre: or cela ne peut être connu d'ailleurs que de ce qu'une chose est conçue sans l'autre; et cela ne peut être certainement connu si l'on n'a l'idée claire et distincte de ces deux choses: et ainsi ce signe de réelle distinction doit être réduit au mien pour être certain.

Que s'il y en a qui nient qu'ils aient des idées distinctes de l'esprit et du corps, je ne puis autre chose que les prier de considérer assez attentivement les choses qui sont contenues dans cette seconde Méditation, et de remarquer que l'opinion qu'ils ont que les parties du cerveau concourent avec l'esprit pour former nos pensées n'est fondée sur aucune raison positive, mais seulement sur ce qu'ils n'ont jamais expérime nté d'avoir été sans corps, et qu'assez souvent ils ont été empêchés par lui dans leurs opérations; et c'est le même que si quelqu'un, de ce que dès son enfance il auroit eu des fers aux pieds, estimoit que ces fers fissent une partie de son corps, et qu'ils lui fussent nécessaires pour marcher.

En second lieu, lorsque vous dites [1] «que nous trouvons de nous-mêmes nu fondement suffisant «pour former l'idée le Dieu,» vous ne dites rien de contraire à mon opinion; car j'ai dit moi-même; en termes exprès, à la fin de la troisième Méditation, «que cette idée est née avec moi, et qu'elle ne me vient point d'ailleurs que de moi-même. J'avoue aussi que nous la pourrions former encore que nous ne sussions pas qu'il y a un souverain être, mais non pas si en effet il n'y en avoit point; car au contraire j'ai averti que toute la force de mon argument consiste en ce qu'il ne se pourrait faire que la faculté de former cette idée fût en moi, si je n'avois été créé de Dieu.»

[Note 49: Voyez secondes objections.]

Et ce que vous dites des mouches, des plantes, etc., ne prouve en aucune façon que quelque degré de perfection peut être dans un effet qui n'ait point été auparavant dans sa cause. Car, ou il est certain qu'il n'y a point de perfection dans les animaux qui n'ont point de raison qui ne se rencontre aussi dans les corps inanimés, ou, s'il y en a quelqu'une, qu'elle leur vient d'ailleurs; et que le soleil, la pluie et la terre ne sont point les causes totales de ces animaux. Et ce seroit une chose fort éloignée de la raison si quelqu'un, de cela seul qu'il ne connoît point de cause qui concoure à la génération d'une mouche et qui ait autant de degrés de perfection qu'en a une mouche, n'étant pas cependant assuré qu'il n'y en ait point d'autres que celles qu'il connoît, prenoit de là occasion de douter d'une chose laquelle, comme je dirai tantôt plus au long, est manifeste par la lumière naturelle.

A quoi j'ajoute que ce que vous objectez ici des mouches, étant tiré de la considération des choses matérielles, ne peut venir on l'esprit de ceux qui, suivant l'ordre de mes Méditations, détourneront leurs pensées des choses sensibles pour commencer à philosopher.

Il ne me semble pas aussi que vous prouviez rien contre moi en disant que «l'idée de Dieu qui est en nous n'e st qu'un être de raison.» Car cela n'est pas vrai, si par un être de raison l'on entend une chose qui n'est point: mais seulement si toutes les opérations de l'entendement sont prises pour des êtres de raison, c'est-à-dire pour des êtres qui partent de la raison, auquel sens tout ce monde peut aussi être appelé un être de raison divine, c'est-à-dire un être créé par un simple acte de l'entendement divin. Et j'ai déjà suffisamment averti en plusieurs lieux que je parlois seulement de la perfection ou réalité objective de cette idée de Dieu, laquelle ne requiert pas moins une cause qui contienne en effet tout ce qui n'est contenu en elle qu'objectivement ou par représentation, que fait l'artifice objectif ou représenté, qui est en l'idée que quelque artisan a d'une machine fort artificielle. Et certes je ne vois pas que l'on puisse rien ajouter pour faire connoître plus clairement que cette idée ne peut être en nous si un souverain être n'existe, si ce n'est que le lecteur, prenant garde de plus près aux choses que j'ai déjà écrites, se délivre lui-même des préjugés qui offusquent peut-être sa lumière naturelle, et qu'il s'accoutume à donner créance aux premières notions, dont les connaissances sont si vraies et si évidentes que rien ne le peut être davantage, plutôt qu'à des opinions obscures et fausses, mais qu'un long usage a profondément gravées en nos esprits. Car, qu'il n'y ait rien dans un effet qui n'ait été d'une semblable ou plus excellente façon dans sa cause, c'est une première notion, et si évidente qu'il n'y en a point de plus claire: et cette autre commune notion, que de rien rien ne se fait, la comprend en soi, parce que, si on accorde qu'il y ait quelque chose dans l'effet qui n'ait point été dans sa cause, il faut aussi demeurer d'accord que cela procède du néant; et s'il est évident que le néant ne peut être la cause de quelque chose, c'est seulement parce que dans cette cause il n'y auroit pas la même chose que dans l'effet. C'est aussi une première notion, que toute la réalité, ou toute la perfection, qui n'est qu'objectivement dans les idées, doit être formellement ou éminemment dans leurs causes; et toute l'opinion que nous avons jamais eue de l'existence des choses qui sont hors de notre esprit, n'est appuyée que sur elle seule. Car d'où nous a pu venir le soupçon qu'elles existoient, sinon de cela seul que leurs idées venoient par les sens frapper notre esprit? Or, qu'il y ait en nous quelque idée d'un être souverainement puissant et parfait, et aussi que la réalité objective de cette idée ne se trouve point en nous, ni formellement, ni éminemment, cela deviendra manifeste à ceux qui y penseront sérieusement, et qui voudront avec moi prendre la peine d'y méditer; mais je ne le saurais pas mettre par force en l'esprit de ceux qui ne liront mes Méditations que comme un roman, pour se désennuyer, et sans y avoir grande attention. Or de tout cela on conclut très manifestement que Dieu existe. Et toutefois, en faveur de ceux dont la lumière naturelle est si foible qu'ils ne voient pas que c'est une première notion, que toute la perfection qui est objectivement dans une idée doit être réellement dans quelqu'une de ses causes, je l'ai encore démontré d'une façon plus aisée à concevoir, en montrant que l'esprit qui a cette idée ne peut pas exister par soi-même; et partant je ne vois pas ce que vous pourriez désirer de plus pour donner des mains, ainsi que vous avez promis.

Je ne vois pas aussi que vous prouviez rien contre moi, en disant que j'ai peut-être reçu l'idée qui me représente Dieu, des pensées que j'ai eues auparavant des enseignements des livres, des discours et entretiens de mes amis, etc., et non pas de mon esprit seul. Car mon argument aura toujours la même force, si, m'adressant à ceux de qui l'on dit que je l'ai reçue, je leur demande s' ils l'ont par eux-mêmes on bien par autrui, au lieu de le demander de moi-même; et je conclurai toujours que celui-là est Dieu, de qui elle est premièrement dérivée.

Quant à ce que vous ajoutez eu ce lieu-là, qu'elle peut être formée de la considération des choses corporelles, cela ne me semble pas plus vraisemblable que si vous disiez que nous n'avons aucune faculté pour ouïr, mais que, par la seule vue des couleurs, nous parvenons à la connoissance des sons. Car on peut dire qu'il y a plus d'analogie ou de rapport entre les couleurs et les sons, qu'entre les choses corporelles et Dieu. Et lorsque vous demandez que j'ajoute quelque chose qui nous élève jusqu'à la connoissance de l'être immatériel ou spirituel, je ne puis mieux faire que de vous renvoyer à ma seconde Méditation, afin qu'au moins vous connoissiez qu'elle n'est pas tout-à-fait inutile; car que pourrois-je faire ici par une ou deux périodes, si je n'ai pu rien avancer par un long discours préparé seulement pour ce sujet, et auquel il me semble n'avoir pas moins apporté d'industrie qu'en aucun autre écrit que j'aie publié. Et, encore qu'en cette Méditation j'aie seulement traité de l'esprit humain, elle n'est pas pour cela moins utile à faire connoître la différence qui est entre la nature divine et celle des choses matérielles. Car je veux bien ici avouer franchement que l'idée que nous avons, par exemple, de l'entendement divin ne me semble point différer de celle que nous avons de notre propre entendement, sinon seulement comme l'idée d'un nombre infini diffère de l'idée du nombre binaire ou du ternaire; et il en est de même de tous les attributs de Dieu, dont nous reconnoissons en nous quelque vestige.

Mais, outre cela, nous concevons en Dieu une immensité, simplicité on unité absolue, qui embrasse et contient tous ses autres attributs, et de laquelle nous ne trouvons ni en nous ni ailleurs aucun exemple; mais elle est, ainsi que j'ai dit auparavant, comme la marque de l'ouvrier imprimée sur son ouvrage . Et, par son moyen, nous connoissons qu'aucune des choses que nous concevons être en Dieu et en nous, et que nous considérons en lui par parties, et comme si elles étoient distinctes, à cause de la faiblesse de notre entendement et que nous les expérimentons telles en nous, ne conviennent point à Dieu et à nous, en la façon qu'on nomme univoque dans les écoles; comme aussi nous connoissons que de plusieurs choses particulières qui n'ont point de fin, dont nous avons les idées, comme d'une connoissance sans fin, d'une puissance, d'un nombre, d'une longueur, etc., qui sont aussi sans fin, il y en a quelques unes qui sont contenues formellement dans l'idée que nous

avons de Dieu, comme la connoissance et la puissance, et d'autres qui n'y sont qu'éminemment, comme le nombre et la longueur; ce qui certes ne seroit pas ainsi, si cette idée n'étoit rien autre chose en nous qu'une fiction.

Et elle ne seroit pas aussi conçue si exactement de la même façon de tout le monde: car c'est une chose très remarquable, que tous les métaphysiciens s'accordent unanime ment dans la description qu'ils font des attributs de Dieu, au moins de ceux qui peuvent être connus par la seule raison humaine, en telle sorte qu'il n'y a

aucune chose physique ni sensible, aucune chose dont nous ayons une idée si expresse et si palpable , touchant la nature de laquelle il ne se rencontre chez les philosophes une plus grande diversité d'opinions, qu'il ne s'en rencontre touchant celle de Dieu.

Et certes jamais les hommes ne pourroient s'éloigner de la vraie connoissance de cette nature divine, s'ils vouloient seulement porter leur attention sur l'idée qu'ils ont de l'être souverainement parfait. Mais ceux qui mêlent quelques autres idées avec celle-là composent par ce moyen un dieu chimérique, en la nature duquel il y a des choses qui se contrarient; et, après l'avoir ainsi composé, ce n'est pas merveille s'ils nient qu'un tel dieu, qui leur est représenté par une fausse idée, existe. Ainsi, lorsque vous parlez ici d'un être corporel très parfait, si vous prenez le nom de très parfait absolument, en sorte que vous entendiez que le corps est un être dans lequel toutes les perfections se rencontrent, vous dites des choses qui se contrarient, d'autant que la nature du corps enferme plusieurs imperfections; par exemple, que le corps soit divisible en parties, que chacune de ses parties ne soit pas l'autre, et autres semblables: car c'est une chose de soi manifeste, que c'est une plus grande perfection de ne pouvoir être divisé, que de le pouvoir être, etc.; que si vous entendez seulement ce qui est très parfait dans le genre de corps, cela n'est point le vrai Dieu.

Ce que vous ajoutez de l'idée d'un ange, laquelle est plus parfaite que nous, à savoir qu'il n'est pas besoin qu'elle ait été mise en nous par un ange, j'en demeure aisément d'accord; car j'ai déjà dit moi-même, dans la troisième Méditation, «qu'elle peut être composée des idées que nous avons de Dieu, et de l'homme.» Et cela ne m'est en aucune façon contraire.

Quant à ceux qui nient d'avoir en eux l'idée de Dieu, et qui au lieu d'elle forgent quelque idole, etc.. ceux-là, dis-je, nient le nom et accordent la chose: car certainement je ne pense pas que cette idée soit de même nature que les images des choses matérielles dépeintes en la fantaisie; mais, au contraire, je crois qu'elle ne peut être conçue que par l'entendement seul, et qu'en effet elle n'est que cela même que nous apercevons par son moyen, soit lorsqu'il conçoit, soit lorsqu'il juge, soit lorsqu'il raisonne. Et je prétends maintenir que de cela seul que quelque perfection qui est au-dessus de moi devient l'objet de mon entendement, en quelque façon que ce soit qu'elle se présente à lui; par exemple, de cela seul que j'aperçois que je ne puis jamais, en nombrant, arriver au plus grand de tous les nombres, et que de là je connois qu'il y a quelque chose en matière de nombrer qui surpasse mes forces, je puis conclure nécessairement, non pas à la vérité qu'un nombre infini existe, ni aussi que son existence implique contradiction, comme vous dites, mais que cette puissance que j'ai de comprendre qu'il y a toujours quelque chose de plus à concevoir dans le plus grand des nombres, que je ne puis jamais concevoir, ne me vient pas de moi-même, et que je l'ai reçue de quelque autre être qui est plus parfait que je ne suis.

Et il importe fort peu qu'on donne le nom d'idée à ce concept d'un nombre indéfini, ou qu'on ne lui donne pas. Mais, pour entendre quel est cet être plus parfait que je ne suis, et si ce n'est point ce même nombre dont je ne puis trouver la fin, qui est réellement existant et infini, on bien si c'est quelque autre chose, il faut considérer toutes les autres perfections, lesquelles, outre la puissance de me donner cette idée peuvent être en la même chose en qui est cette puissance; et ainsi on trouvera que cette chose est Dieu.

Enfin, lorsque Dieu est dit être inconcevable, cela s'entend d'une pleine et entière conception, qui comprenne et embrasse parfaitement tout ce qui est en lui, et non pas de cette médiocre et imparfaite qui est en nous, laquelle néanmoins suffit pour connoître qu'il existe. Et vous ne prouvez rien contre moi en disant que l'idée de l'unité de toutes les perfections qui sont eu Dieu est formée de la même façon que l'unité générique et celle des autres universaux. Mais néanmoins elle en est fort différente; car elle dénote une particulière et positive perfection en Dieu, au lieu que l'unité générique n'ajoute rien de réel à la nature de chaque individu.

En troisième lieu, où j'ai dit que nous ne pouvons rien savoir certainement, si nous ne connois sons premièrement que Dieu existe: j'ai dit en termes exprès que je ne parlois que de la science de ces conclusions, «dont la mémoire nous peut revenir eu l'esprit lorsque nous ne pensons plus aux raisons d'où nous les avons tirées.» Car la connoissance des premiers principes ou axiomes n'a pas accoutumé d'être appelée science par les dialecticiens. Mais quand nous apercevons que nous sommes des choses qui pensent, c'est une première notion qui n'est tirée d'aucun syllogisme: et lorsque quelqu'un dit, Je pense, donc je suis, ou j'existe, il ne conclut pas son existence de sa pensée comme par la force de quelque syllogisme, mais comme une chose connue de soi; il la voit par une simple inspection de l'esprit: comme il paroît de ce que s'il la déduisoit d'un syllogisme, il auroit dû auparavant connoître cette majeure, Tout ce qui pense est, ou existe: mais au contraire elle lui est enseignée de ce qu'il sent en lui-même qu'il ne se peut pas faire qu'il pense, s'il n'existe. Car c'est le propre de notre esprit, de former les propositions générales de la connoissance des particulières. Or, qu'un athée[1] puisse connoître clairement que les trois angles d'un triangle sont égaux à deux droits, je ne le nie pas; mais je maintiens seulement que la connoissance qu'il e n a n'est pas une vraie science, parce que toute connoissance qui peut être rendue douteuse ne doit pas être appelée du nom de science; et puisque l'on suppose que celui-là est un athée, il ne peut pas être certain de n'être point déçu dans les choses qui lui semblent être très évidentes, comme il a déjà été montré ci-devant; et encore que peut-être ce doute ne lui vienne point en la pensée, il lui peut néanmoins venir s'il l'examine, ou s'il lui est proposé par un autre: et jamais il ne sera hors du danger de l'avoir, si premièrement il ne reconnoît un Dieu.

[Note 50: Voyez secondes objections.]

Et il n'importe pas que peut-être il estime qu'il a des démonstrations pour prouver qu'il n'y a point de Dieu; car ces démonstrations prétendues étant fausses, on lui en petit toujours faire connoître la fausseté, et alors on le fera changer d'opinion. Ce qui à la vérité ne sera pas difficile, si pour toutes raisons il apporte seulement celles que vous alléguez ici, c'est à savoir que l'infini en tout genre de perfection exclue toute autre sorte d'être, etc.

Car, premièrement, si ou lui demande d'où il a pris que cette exclusion de tous les autres êtres appartient à la nature de l'infini, il n'aura rien qu'il puisse; répondre pertinemment: d'autant que, par le nom d'infini, on n'a pas coutume d'entendre ce qui exclut l'existence des choses finies, et qu'il ne peut rien savoir de la nature d'une chose qu'il pense n'être rien du tout, et par conséquent n'avoir point de nature, sinon ce qui est contenu dans la seule et ordinaire signification du nom de cette chose.

Du plus, à quoi serviroit l'infinie puissance de cet infini imaginaire, s'il ne pouvait jamais rien créer? et enfin de ce que nous expérimentons avoir en nous-mêmes quelque puissance de penser, nous concevons facilement qu'une telle puissance peut être en quelque autre, et même plus grande qu'en nous: mais encore que nous pensions que celle-là s'augmente à l'infini, nous ne craindrons pas pour cela que la nôtre devienne moindre. Il en est de même de tous les autres attributs de Dieu, même de la puissance de produire quelques effets hors de soi, pourvu que nous supposions qu'il n'y en a point en nous qui ne soit soumise à la volonté de Dieu; et partant il peut être conçu tout-à-fait infini sans aucune exclusion des choses créées.

En quatrième lieu, lorsque je dis que Dieu ne peut mentir ni être trompeur, je pense convenir avec tous les théologiens qui ont jamais été, et qui seront à l'avenir. Et tout ce que vous alléguez[1] au contraire n'a pas plus de force que si, ayant nié que Dieu se mît en colère, ou qu'il fût sujet aux autres passions de l'âme, vous m'objectiez les lieux de l'Écriture où il semble que quelques passions humaines lui sont attribuées. Car tout le monde connoit assez la distinction qui est entre ces façons de parler de Dieu, dont l'Écriture se sert ordinairement, qui sont accommodées à la capacité du vulgaire, et qui contiennent bien quelque vérité, mais seulement on tant qu'elle est rapportée aux hommes; et celles qui expriment une vérité plus simple et plus pure, et qui ne change point de nature, encore qu'elle ne leur soit point rapportée; desquelles chacun doit user en philosophant, et dont j'ai dû principalement me servir dans mes Méditations, vu qu'en ce lieu-là même je ne supposais pas encore qu'aucun homme me fût connu, et que je ne me considérois pas non plus en tant que composé de corps et d'esprit, mais comme un esprit seulement. D'où il est évident que je n'ai point parlé en ce lieu-là du mensonge qui s'exprime par des paroles, mais seulement de la malice interne et formelle qui se rencontre dans la tromperie, quoique néanmoins ces paroles que vous apportez du prophète, Encore quarante jours, et Ninive sera subvertie, ne soient pas même un mensonge verbal, mais une simple menace, dont l'événement dépendoit d'une condition; et lorsqu'il est dit que Dieu a endurci le coeur de Pharaon , ou quelque chose de semblable, il ne faut pas penser qu'il ait fait cela positivement, mais seulement négativement, à savoir, ne donnant pas à Pharaon une grâce efficace pour se convertir. [Note 51: Voyez secondes objections.]

Je ne voudrais pas néanmoins condamner ceux qui disent que Dieu peut proférer par ses prophètes quelque mensonge verbal, tels que sont ceux dont se servent les médecins quand ils déçoivent leurs malades pour les guérir, c'est-à-dire qui fût exempt de toute la malice qui se rencontre ordinairement dans lu tromper: mais, bien davantage, nous voyons quelquefois que nous sommes réellement trompés par cet instinct naturel qui nous a été donné de Dieu, comme lorsqu'un hydropique a soif; car alors il est réellement poussé à boire par la nature qui lui a été donnée de Dieu pour la conservation de snu corps, quoique néanmoins cette nature le trompe, puisque le boire lui doit être nuisible: mais j'ai expliqué, dans la sixième Méditation, comment cela peut compatir avec la bonté et la vérité de Dieu. Mais dans les choses qui ne peuvent pas être ainsi expliquées, à savoir, dans nos jugements très clairs et très exacts, lesquels s'ils étoient faux ne pourroient être corrigés par d'autres plus clairs, ni par l'aide d'aucune autre faculté naturelle, je soutiens hardiment que nous ne pouvons être trompés. Car Dieu étant le souverain être, il est aussi nécessairement le souverain bien et lu souveraine vérité, et partant il répugne que quelque chose vienne de lui qui tende positivement à la fausseté. Mais puis-qu'il ne peut y avoir en nous rien de réel qui ne nous ait été donné par lui, comme il a été démontré en prouvant son existence, et puisque nous avons en nous une faculté réelle pour, connoître le vrai et le distinguer d'avec le faux, comme on le peut prouver de cela seul que nous avons eu nous les idées du vrai et du faux, si cette faculté ne tendoit au vrai, au moins lorsque nous nous en servons comme il faut, c'est-à-dire lorsque nous ne donnons notre consentement qu'aux choses que nous concevons clairement et distinctement, car on ne sauroit feindre un autre bon usage de cette faculté, ce ne seroit pas sans raison que Dieu, qui nous l'a donnée, seroit tenu pour un trompeur.

Et ainsi vous voyez qu'après avoir connu que Dieu existe, il est nécessaire de feindre qu'il soit trompeur, si nous voulons révoquer en doute les choses que nous concevons clairement et distinctement; et parce que cela ne se peut pas même feindre, il faut nécessairement admettre ces choses comme très vraies et très assurées. Mais d'autant que je remarque ici que vous vous arrêtez encore aux doutes que j'ai proposés dans ma première Méditation, et que je pensois avoir levés assez exactement dans les suivantes, j'expliquerai ici derechef le fondement sur lequel il me semble que toute la certitude humaine peut être appuyée.

Premièrement, aussitôt que nous pensons concevoir clairement quelque vérité, nous sommes naturellement portés à la croire. Et si cette croyance est si ferme que nous ne puissions jamais avoir aucune raison de douter de ce que nous croyons de la sorte, il n'y a rien à rechercher davantage, nous avons touchant cela toute la certitude qui se peut raisonnablement souhaiter. Car que nous importe si peut--être quelqu'un feint que cela même de la vérité duquel nous sommes si fortement persuadés paroit faux aux yeux de Dieu ou des anges, et que partant, absolument parlant, il est faux; qu'avons-nous à faire de nous mettre en peine de cette fausseté absolue, puisque nous ne la croyons point du tout, et que nous n'en avons pas même le moindre soupçon? Car nous supposons une croyance ou une persuasion si ferme qu'elle ne puisse être ébranlée; laquelle par conséquent est en tout la même chose qu'une très parfaite certitude. Mais on peut bien douter si l'on a quelque certitude de cette nature, ou quelque persuasion qui soit ferme et immuable.

Et certes, il est manifeste qu'on n'en peut pas avoir des choses obscures et confuses, pour peu d'obscurité ou de confusion que nous y remarquions; car cette obscurité, quelle qu'elle soit, est une cause assez suffisante pour nous faire douter de ces choses. On n'en peut pas aussi avoir des choses qui ne sont aperçues que par les sens, quelque clarté qu'il y ait en leur perception, parce que nous avons souvent remarqué que dans le sens il peut y avoir de l'erreur, comme lorsqu'un hydropique a soif ou que la neige paroit jaune à celui qui a la jaunisse:

car celui-là ne la voit pas moins clairement et distinctement de la sorte que nous, à qui elle paroît blanche; il reste donc que, si on en peut avoir, ce soit seulement des choses que l'esprit conçoit clairement et distinctement.

Or entre ces choses il y en a de si claires et tout ensemble de si simples, qu'il nous est impossible de penser à elles que nous ne les croyions être vraies; par exemple, que j'existe lorsque je pense, que les choses qui ont une fois été faites ne peuvent n'avoir point été faites, et autres choses semblables, dont il est manifeste que nous avons une parfaite certitude. Car nous ne pouvons pas douter de ces choses -là sans penser à elles, mais nous n'y pouvons jamais penser sans croire qu'elles sont vraies, comme je viens de dire; donc, nous n'en pouvons douter que nous ne les croyions être vraies, c'est-à-dire que nous n'en pouvons jamais douter.

Et il ne sert de rien de dire[1] «que nous avons souvent »expérimenté que des personnes se sont trompées »en des choses qu'elles pensoient voir plus clairement que le soleil;» car nous n'avons jamais vu, ni nous ni personne, que cela soit arrivé à ceux qui ont tiré toute la clarté de leur perception de l'entendement seul, mais bien à ceux qui l'ont prise des sens ou de quelque faux préjugé. Il ne sert aussi de rien de vouloir feindre que peut-être ces choses semblent fausses à Dieu ou aux anges; parce que l'évidence de notre perception ne nous permettra jamais d'écouter celui qui le voudroit feindre et qui nous le voudroit persuader.

[Note 52: Voyez secondes objections.]

Il y a d'autres choses que notre entendement conçoit aussi fort clairement lorsque nous prenons garde de près aux raisons d'où dépend leur connoissance, et pour ce nous ne pouvons pas alors en douter; mais, parce que nous pouvons oublier ces raisons, et cependant nous ressouvenir des conclusions qui en ont été tirées, on demande si on peut avoir une ferme et immuable persuasion de ces conclusions, taudis que nous nous ressouvenons qu'elles ont été déduites de principes très évidents; car ce souvenir doit être suppos é pour pouvoir être appelées des conclusions. Et je réponds que ceux-là en peuvent avoir qui connoissent tellement Dieu, qu'ils savent qu'il ne se peut pas faire que la faculté d'entendre, qui leur a été donnée par lui, ait autre chose que la vérité pour objet; mais que les autres n'en ont point: et cela a été si clairement expliqué à la fin de la cinquième Méditation, que je ne pense pas y devoir ici rien ajouter.

En cinquième lieu, je m'étonne que vous niiez [1] que la volonté se met en danger de faillir lorsqu'elle poursuit et embrasse les connoissances obscures et confuses de l'entendement; car qu'est-ce qui la peut rendre certaine si ce qu'elle suit n'est pas clairement connu? Et quel a jamais été le philosophe, ou le théologien, ou bien seulement l'homme usant de raison, qui n'ait confessé que le danger de faillir où nous nous exposons est d'autant moindre que plus claire est la chose que nous concevons auparavant que d'y donner notre consentement; et que ceux-là pèchent qui, sans connoissance de cause, portent quelque jugement? Or nulle conception n'est dite obscure ou confuse, sinon parce qu'il y a en elle quelque chose de contenu qui n'est pas connu.

[Note 53: Voyez secondes objections.]

Et partant, ce que vous objectez touchant la foi qu'on doit e mbrasser n'a pas plus de force contre moi que contre tous ceux qui ont jamais cultivé la raison humaine, et, à vrai dire, elle n'en a aucune contre pas un. Car, encore qu'on dise que la foi a pour objet des choses obscures, néanmoins ce pourquoi nous les c royons n'est pas obscur, mais il est plus clair qu'aucune lumière naturelle. D'autant qu'il faut distinguer entre la matière ou la chose à laquelle nous donnons notre créance, et la raison formelle qui meut notre volonté à la donner. Car c'est dans cette seule raison formelle; que nous voulons qu'il y ait de la clarté et de l'évidence. Et, quant à la matière, personne n'a jamais nié qu'elle peut être obscure, voire l'obscurité même; car, quand je juge que l'obscurité doit être ôtée de nos pensées pour leur pouvoir donner notre consentement sans aucun danger de faillir, c'est l'obscurité même qui me sert de matière pour former un jugement clair et distinct.

Outre cela, il faut remarquer que la clarté ou l'évidence par laquelle notre volonté peut être excitée à croire est de deux sortes: l'une qui part de la lumière naturelle, et l'autre qui vient de la grâce divine.

Or, quoiqu'on die ordinairement que la foi est des choses obscures, toutefois cela s'entend seulement de sa matière, et non point de la raison formelle pour laquelle nous croyons; car, au contraire, cette raison formelle consiste en une certaine lumière intérieure, de laquelle Dieu nous ayant surnaturellement éclairés, nous avons une confiance certaine que les choses qui nous sont proposées à croire ont été révélées par lui, et qu'il est entièrement impossible qu'il soit menteur et qu'il nous trompe; ce qui est plus assuré que toute autre lumière naturelle, et souvent même plus évident à cause de la lumière de la grâce. Et certes les Turcs et les a utres infidèles, lorsqu'ils n'embrassent point la religion chrétienne, ne pèchent pas pour ne vouloir point ajouter foi aux choses obscures comme étant obscures; mais ils pèchent, ou de ce qu'ils résistent à la grâce divine qui les avertit intérieurement, ou que, péchant en d'autres choses, ils se rendent indignes de cette grâce. Et je dirai hardiment qu'un infidèle, qui, destitué de toute grâce surnaturelle et ignorant tout-à-fait que les choses que nous autres chrétiens croyons ont été révélées de Dieu, néanmoins, attiré par quelques faux raisonnements, se porteroit à croire ces mêmes choses qui lui seroient obscures, ne seroit pas pour cela fidèle, mais plutôt qu'il pécheroit en ce qu'il ne se serviroit pas comme il faut de sa raison.

Et je ne pense pas que jamais aucun théologien orthodoxe ait eu d'autres sentiments touchant cela; et ceux aussi qui liront mes Méditations n'auront pas sujet de croire que je n'aie point connu cette lumière surnaturelle, puisque, dans la quatrième, où j'ai soigneusement re cherché la cause de l'erreur ou fausseté, j'ai dit, en paroles expresses, «qu'elle dispose l'intérieur de notre pensée à vouloir, et que néanmoins elle ne diminue point la liberté.»

Au reste, je vous prie ici de vous souvenir que, touchant les choses que la volonté peut embrasser, j'ai toujours mis une très grande distinction entre l'usage de la vie et la contemplation de la vérité. Car, pour ce qui regarde l'usage de la vie, tant s'en faut que je pense qu'il ne faille suivre que les choses que nous connoissons très clairement, qu'au contraire je tiens qu'il ne faut pas même toujours attendre les plus vraisemblables, mais qu'il faut quelquefois, entre plusieurs choses tout-à-fait inconnues et incertaines, en choisir une et s'y déterminer, et après cela s'y arrêter aussi fermement, tant que nous ne voyons point de raisons au contraire, que si nous l'avions choisie pour des raisons certaines et très évidentes, ainsi que j'ai déjà expliqué dans le discours de la Méthode. Mais où il ne s'agit que de la contempla tion de la vérité, qui a jamais nié qu'il faille suspendre son jugement à l'égard des choses obscures, et qui ne sont pas assez distinctement connues? Or, que cette seule contemplation de la vérité soit le seul but de mes Méditations, outre que cela se rec onnoît assez clairement par elles-mêmes, je l'ai de plus déclaré en paroles expresses sur la fin de la première, en disant «que je ne pouvois pour lors user de trop de défiance, d'autant que je ne m'appliquois pas aux choses qui regardent l'usage de la vie, mais seulement à la recherche de la vérité.»

En sixième lieu, où vous reprenez[1] la conclusion d'un syllogisme que j'avois mis en forme, il semble que vous péchiez vous-mêmes en la forme; car, pour conclure ce que vous voulez, la majeure devoit être te lle, «ce que clairement et distinctement nous concevons appartenir à la nature de quelque chose, cela peut être dit ou affirmé avec «vérité appartenir à la nature de cette chose.» Et ainsi elle ne contiendroit rien qu'une inutile et superflue répétition. Mais la majeure de mon argument a été telle: «Ce que clairement et distinctement «nous concevons appartenir à la nature de quelque «chose, cela peut être dit ou affirmé avec vérité de «cette chose.» C'est-à-dire, si être animal appartient à l'essence ou à la nature de l'homme, on peut assurer que l'homme est animal; si avoir les trois angles égaux à deux droits appartient à la nature du triangle rectiligne, on peut assurer que le triangle rectiligne a ses trois angles égaux à deux droits; si exister appartie nt à la nature de Dieu, on

peut assurer que Dieu existe, etc. Et la mineure a été telle: «Or est-il qu'il appartient à la nature de «Dieu d'exister.» D'où il est évident qu'il faut conclure comme j'ai fait, c'est à savoir, «Donc on «peut avec vérité assurer de Dieu qu'il existe;» et non pas comme vous voulez, «Donc nous pouvons «assurer avec vérité qu'il appartient à la nature de »Dieu d'exister.» Et partant, pour user de l'exception que vous apportez ensuite, il vous eût fallu nier la majeure, et dire que ce que nous concevons clairement et distinctement appartenir à la nature de quelque chose ne peut pas pour cela être dit ou affirmé de cette chose, si ce n'est que sa nature soit possible ou ne répugne point. Mais voyez, je vous prie, la faiblesse de cette exception. Car, ou bien par ce mot de possible vous entendez, comme l'on fait d'ordinaire, tout ce qui ne répugne point à la pensée humaine, auquel sens il est manifeste que la nature de Dieu, de la façon que je l'ai décrite, est possible, parce que je n' ai rien supposé en elle, sinon ce que nous concevons clairement et distinctement lui devoir appartenir, et ainsi je n'ai rien supposé qui répugne à la pensée ou ait concept humain: ou bien vous feignez quelque autre

possibilité de la part de l'objet même, laquelle, si elle ne convient avec la précédente, ne peut jamais être connue par l'entendement humain, et partant elle n'a pas plus de force pour nous obliger à nier la nature de Dieu ou son existence que pour détruire toutes les autres choses qui tombent sous la connoissance des hommes; car, par la même raison que l'on nie que la nature de Dieu est possible, encore qu'il ne se rencontre aucune impossibilité de la part du concept ou de la pensée, mais qu'au contraire toutes les choses qui sont contenues dans ce concept de la nature divine soient tellement connexes entre elles qu'il nous semble y avoir de la contradiction à dire qu'il y en ait quelqu'une qui n'appartienne pas à la nature de Dieu, on pourra aussi nier qu'il soit possible que les trois angles d'un triangle soient égaux à deux droits, ou que celui qui pense actuellement existe: et à bien plus forte raison pourra -t-on nier qu'il y ait rien de vrai de toutes les choses que nous apercevons par les sens; et ainsi toute la connoissance humaine sera renversée sans aucune raison ni fondement.

[Note 54: Voyez secondes objections.]

Et pour ce qui est de cet argument, que vous comparez avec le mien, à savoir, «S'il n'implique point que Dieu existe, il est certain qu'il existe: mais il n'implique point; donc, etc.,» matériellement parlant il est vrai, mais formellement c'est un sophisme; car dans la majeure ce mot il implique regarde le concept de la cause par laquelle Dieu peut être, et dans la mineure il regarde le seul concept de l'existence et de la na ture de Dieu, comme il paroit de ce que si on nie la majeure, il la faudra prouver ainsi: Si Dieu n'existe point encore, il implique qu'il existe, parce qu'on ne sauroit assigner de cause suffisante pour le produire: mais il n'implique point qu'il existe, comme il a été accordé dans la mineure; donc, etc. Et si on nie la mineure, il la faudra prouver ainsi: Cette chose n'implique point dans le concept formel de laquelle il n'y a rien qui enferme contradiction: mais, dans le concept formel de l'existence ou de la nature divine, il n'y a rien qui enferme contradiction; donc, etc. Et ainsi ce mot il implique est pris en deux divers sens. Car il se peut faire qu'on ne concevra rien dans la chose même qui empêche qu'elle ne puisse exister, et que cependant on concevra quelque chose de la part de sa cause qui empêche qu'elle ne soit produite. Or, encore que nous ne concevions Dieu que très imparfaitement, cela n'empêche pas qu'il ne soit certain que sa nature est possible, ou qu'elle n'implique point; ni aussi que nous ne puissions assurer avec vérité que nous l'avons assez soigneusement examinée, et assez clairement connue, à savoir autant qu'il suffit pour connoître qu'elle est possible, et aussi que l'existence nécessaire lui appartient. Car toute impossibilité, ou, s'il m'est permis de me servir ici du mot de l'école, toute implicance consiste seulement en notre concept ou pensée, qui ne peut conjoindre les idées qui se contrarient les unes les autres; et elle ne peut consister en aucune chose qui soit hors de l' entendement, parce que de cela même qu'une chose est hors de l'entendement il est manifeste qu'elle n'implique point, mais qu'elle est possible. Or l'impossibilité que nous trouvons en nos pensées ne vient que de ce qu'elles sont obscures et confuses, et il n'y en peut avoir aucune dans celles qui sont claires et distinctes; et partant, afin que nous puissions assurer que nous connoissons assez la nature de Dieu pour savoir qu'il n'y a point de répugnance qu'elle existe, il suffit que nous entendions claire ment et distinctement toutes les choses que nous apercevons être en elle, quoique ces choses ne soient qu'en petit nombre au regard de telles que nous n'apercevons pas, bien qu'elles soient aussi en elle, et qu'avec cela nous remarquions que l'existence né cessaire est l'une des choses que nous apercevons ainsi être en Dieu.

En septième lieu, j'ai déjà donné la raison, dans l'abrégé de mes Méditations, pourquoi je n'ai rien dit ici touchant l'immortalité de l'âme; j'ai aussi fait voir ci-devant comme quoi j'ai suffisamment prouvé la distinction qui est entre l'esprit et toute sorte de corps.

Quant à ce que vous ajoutez[1], «que de la distinction de l'âme d'avec le corps il ne s'ensuit pas qu'elle soit immortelle, parce que nonobstant cela on peut dire que Dieu l'a faite d'une telle nature que sa durée finit avec celle de la vie du corps,» je confesse que je n'ai rien à y répondre; car je n'ai pas tant de présomption que d'entreprendre de déterminer par la force du raisonnement humain une chose qui ne dépend que de la pure volonté de Dieu.

[Note 55: Voyez secondes objections.]

La connoissance naturelle nous apprend que l'esprit est différent du corps, et qu'il est une substance; et aussi que le corps humain, en tant qu'il diffère des autres corps, est seulement composé d'une certaine configuration de membres, et autres semblables accidents; et enfin que la mort du corps dépend seulement de quelque division ou changement de figure. Or nous n'avons aucun argument ni aucun exemple qui nous persuade que la mort, ou l'anéantissement d'une substance telle qu'est l'esprit, doive suivre d'une cause si légère comme est un changement de figure, qui n'est autre chose qu'un mode, et encore un mode non de l'esprit, mais du corps, qui est réellement distinct de l'esprit. Et même nous n'avons aucun argument ni exemple qui nous puisse persuader qu'il y a des substances qui sont sujettes à être anéanties. Ce qui suffit pour conclure que l'esprit ou l'âme de l'homme, autant que cela peut être connu par la philosophie naturelle, est immortelle.

Mais si on demande si Dieu, par son absolue puissance, n'a point peut-être déterminé que les âmes des hommes cessent d'être au même temps que les corps auxquels elles sont unies sont détruits, c'est à Dieu seul d'en répondre. Et puisqu'il nous a maintenant révélé que cela n'arrivera point, il ne nous doit plus rester touchant cela aucun doute.

Au reste, j'ai beaucoup à vous remercier de ce que vous avez daigné si officieusement et avec tant de franchise m'avertir non seulement des choses qui vous ont semblé dignes d'explication, mais aussi des difficultés qui pouvoient m'être faites par les athées, ou par quelques envieux et médisants. Car encore que je ne voie rien entre les choses que vous m'avez proposées que je n'eusse auparavant rejeté ou expliqué dans mes Méditations (comme, par exemple, ce que vous avez allégué des mouches qui sont produites par le soleil, des Canadiens, des Ninivites, des Turcs, et autres choses semblables, ne peut venir en l'esprit de ceux qui, suivant l'ordre de ces Méditations, mettront à part pour quelque temps toutes les choses qu'ils ont apprises des sens, pour prendre garde à ce que dicte la plus pure et plus saine raison, c'est pourquoi je pensois avoir déjà rejeté toutes ces choses), encore, dis-je, que cela soit, je juge néanmoins que ces objections seront fort utiles à mon dessein, d'autant que je ne me promets pas d'avoir beaucoup de lecteurs qui veuillent apporter tant d'attention aux choses que j'ai écrites, qu'étant parvenus à lu fin ils se ressouvienne nt de tout ce qu'ils auront lu auparavant: et ceux qui ne le feront pas tomberont aisément en des difficultés, auxquelles ils verront puis après que j'aurai satisfait par cette réponse, ou du moins ils prendront de là occasion d'examiner plus soigneusement la vérité.

Pour ce qui regarde le conseil que vous me donnez de disposer mes raisons selon la méthode des géomètres, afin que tout d'un coup les lecteur les puissent comprendre, je vous dirai ici en quelle façon j'ai déjà tâché ci-devant de la suivre, et comment j'y tâcherai encore ci-après.

Dans la façon d'écrire des géomètres je distingue deux choses, à savoir l'ordre, et la manière de démontrer. L'ordre consiste en cela seulement que les choses qui sont proposées les premières doivent être connues sans l'aide des suivantes, et que les suivantes doivent après être disposées de telle façon, qu'elles soient démontrées par les seules choses qui les précèdent. Et certainement j'ai tâché autant que j'ai pu de suivre cet ordre en mes Méditations. Et c'est ce qui a fait que je n'ai pas traité dans la seconde de la distinction qui est entre l'esprit et le corps, mais seulement dans la sixième, et que j'ai omis tout exprès beaucoup de choses dans ce traité, parce qu'elles présupposoient l'explication de plusieurs autres.

La manière de démontrer est double: l'une se fait par l'analyse ou résolution, et l'autre par la synthèse ou composition.

L'analyse montre la vraie voie; par laquelle une chose a été méthodiquement inventée, et fait voir comment les effets dépendent des causes; en sorte que si le lecteur la veut suivre, et jeter les yeux soigneusement sur tout ce qu'elle contient, il n'entendra pas moins parfaitement la chose ainsi démontrée, et ne la rendra pas moins sienne, que si lui-même l'avoit inventée. Mais cette sorte de démonstration n'est pas propre à convaincre les lecteurs opiniâtres ou peu attentifs: car si ont laisse échapper sans y prendre garde la moindre des choses qu'elle propose, la nécessité de ses conclusions ne paraîtra point; et on n'a pas coutume d'y exprimer fort amplement les choses qui sont assez claires d'elles-mêmes, bien que ce soit ordinairement celles auxquelles il faut le plus prendre garde.

La synthèse au contraire, par une voie toute différente, et comme en examinant les causes pa r leurs effets, bien que la preuve qu'elle contient soit souvent aussi des effets par les causes, démontre à la vérité clairement ce qui est contenu en ses conclusions, et se sert d'une longue suite de définitions, de demandes, d'axiomes, de théorèmes et de problèmes, afin que si on lui nie quelques conséquences, elle fasse voir comment elles sont contenues dans les antécédents, et qu'elle arrache le consentement du lecteur, tant obstiné et opiniâtre qu'il puisse être; mais elle ne donne pas comme l'autre une entière satisfaction à l'esprit de ceux qui désirent d'apprendre, parce qu'elle n'enseigne pas la méthode par laquelle la chose a été inventée.

Les anciens géomètres avoient coutume de se servir seulement de cette synthèse dans leurs écrits, non qu'ils ignorassent entièrement l'analyse, mais à mon avis parce qu'ils en faisoient tant d'état qu'ils la réservoient pour eux seuls comme un secret d'importance.

Pour moi, j'ai suivi seulement la voie analytique, dans mes Méditations, parce qu'elle me semble être la plus vraie et la plus propre pour enseigner; mais quant à la synthèse, laquelle sans doute est celle que vous désirez de moi, encore que, touchant les choses qui se traitent en la géométrie, elle puisse utilement être mise après l'analyse, elle ne convient pas toutefois si bien aux matières qui appartiennent à la métaphysique. Car il y a cette différence, que les premières notions qui sont supposées pour démontrer les propositions géométriques, ayant de la convenance avec les sens, sont reçues facilement d'un chacun: c'est pourquoi il n'y a point là de difficulté, sinon à bien tirer les conséquences, ce qui se peut faire par toutes sortes de personnes, même par les moins attentives, pourvu seulement qu'elles se ressouviennent des choses précédentes; et on les oblige aisément a s'en souvenir, en distinguant autant de diverses propositions qu'il y a de choses à remarquer dans la difficulté proposée, afin qu'elles s'arrêtent séparément sur chacune, et qu'on les leur puisse citer par après pour les avertir de celles auxquelles elles doivent penser. Mais au contraire, touchant les questions qui appartiennent à la métaphysique, la principale difficulté est de concevoir clairement, et distinctement les premières notions. Car, encore que de leur nature elles ne soient pas moins claires, et même que souvent elles soient plus claires que celles qui sont considérées par les géomètres, néanmoins, d'autant qu'elles semblent ne s'accorder pas avec plusieurs préjugés que nous avons reçus par les sens, et auxquels nous sommes accoutumés dès notre enfance, elles ne sont parfaitement comprises que par ceux qui sont fort attentifs et qui s'étudient à détacher autant qu'ils peuvent leur esprit du commerce des sens: c'est pourquoi, si on les proposait toutes seules, elles seraient aisément niées par ceux qui ont l'esprit porté à la contradiction. Et c'est ce qui a été la cause que j'ai plutôt écrit des Méditations que des disputes ou des questions, comme font les philosophes; ou bien des théorèmes ou des problèmes, comme les géomètres, afin de témoigner par là que je n'ai écrit que pour ceux qui se voudront donner la peine de méditer avec moi sérieusement et considérer les choses avec attention. Car, de cela même que quelqu'un se prépare à combattre la vérité, il se rend moins propre à la comprendre, d'autant qu'il détourne son esprit de la considération des raisons qui la persuadent, pour l'appliquer à la recherche de celles qui la détruisent.

Mais néanmoins, pour témoigner combien je défère à votre conseil, je tâcherai ici d'imiter la synthèse des géomètres, et y ferai un abrégé des principales raisons dont j'ai usé pour démontrer l'existence de Dieu et la distinction qui est entre l'esprit et le corps humain; ce qui ne servira peut-être pas peu pour soulager l'attention des lecteurs.

RAISONS QUI PROUVENT L'EXISTENCE DE DIEU, ET LA DISTINCTION QUI EST ENTRE L'ESPRIT ET LE CORPS DE L'HOMME, DISPOSÉES DUNE FAÇON GÉOMÉTRIQUE.

DÉFINITIONS.

I. Par le nom de pensée je comprends tout ce qui est tellement en nous que nous l'aperc evons immédiatement par nous-mêmes et en avons une connoissance intérieure: ainsi toutes les opérations de la volonté, de l'entendement, de l'imagination et des sens sont des pensées. Mais j'ai ajouté immédiatement pour exclure les choses qui suivent et dépendent de nos pensées; par exemple, le mouvement volontaire a bien à la vérité la volonté pour son principe, mais lui-même néanmoins n'est pas une pensée. Ainsi se promener n'est pas une pensée, mais bien le sentiment ou la connoissance que l'on a qu'on s e promène.

II. Par le nom d'idée, j'entends cette forme de chacune de nos pensées par la perception immédiate de laquelle nous avons connoissance de ces mêmes pensées. De sorte que je ne puis rien exprimer par des paroles lorsque j'entends ce que je dis, que de cela même il ne soit certain que j'ai en moi l'idée de la chose qui est signifiée par mes paroles. Et ainsi je n'appelle pas du nom d'idée les seules images qui sont dépeintes en la fantaisie; au contraire, je ne les appelle point ici de ce nom, en tant qu'elles sont en la fantaisie corporelle, c'est-à-dire en tant qu'elles sont dépeintes en quelques parties du cerveau, mais seulement en tant qu'elles informent l'esprit même qui s'applique à cette partie du cerveau.

III. Par la réalité objective d'une idée, j'entends l'entité ou l'être de la chose représentée par cette idée, en tant que cette entité est dans l'idée; et de la même façon, on peut dire une perfection objective, ou un artifice objectif, etc. Car tout ce que nous concevons comme étant da ns les objets des idées, tout cela est objectivement ou par représentations dans les idées mêmes.

IV. Les mêmes choses sont dites être formellement dans les objets des idées quand elles sont en eux telles que nous les concevons; et elles sont dites y être éminemment quand elles n'y sont pas à la vérité telles, mais qu'elles sont si grandes qu'elles peuvent suppléer à ce défaut par leur excellence.

V. Toute chose dans laquelle réside immédiatement comme dans un sujet, ou par laquelle existe quelque chose que nous apercevons, c'est-à-dire quelque propriété, qualité ou attribut dont nous avons en nous une réelle idée, s'appelle substance. Car nous n'avons point d'autre idée de la substance précisément prise, sinon qu'elle est une chose dans laquelle existe formellement ou éminemment cette propriété ou qualité que nous apercevons, ou qui est objectivement dans quelqu'une de nos idées, d'autant que la lumière naturelle nous enseigne que le néant ne peut avoir aucun attribut qui soit réel.

VI. La substance dans laquelle réside immédiatement la pensée est ici appelée esprit. Et toutefois ce nom est équivoque, en ce qu'on l'attribue aussi quelquefois au vent et aux liqueurs fort subtiles; mais je n'en sache point de plus propre.

VII. La substance qui est le sujet immédiat de l'extension locale et des accidents qui présupposent cette extension, comme sont la figure, la situation et le mouvement de lieu, etc., s'appelle corps. Mais de savoir si la substance qui est appelée esprit est la même que celle que nous appelons corps, ou bien si ce sont deux substances diverses, c'est ce qui sera examiné ci-après.

VIII. La substance que nous entendons être souverainement parfaite, et dans laquelle nous ne concevons rien qui enferme quelque défaut ou limitation de perfection, s'appelle Dieu.

IX. Quand nous disons que quelque attribut est contenu dans la nature ou dans le concept d'une chose, c'est de même que si nous disions que cet attribut est vrai de cette chose, et qu'on peut assurer qu'il est en elle.

X. Deux substances sont dites être réellement distinctes quand chacune d'elles peut exister sans l'autre.

DEMANDES.

Je demande premièrement que les lecteurs considèrent combien foibles sont les raisons qui leur ont fait jusques ici ajouter foi à leurs sens, et combien sont incertains tous les jugements qu'ils ont depuis appuyés sur eux; et qu'ils repassent si long-temps et si souvent cette considération en leur esprit, qu'enfin ils acquièrent l'habitude de ne se plus fier si fort en leurs sens: car j'estime que cela est néce ssaire pour se rendre capable de connoître la vérité des choses métaphysiques, lesquelles ne dépendent point des sens.

En second lieu, je demande qu'ils considèrent leur propre esprit et tous ceux de ses attributs dont ils reconnoîtront ne pouvoir en aucune façon douter, encore même qu'ils supposassent que tout ce qu'ils ont jamais reçu par les sens fût entièrement faux; et qu'ils ne cessent point de le considérer que premièrement ils n'aient acquis l'usage de le concevoir distinctement, et de croire qu'il est plus aisé à connoître que toutes les choses corporelles. En troisième lieu, qu'ils examinent diligemment les propositions qui n'ont pas besoin de preuve pour être connues, et dont chacun trouve les notions en soi-même, comme sont celles-ci, «qu'une même chose ne peut pas être et n'être pas tout ensemble; que le néant ne peut être la cause efficiente d'aucune chose,» et autres semblables: et qu'ainsi ils exercent cette clarté de l'entendement qui leur a été donnée par la nature, mais que les perceptions des sens ont accoutumé de troubler et d'obscurcir; qu'ils l'exercent, dis -je, toute pure et délivrée de leurs préjugés; car par ce moyen la vérité des axiomes suivants leur sera fort évidente.

Eu quatrième lieu, qu'ils examinent les idées de ces natures qui contiennent en elles un assemblage de plusieurs attributs ensemble, comme est la nature du triangle, celle du carré ou de quelque autre figure; comme aussi la nature de l'esprit, la nature du corps, et par-dessus toutes la nature de Dieu ou d'un être souverainement parfait. Et qu'ils prennent garde qu'on peut assurer avec vérité que toutes ces choses -là sont en elles que nous concevons clairement y être contenues. Par exemple, parce que dans la nature du triangle rectiligne cette propriété se trouve contenue, que ses trois angles sont égaux à deux droits; et que dans la nature du corps ou d'une chose étendue la divisibilité y est comprise, car nous ne concevons point de chose étendue si petite que nous ne la puissions diviser, au moins par la pensée; il est vrai de dire que les trois angles de tout triangle rectiligne sont égaux à deux droits, et que tout corps est divisible.

En cinquième lieu, je demande qu'ils s'arrêtent long-temps à contempler la nature de l'être souverainement parfait: et, entre autres choses, qu'ils considèrent que dans les idées de toutes les autres natures l'existence possible se trouve bien contenue; mais que dans l'idée de Dieu ce n'est pas seulement une existence possible qui se trouve contenue, mais une existence absolument né cessaire. Car de cela seul, et sans aucun raisonnement, ils connoîtront que Dieu existe; et il ne leur sera pas moins clair et évident, sans autre preuve, qu'il est manifeste que deux est un nombre pair, et que trois est un nombre impair, et choses semblables. Car il y a des choses qui sont ainsi connues sans preuves par quelques uns, que d'autres n'entendent que par un long discours et raisonnement.

En sixième lieu, que, considérant avec soin tous les exemples d'une claire et distincte perception, et tous ceux dont la perception est obscure et confuse desquels j'ai parlé dans mes Méditations, ils s'accoutument à distinguer les choses qui sont clairement connues de celles qui sont obscures: car cela s'apprend mieux par des exemples que par des règles; et je pense qu'on n'en peut donner aucun exemple dont je n'aie touché quelque chose.

En septième lieu, je demande que les lecteurs, prenant garde qu'ils n'ont jamais reconnu aucune fausseté dans les choses qu'ils ont clairement conçues, et qu'au contraire ils n'ont jamais rencontré, sinon par hasard, aucune vérité dans les choses qu'ils n'ont conçues qu'avec obscurité, ils considèrent que ce seroit une chose tout -à-fait déraisonnable, si, pour quelques préjugés des sens ou pour quelques suppositions faites à plaisir, et fondées sur quelque chose d'obscur et d'inconnu, ils révoquoient en doute les choses que l'entendement conçoit clairement et distinctement; au moyen de quoi ils admettront facilement les axiomes suivants pour vrais et pour indubitables: bien que j'avoue que plusieurs d'entre eux eussent pu être mieux expliqués, et eussent dû être plutôt proposés comme des théorèmes que comme des axiomes, si j'eusse voulu être plus exact.

AXIOMES. ou NOTIONS COMMUNES.

I. Il n'y a aucune chose existante de laquelle ou ne puisse demander quelle est la cause pourquoi elle existe: car cela même se peut demander de Dieu; non qu'il ait besoin d'aucune cause pour exister, mais parce que l'immensité même de sa nature est la cause ou la raison pour laquelle il n'a besoin d'aucune cause pour exister.

II. Le temps présent ne dépend point de celui qui l'a immédiatement précédé; c'est pourquoi il n'est pas besoin d'une moindre cause pour conserver une chose, que pour la produire la première lois.

III. Aucune chose, ni aucune perfection de cette chose actuellement existante, ne peut avoir le néant, ou une chose non existante, pour la cause de son existence.

IV. Toute la réalité ou perfection qui est dans une chose, se rencontre formellement ou éminemment dans sa cause première et totale.

V. D'où il suit aussi que la réalité objective de nos idées requiert une cause dans laquelle cette même réalité soit contenue, non pas simplement objectivement, mais formellement ou éminemment. Et il faut remarquer que cet axiome doit si nécessairement être admis, que de lui seul dépend la connoissance de toutes les choses, tant sensibles qu'insensibles; car d'où savons-nous, par exemple, que le ciel existe? est-ce parce que nous le voyons? mais cette vision ne touche point l'esprit, sinon en tant qu'elle est une idée, une idée, dis-je, inhérente en l'esprit même, et non pas une image dépeinte en la fantaisie; et, à l'occasion de cette idée, nous ne pouvons pas juger que le ciel existe, si ce n'est que nous supposions que toute idée doit avoir une cause de sa réalité objective qui soit réellement existante; laquelle cause nous jugeons que c'est le ciel même, et ainsi des autres.

VI. Il y a divers degrés de réalité, c'est-à-dire d'entité ou de perfection: car la substance a plus de réalité que l'accident ou le mode, et la substance infinie que la finie; c'est pourquoi aussi il y a plus de réalité objective dans l'idée de la substance que dans celle de l'accident, et dans l'idée de la substance infinie que dans l'idée de la substance finie.

VII. La volonté se porte volontairement et librement, car cela est de son essence, mais néanmoins infailliblement au bien qui lui est clairement connu: c'est pourquoi, si elle vient à connoître quelques perfections qu'elle n'ait pas, elle se les donnera aussitôt, si elles sont en sa puissance; car elle connaîtra que ce lui est un plus grand bien de les avoir que de ne les avoir pas.

VIII. Ce qui peut faire le plus, ou le plus difficile, peut aussi faire le moins, ou le plus facile.

IX. C'est une chose plus grande et plus difficile de créer ou conserver une substance, que de créer ou conserver ses attributs ou propriétés; mais ce n'est pas une chose plus grande, ou plus difficile, de créer une chose que de la conserver, ainsi qu'il a déjà été dit.

X. Dans l'idée ou le concept de chaque chose, l'existence y est contenue, parce que nous ne pouvons rien concevoir que sous la forme d'une chose qui existe; mais avec cette différence, que, dans le concept d'une chose limitée, l'existence possible ou contingente est se ulement contenue, et dans le concept d'un être souverainement parfait, la parfaite et nécessaire y est comprise.

PROPOSITION PREMIÈRE

L'EXISTENCE DE DIEU SE CONNOÎT DE LA SEULE CONSIDÉRATION DE SA NATURE. DÉMONSTRATION

Dire que quelque attribut est contenu dans la nature ou dans le concept d'une chose, c'est le même que de dire que cet attribut est vrai de cette chose, et qu'on peut assurer qu'il est en elle, par la définition neuvième; Or est-il que l'existence nécessaire est contenue dans la nature ou dans le concept de Dieu, par l'axiome dixième: Donc il est vrai de dire que l'existence nécessaire est en Dieu, ou bien que Dieu existe.

Et ce syllogisme est le même dont je me suis servi en ma réponse au sixième article de ces objections; et sa conclusion peut être connue sans preuve par ceux qui sont libres de tous préjugés, comme il a été dit en la cinquième demande. Mais parce qu'il n'est pas aisé de parvenir à une si grande clarté d'esprit, nous tâcherons de prouver la même chose par d'autres voies.

PROPOSITION SECONDE.

L'EXISTENCE DE DIEU EST DÉMONTRÉE PAR SES EFFETS, DE CELA SEUL QUE SON IDÉE EST EN NOUS.

DÉMONSTRATION

La réalité objective de chacune de nos idées requiert une cause dans laquelle cette même réalité soit contenue non pas simplement objectivement, mais formellement ou éminemment, par l'axiome cinquième; Or est-il que nous avons en nous l'idée de Dieu (par la définition deuxième et huitième), et que la réalité objective de cette idée n'est point contenue en nous, ni formellement, ni éminemment (par l'axiome sixième), et qu'elle ne peut être contenue dans aucun autre que dans Dieu même, par là définition huitième:

Donc cette idée de Dieu qui est en nous demande Dieu pour sa cause; et par conséquent Dieu existe, par l'axiome troisième.

PROPOSITION TROISIÈME.

L'EXISTENCE DE DIEU EST ENCORE DÉMONTRÉE DE CE QUE NOUS-MÊMES, QUI AVONS EN NOUS SON IDÉE, NOUS EXISTONS.

DÉMONSTRATION.

Si j'avois lu puissance de me conserver moi-même, j'aurois aussi, à plus forte raison, le pouvoir de me donner toutes les perfections qui me manquent (par l'axiome huitième et neuvième), car ces perfections ne sont que des attributs de la substance, et moi je suis une substance; Mais je n'ai pas la puissance de me donner toutes ces perfections, car autrement je les posséderois déjà, par l'axiome septième: Donc je n'ai pas la puissance de me conserver moi-même.

En après, je ne puis exister sans être conservé tant que j'existe, soit par moi-même, supposé que j'en aie le pouvoir, soit par un autre qui ait cette puissance, par l'axiome premier et deuxième; Or est-il que j'existe, et toutefois je n'ai pas la puissance de me conserver moi-même, comme je viens de prouver: Donc je suis conservé par un autre.

De plus, celui par qui je suis conservé a en soi forme llement ou éminemment tout ce qui est en moi, par l'axiome quatrième; Or est-il que j'ai en moi la perception de plusieurs perfections qui me manquent, et celle aussi de l'idée de Dieu, par la définition deuxième et huitième:

Donc la perception de ces mêmes perfections est aussi en celui par qui je suis conservé.

Enfin, celui--là même par qui je suis conservé ne peut avoir la perception d'aucunes perfections qui lui manquent, c'est-à-dire qu'il n'ait point en soi formellement ou éminemment, par l'axiome septième; car ayant la puissance de me conserver, comme il a été dit maintenant, il aurait, à plus forte raison, le pouvoir de se les donner lui-même, si elles lui manquoient, par l'axiome huitième et neuvième; Or est-il qu'il a la perception de toutes les perfections que je reconnois me manquer, et que je conçois ne pouvoir être qu'en Dieu seul, comme je viens de prouver:

Donc il les a toutes en soi formellement ou éminemment; et ainsi il est Dieu.

COROLLAIRE.

DIEU A CRÉÉ LE CIEL ET LA TERRE, ET TOUT CE QUI Y EST CONTENU, ET OUTRE CELA IL PEUT FAIRE TOUTES LES CHOSES QUE NOUS CONCEVONS CLAIREMENT, EN LA MANIÈRE QUE NOUS LES CONCEVONS

DÉMONSTRATION

Toutes ces choses suivent clairement de la proposition précédente. Car nous y avons prouvé l'existence de Dieu, parce qu'il est nécessaire qu'il y ait un être qui existe dans lequel toutes les perfections dont il y a en nous quelque idée soient contenues formellement ou éminemment; Or est-il que nous avons en nous l'idée d'une puissance si grande, que par ce lui-là seul en qui elle réside, non seulement le ciel et la terre, etc., doivent avoir été créés, mais aussi toutes les autres choses que nous concevons comme possibles peuvent être produites: Donc, en prouvant l'existence de Dieu, nous avons aussi prouvé de lui toutes ces choses.

PROPOSITION QUATRIÈME.

L'ESPRIT ET LE CORPS SONT RÉELLEMENT DISTINCTS.

DÉMONSTRATION.

Tout ce que nous concevons clairement peut être fait par Dieu en la manière que nous le concevons, par le corollaire précédent.

Mais nous concevons clairement l'esprit, c'est-à-dire une substance qui pense, sans le corps, c'est-à-dire sans une substance étendue, par la demande II; et d'autre part nous concevons aussi clairement le corps sans l'esprit, ainsi que chacun accorde facilement: Donc au moins, par la toute-puissance de Dieu, l'esprit peut être sans le corps, et le corps sans l'esprit. Maintenant les substances qui peuvent être l'une sans l'autre sont réellement distinctes, par la definition X. Or est-il que l'esprit et le corps sont des substances, par les définitions V, VI et VII, qui peuvent être l'une sans l'autre, comme je le viens de prouver: Donc l'esprit et le corps sont réellement distincts.

Et il faut remarquer que je me suis ici servi de la toute -puissance de Dieu pour en tirer ma preuve; non qu'il soit besoin de quelque puissance extraordinaire pour séparer l'esprit d'avec le corps, mais pource que, n'ayant traité que de Dieu seul dans les propositions précédentes, je ne la pouvois tirer d'ailleurs que de lui. Et il importe fort peu par quelle puissance deux choses soient séparées, pour connoître qu'elles soient réellement distinctes.

TROISIÈMES OBJECTIONS, FAITES PAR HOBBES CONTRE LES SIX MÉDITATIONS OBJECTION Ier.

SUR LA MÉDITATION PREMIÈRE DES CHOSES QUI PEUVENT ÊTRE RÉVOQUÉES EN DOCTE. Il paroit assez, par ce qui a été dit dans cette Méditation, qu'il n'y a point de marque certaine et évidente par laquelle nous puissions reconnoître et distinguer nos songes d'avec la veille et d'avec une vraie perception des sens; et partant que ces images ou ces fantômes que nous sentons étant éveillés, ne plus ne moins que ceux que nous apercevons étant endormis, ne sont point des accidents attachés à des objets extérieurs, et ne sont point des preuves suffisantes pour, montrer que ces objets extérieurs existent véritablement. C'est pourquoi si, sans nous aider d'aucun autre raisonnement, nous suivons seulement le témoignage de nos sens, nous aurons juste sujet de douter si quelque chose existe ou non. Nous reconnoissons donc la vérité de cette méditation. Mais d'autant que Platon a parlé de cette incertitude des choses sensibles, plusieurs autres anciens philosophes avant et après lui, et qu'il est aisé de remarquer la difficulté qu'il y a de discerner la veille du sommeil, j'eusse voulu que cet excellent auteur de nouvelles spéculations se fût abstenu de publier des choses si vieilles.

RÉPONSE.

Les raisons de douter qui sont ici reçues pour vraies par ce philosophe n'ont été proposées par moi que comme vraisemblables: et je m'en suis servi, non pour les débiter comme nouvelles, mais en partie pour préparer les esprits des lecteurs à considérer les choses intellectuelles, et les distinguer des corporelles, à quoi elles m'ont toujours semblé très nécessaires; en partie pour y répondre da ns les méditations suivantes, et en partie aussi pour faire voir combien les vérités que je propose ensuite sont fermes et assurées, puisqu'elles ne peuvent être ébranlées par des doutes si généraux et si extraordinaires. Et ce n'a point été pour acquérir de la gloire que je les ai rapportées; mais je pense n'avoir pas été moins obligé de les expliquer, qu'un médecin de décrire la maladie dont il a entrepris d'enseigner la cure.

OBJECTION IIe.

SUR LA SECONDE MÉDITATION. DE LA NATURE DE L'ESPRIT HUMAIN.

Je suis une chose qui pense: c'est fort bien dit. Car de ce que je pense ou de ce que j'ai une idée, soit en veillant, soit en dormant, l'on infère que je suis pensant: car ces deux choses, je pense et je suis pensant, signifient la même chose. De ce que je suis pensant, il s'ensuit que je suis, parce que ce qui pense n'est pas un rien. Mais où notre auteur ajoute, c'est-à-dire un esprit, une âme, un entendement, une raison : de là naît un doute. Car ce raisonnement ne me semble pas bien déduit, de dire Je suis pensant, donc je suis une pensée; ou bien je suis intelligent, donc je suis un entendement. Car de la même façon je pourrois dire, je suis promenant, donc je suis une promenade.

M. Descartes donc prend la chose intelligente, et l'intellection qui en es t l'acte, pour une même chose; ou du moins il dit que c'est le même que la chose qui entend, et l'entendement, qui est une puissance ou faculté d'une chose intelligente. Néanmoins tous les philosophes distinguent le sujet de ses facultés et de ses actes,

c'est-à-dire de ses propriétés et de ses essences; car c'est autre chose que la chose même qui est, et autre chose que son essence; il se peut donc faire qu'une chose qui pense soit le sujet de l'esprit, de la raison ou de l'entendement, et partant que ce soit quelque chose de corporel, dont le contraire est pris ou avancé, et n'est pas prouvé. Et néanmoins c'est en cela que consiste le fondement de la conclusion qu'il semble que M. Descartes veuille établir.

Au même endroit il dit:[1] «Je connois que j'existe, et je cherche quel je suis, moi que je connois être. Or il est très certain que cette notion et connoissance de moi-même, ainsi précisément prise, ne dépend point des

choses dont l'existence ne m'est pas encore connue.»

[Note 56: Voyez Méditation II.]

Il est très certain que la connoissance de cette proposition, j'existe, dépend de celle-ci, je pense, comme il nous a fort bien enseigné: mais d'où nous vient la connoissance de celle -ci, je pense? Certes, ce n'est point d'autre chose que de ce que nous ne pouvons concevoir aucun acte sans son sujet, comme la pensée sans une chose qui pense, la science sans une chose qui sache, et la promenade sans une chose qui se promène.

Et de là il semble suivre qu'une chose qui pense est quelque chose de corporel; car les sujets de tous les actes semblent être seulement entendus sous une raison corporelle, ou sous une raison de matière, comme il a lui-même montré un peu après par l'exemple de la cire, laquelle, quoique sa couleur, sa dureté, sa figure, et tous ses autres actes soient changés, est toujours conçue être la même chose, c'est-à-dire la même matière sujette à tous ces changements. Or ce n'est pas par une autre pensée que j'infère que je pense: car encore que quelqu'un puisse penser qu'il a pensé, laquelle pensée n'est rien autre chose qu'un souvenir, néanmoins il est tout-à-fait impossible de penser qu'on pense, ni de savoir qu'on sait: car ce serait une interrogation qui ne finiroit jamais, d'où savez-vous que vous savez que vous savez que vous savez, etc.?

Et partant, puisque la connoissance de cette proposition, j'existe, dépend de la connoissance de celle-ci, je pense, et la connoissance de, celle-ci de ce que nous ne pouvons séparer la pensée d'une matière qui pense, il semble qu'on doit plutôt inférer qu'une chose qui pense est matérielle qu'immatérielle.

RÉPONSE

Où j'ai dit, c'est-à-dire un esprit, une âme, un entendement, une raison, etc. , je n'ai point entendu par ces noms les seules facultés, mais les choses douées de la faculté de penser, comme; par les deux premiers on a coutume d'entendre; et assez souvent aussi par les deux derniers: ce que j'ai si souvent expliqué, et en termes si exprès, que je ne vois pas qu'il y ait eu lieu d'en douter.

Et il n'y a point ici de rapport ou de convenance entre la promenade et la pensée, parce que la promenade n'est jamais prise autrement que pour l'action même; mais la pensée se prend quelquefois pour l'action, quelquefois pour la faculté, et quelquefois pour la chose en laquelle réside cette faculté.

Et je ne dis pas que l'intellection et la chose qui entend soient une même chose, non pas même la chose qui entend et l'entendement, si l'entendement est pris pour une faculté, mais seulement lorsqu'il est pris pour la chose même qui entend. Or j'avoue franchement que pour signifier une chose ou une substance, laquelle je voulois dépouiller de toutes les choses qui ne lui appartiennent point, je me suis servi de tenues autant simples et abstraits que j'ai pu, comme au contraire ce philosophe, pour signifier la même substance, en emploie d'autres fort concrets et composés, à savoir ceux de sujet, de matière et de corps, afin d'empêcher autant qu'il peut qu'on ne puisse séparer la pensée d'avec le corps. Et je ne crains pas que la façon dont il se sert, qui est de joindre ainsi plusieurs choses ensemble, soit trouvée plus propre pour parvenir à la connoissance de la vérité: qu'est la mienne, par laquelle je distingue autant que je puis chaque chose. Mais ne nous arrêtons pas davantage aux paroles, venons à la chose dont il est question.

«Il se peut faire, dit-il, qu'une chose qui pense soit quelque chose de corporel, dont le contraire est pris ou avancé et n'est pas prouvé.» Tant s'en faut, je n'ai point avancé le contraire et ne m'en suis en façon quelconque servi pour fondement, mais je l'ai laissé entièrement indéterminé jusqu'à la sixième Méditation, dans laquelle il est prouvé.

Eu après il dit fort bien «que nous ne pouvons concevoir aucun acte sans son sujet, comme la pensée sans une chose qui pense, parce que la chose qui pense n'est pas un rien;» mais c'est sans aucune raison et contre toute bonne logique, et même contre la façon ordinaire de parler, qu'il ajoute «que de là il semble suivre qu'une chose qui pense est quelque chose de corporel;» car les suje ts de tous les actes sont bien à la vérité entendus comme étant des substances, ou si vous voulez comme des matières, à savoir des matières métaphysiques; mais non pas pour cela comme des corps. Au contraire, tous les logiciens, et presque tout le monde a vec eux, ont coutume de dire qu'entre les substances les unes sont spirituelles et les autres corporelles. Et je n'ai prouvé autre chose par l'exemple de la cire, sinon que la couleur, la dureté, la figure, etc., n'appartiennent point à la raison formelle de la cire, c'est-à-dire qu'on peut concevoir tout ce qui se trouve nécessairement dans la cire sans avoir besoin pour cela de penser à elles: je n'ai point aussi parlé en ce lieu-là de la raison formelle de l'esprit, ni même de celle du corps.

Et il ne sert de rien de dire, comme fait ici ce philosophe, qu'une pensée ne peut pas être le sujet d'une autre pensée. Car qui a jamais feint cela que lui? Mais je tâcherai ici d'expliquer en peu de paroles tout le sujet dont est question.

Il est certain que la pensée ne peut pas être sans une chose qui pense, et en général aucun accident ou aucun acte ne peut être sans une substance de laquelle il soit l'acte. Mais d'autant que nous ne connoissons pas la substance immédiatement par elle-même, mais seulement parce qu'elle est le sujet de quelques actes, il est fort convenable à la raison, et l'usage même le requiert, que nous appelions de divers noms ces substances que nous connoissons être les sujets de plusieurs actes ou accidents entièrement différents, et qu'après cela nous examinions si ces divers noms signifient des choses différentes ou une seule et même chose. Or il y a certains actes que nous appelons corporels, comme la grandeur, la figure, le mouvement, et toutes les autres choses qui ne peuvent être conçues sans une extension locale; et nous appelons du nom de corps la substance en laquelle ils résident; et on ne peut pas feindre que ce soit une autre substance qui soit le sujet de la figure, une autre qui soit le sujet du mouvement local, etc., parce que tous ces actes conviennent entre eux, en ce qu'ils présupposent l'étendue. En après il y a d'autres actes que nous appelons intellectuels, comme entendre, vouloir, imaginer, sentir, etc., tous lesquels conviennent entre eux en ce qu'ils ne peuvent être sa ns pensée, ou perception, ou conscience et connoissance; et la substance en laquelle ils résident, nous la nommons une chose qui pense, ou un esprit, ou de tel autre nom qu'il nous plaît, pourvu que nous ne la confondions point avec la substance corporelle, d'autant que les actes intellectuels n'ont aucune affinité avec les actes corporels, et que la pensée, qui est la raison commune en laquelle ils conviennent, diffère totalement de l'extension, qui est la raison commune des autres. Mais après que nous avons formé deux concepts clairs et distincts de ces deux substances, il est aisé de connoître, par ce qui a été dit en la sixième Méditation, si elles ne sont qu'une même chose, ou si elles en sont deux différentes.

OBJECTION IIIe
SUR LA SECONDE MÉDITATION.

[1] «Qu'y a-t-il donc qui soit distingué de ma pensée? Qu'y a-t-il que l'on puisse dire être séparé de moi-même?»

[Note 57: Voyez Méditation II.]

Quelqu'un répondra peut-être à cette question: Je suis distingué de ma pensée moi-même qui pense; et quoiqu'elle ne soit pas à la vérité séparée de moi-même, elle est néanmoins différente de moi: de la même façon que la promenade, comme il a été dit ci-dessus, est distinguée de celui qui se promène. Que si M. Descartes montre que celui qui entend et l'entendement sont une même chose, nous tomberons dans cette façon de parler scolastique, l'entendement entend, la vue voit, la volonté veut; et, par une juste analogie, on pourra dire que la promenade, ou du moins la faculté de se promener, se promène: toutes le squelles choses sont obscures, impropres, et fort éloignées de la netteté ordinaire de M. Descartes.

RÉPONSE.

Je ne nie pas que moi, qui pense, ne sois distingué de ma pensée, comme une chose l'est de son mode; mais où je demande, qu'y a-t-il donc qui soit distingué de ma pensée? j'entends cela des diverses façons de penser qui sont là énoncées, et non pas de ma substance; et où j'ajoute, qu'y a-t-il que l'on puisse dire être séparé de moi-même? je veux dire seulement que toutes ces manières de penser qui sont en moi ne peuvent avoir aucune existence hors de moi; et je ne vois pas qu'il y ait en cela aucun lieu de douter, ni pourquoi l'on me blâme ici d'obscurité.

OBJECTION IVe.
SUR LA SECONDE MÉDITATION.

[1] «Il faut donc que je demeure d'accord que je ne saurois pas même comprendre par mon imagination ce que c'est que ce morceau de cire, et qu'il n'y a que mon entendement seul qui le comprenne.»

[Note 58: Voyez Méditation II.]

Il y a grande différence entre imaginer, c'est-à-dire avoir quelque idée, et concevoir de l'entendement, c'est-à-dire conclure en raisonnant que quelque chose est ou existe; mais M. Descartes ne nous a pas expliqué en quoi ils diffèrent. Les anciens péripatéticiens ont aussi enseigné assez clairement que la substance ne s'aperçoit point par les sons, mais qu'elle se conçoit par la raison.

Que dirons-nous maintenant si peut-être le raisonnement n'est rien autre chose qu'un assemblage et un enchaînement de noms par ce mot est? D'où il s'ensuivroit que par la raison nous ne conc luons rien du tout touchant la nature des choses, mais seulement touchant leurs appellations, c'est-à-dire que par elle nous voyons simplement si nous assemblons bien ou mal les noms des choses, selon les conventions que nous avons faites à notre fantaisie touchant leurs significations. Si cela est ainsi, comme il peut être, le raisonnement dépendra des noms, les noms de l'imagination, et l'imagination peut-être, et ceci selon mon sentiment, du mouvement des organes corporels, et ainsi l'esprit ne sera rien autre chose qu'un mouvement en certaines parties du corps organique.

RÉPONSE.

J'ai expliqué, dans la seconde Méditation, la différence qui est entre l'imagination et le pur concept de l'entendement ou de l'esprit, lorsqu'en l'exemple de la cire j'ai fait voir quelles sont les choses que nous imaginons en elle, et quelles sont celles que nous concevons par le seul entendement; mais j'ai encore expliqué ailleurs comment nous entendons autrement une chose que nous ne l'imaginons, en ce que pour imaginer, par exemple, un pentagone, il est besoin d'une particulière contention d'esprit qui nous rende cette figure, c'est-à-dire ses cinq côtés et l'espace qu'ils renferment, comme présente, de laquelle nous ne nous servons point pour concevoir. Or l'assemblage qui se fait dans le raisonnement n'est pas celui des noms, mais bien celui des choses signifiées par les noms; et je m'étonne que le contraire puisse venir en l'esprit de personne.

Car qui doute qu'un François et qu'un Allemand ne puissent avoir les mêmes pensées ou raisonnements touchant les mêmes choses, quoique néanmoins ils conçoivent des mots entièrement différents? Et ce philosophe ne se condamne-t-il pas lui-même, lorsqu'il parle des conventions que nous avons faites à notre fantaisie touchant la signification des mots? Car s'il admet que quelque chose est signifiée par les paroles, pourquoi ne veut-il pas que nos discours et raisonnements soient plutôt de la chose qui est signifiée que des paroles seules? Et certes de la même façon et avec une aussi juste raison qu'il conclut que l'esprit est un mouvement, il pourroit aussi conclure que la terre est le ciel, ou telle autre chose qu'il lui plaira; pource qu'il n'y a point de choses au monde entre lesquelles il n'y ait autant de convenance qu'il y a entr e le mouvement et l'esprit, qui sont de deux genres entièrement différents.

OBJECTION Ve.

SUR LA TROISIÈME MÉDITATION.

DE DIEU

[1]«Quelques unes d'entre elles (à savoir d'entre les pensées des hommes) sont comme les images des choses

auxquelles seules convient proprement le nom d'idée, comme lorsque je pense à un homme, à une chimère, au ciel, à un ange, ou à Dieu.»

[Note 59: Voyez Méditation III.]

Lorsque je pense à un homme, je me représente une idée ou une image composée de couleur et de figure, de laquelle je puis douter si elle a la ressemblance d'un homme ou si elle ne l'a pas. Il en est de même lorsque je pense au ciel. Lorsque je pense à une chimère, je me représente une idée ou une image, de laquelle je puis douter si elle est le portrait de quelque animal qui n'existe point, mais qui puisse être, ou qui ait été autrefois, ou bien qui n'ait jamais été. Et lorsque quelqu'un pense à un ange, quelquefois l'image d'une flamme se présente à son esprit, et quelquefois celle d'un jeune enfant qui a des ailes, de laquelle je pense pouvoir dire avec certitude qu'elle n'a point la ressemblance d'un ange, et partant qu'elle n'est point l'idée d'un ange; mais, croyant qu'il y a des créatures invisibles et immatérielles qui sont les ministres de Dieu, nous donnons à une chose que nous croyons ou supposons le nom d'ange, quoique néanmoins l'idée sous laquelle j'imagine un ange soit composée des idées des choses visibles.

Il en est de même du nom vénérable de Dieu, de qui nous n'avons aucune image ou idée; c'es t pourquoi on nous défend de l'adorer sous une image, de peur qu'il ne nous semble que nous concevions celui qui est inconcevable.

Nous n'avons donc point en nous ce semble aucune idée de Dieu; mais tout ainsi qu'un aveugle -né qui s'est plusieurs fois approché du feu, et qui en a senti la chaleur, reconnoît qu'il y a quelque chose par quoi il a été échauffé, et, entendant dire que cela s'appelle du feu, conclut qu'il y a du feu, et néanmoins n'en connoît pas la figure ni la couleur, et n'a, à vrai dire, aucune idée ou image du feu qui se présente à son esprit.

De même, l'homme, voyant qu'il doit y avoir quelque cause de ses images ou de ses idées, et de cette cause une autre première, et ainsi de suite, est enfin conduit à une fin ou à une supposition de quelque cause éternelle, qui, pource qu'elle n'a jamais commencé d'être, ne peut avoir de cause qui la précède, ce qui fait qu'il conclut nécessairement qu'il y a un Être éternel qui existe; et néanmoins il n'a point d'idée qu'il puisse

dire être celle de cet Être éternel, mais il nomme ou appelle du nom de Dieu cette chose que la foi ou sa raison lui persuade.

Maintenant, d'autant que de cette supposition, à savoir que nous avons en nous l'idée de Dieu, M. Descartes vient à la preuve de cette proposition, que Dieu (c'est-à-dire un Être tout-puissant, très sage, créateur de l'univers, etc.) existe, il a dû mieux expliquer cette idée de Dieu, et de là en conclure non seulement son existence, mais aussi la création du monde.

RÉPONSE.

Par le nom d'idée, il veut seulement qu'on entende ici les images des choses matérielles dépeintes en la fantaisie corporelle; et cela étant supposé, il lui est aisé de montrer qu'on ne peut avoir aucune propre et véritable idée de Dieu ni d'un ange: mais j'ai souvent averti, e t principalement en ce lieu-là même, que je prends le nom d'idée pour tout ce qui est conçu immédiatement par l'esprit; en sorte que, lorsque je veux et que je crains, parce que je conçois en même temps que je veux et que je crains, ce vouloir et cette cra inte sont mis par moi au nombre des idées; et je me suis servi de ce mot, parce qu'il étoit déjà communément reçu par les philosophes pour signifier les formes des conceptions de l'entendement divin, encore que nous ne reconnoissions en Dieu aucune fantaisie ou imagination corporelle, et je n'en savois point de plus propre. Et je pense avoir assez expliqué l'idée de Dieu pour ceux qui veulent concevoir le sens que je donne à mes paroles; mais pour ceux qui s'attachent à les entendre autrement que je ne fa is, je ne le pourrois jamais assez. Enfin, ce qu'il ajoute ici de la création du monde est tout-à-fait hors de propos: car j'ai prouvé que Dieu existe avant que d'examiner s'il y avoit un monde créé par lui, et de cela seul que Dieu, c'est-à-dire un être souverainement puissant existe, il suit que, s'il y a un monde, il doit avoir été créé par lui.

OBJECTION VIe.
SUR LA TROISIÈME MÉDITATION

[1]Mais il y en a d'autres (à savoir d'autres pensées) qui contiennent de plus d'autres formes: par exemple, lorsque je veux, que je crains, que j'affirme, que je nie, je conçois bien à la vérité toujours quelque chose comme le sujet de l'action de mon esprit, mais j'ajoute aussi quelque autre chose par cette action à l'idée que j'ai de cette chose-là; et de ce genre de pensées, les unes sont appelées volontés ou affections, et les autres jugements.»

[Note 60: Voyez Méditation III.]

Lorsque quelqu'un veut ou craint, il a bien à la vérité l'image de la chose qu'il craint et de l'action qu'il veut; mais qu'est-ce que celui qui veut ou qui craint embrasse de plus par sa pensée, cela n'est pas ici expliqué. Et, quoique à le bien prendre la crainte soit une pensée, je ne vois pas comment elle peut être autre que la pensée ou l'idée de la chose que l'on craint. Car qu'est-ce autre chose que la crainte d'un lion qui s'avance vers nous, sinon l'idée de ce lion, et l'effet, qu'une telle idée engendre dans le coeur, par lequel celui qui craint est porté à ce mouvement animal que nous appelons fuite. Maintenant ce mouvement de fuite n'est pas une pensée; et partant il reste que dans ta crainte il n'y a point d'autre pensée que celle qui consiste en la ressemblance de la chose que l'on craint: le même se peut dire aussi de la volonté.

De plus l'affirmation et la négation ne se font point sans parole et sans noms, d'où vient que les bêtes ne peuvent rien affirmer ni nier, non pas même par la pensée, et partant ne peuvent aussi faire aucun jugement; et néanmoins la pensée peut être semblable dans un homme et dans une bête. Car, quand nous affirmons qu'un homme court, nous n'avons point d'autre pensée que celle qu'a un chien qui voit courir son maître, et partant l'affirmation et la négation n'ajoutent rien aux simples pensées, si ce n'est peut-être la pensée que les noms dont l'affirmation est composée sont les noms de la chose même qui est en l'esprit de celui qui affirme; et cela n'est rien autre chose que comprendre par la pensée la ressemblance de la chose, mais cette ressemblance deux fois.

RÉPONSE.

Il est de soi très évident que c'est autre chose de voir un lion et ensemble de le craindre, que de le voir seulement; et tout de même que c'est autre chose de voir un homme qui court, que d'assurer qu'on le voit. Et je ne remarque rien ici qui ait besoin de réponse ou d'explication.

OBJECTION VIIe.

SUR LA TROISIÈME MÉDITATION.

[1]«Il me reste seulement à examiner de quelle façon j'ai acquis cette idée, car je ne l'ai point reçue par les sens, et jamais elle ne s'est offerte à moi contre mon attente, comme font d'ordinaire les idées des choses sensibles, lorsque ces choses se présentent aux organes extérieurs de mes sens, ou qu'elles semblent s'y présenter. Elle n'est pas aussi une pure production ou fiction de mon esprit, car il n'est pas en mon pouvoir d'y diminuer ni d'y ajouter aucune chose; et partant il ne reste plus autre chose à dire, sinon que, comme l'idée de moi-même, elle est née et produite avec moi dès lors que j'ai été créé.»

[Note 61: Voyez Méditation III.]

S'il n'y a point d'idée de Dieu (or on ne prouve point qu'il y en ait), comme il semble qu'il n'y en a point, toute cette recherche est inutile. De plus, l'idée de moi-même me vient, si on regarde le corps, principalement de la vue; si l'âme, nous n'en avons aucune idée: mais la raison nous fait conclure qu' il y a quelque chose de renfermé dans le corps humain qui lui donne le mouvement animal, qui fait qu'il sent et se meut; et cela, quoi que ce soit, sans aucune idée, nous l'appelons âme.

RÉPONSE.

S'il y a une idée de Dieu (comme il est manifeste qu'il y en a une), toute cette objection est renversée; et lorsqu'on ajoute que nous n'avons point d'idée de l'âme, mais qu'elle se conçoit par la raison, c'est de même

que si on disoit qu'on n'en a point d'image dépeinte en la fantaisie, mais qu'on en a néanmoins cette notion que jusqu'ici j'ai appelée du nom d'idée.

OBJECTION VIIIe.

SUR LA TROISIÈME MÉDITATION.

[1]«Mais l'autre idée du soleil est prise des raisons de l'astronomie, c'est-à-dire de certaines notions qui sont naturellement en moi.»

[Note 62: Voyez Méditation III.]

Il semble qu'il ne puisse y avoir en même temps qu'une idée du soleil, soit qu'il soit vu par les yeux, soit qu'il soit conçu par le raisonnement être plusieurs fois plus grand qu'il ne paroît à la vue; car cette dernière n'est pas l'idée du soleil, mais une conséquence de notre raisonnement, qui nous apprend que l'idée du soleil seroit plusieurs fois plus grande s'il étoit regardé de beaucoup plus près. Il est vrai qu'en divers temps il peut y avoir diverses idées du soleil, comme si en un temps il est regardé seulement avec les yeux, et en un autre avec une lunette d'approche; mais les raisons de l'astronomie ne rendent point l'idée du soleil plus grande on plus petite, seulement elles nous enseignent que l'idée sensible du soleil est trompeuse.

RÉPONSE

Je réponds derechef que ce qui est dit ici n'être point l'idée du soleil, et qui néanmoins est décrit, c'est cela même que j'appelle du nom d'idée. Et pendant que ce philosophe ne veut pas convenir avec moi de la signification des mots, il ne me peut rien objecter qui ne soit frivole.

OBJECTION IXe.

SUR LA TROISIÈME MÉDITATION.

[1]«Car, en effet, les idées qui me représentent des substances sont sans doute quelque chose de plus et ont pour ainsi dire plus de réalité objective que celles qui me représentent seulement des modes ou accidents. Comme aussi celle par laquelle je conçois un Dieu souverain, éternel, infini, tout-connoissant, tout-puissant, et créateur universel de toutes les choses qui sont hors de lui, a aussi sans doute en soi plus de réalité objective que celles par qui les substances finies me sont représentées.»

[Note 63: Voyez Méditation III.]

J'ai déjà plusieurs fois remarqué ci-devant que nous n'avons aucune idée de Dieu ni de l'âme; j'ajoute maintenant ni de la substance: car j'avoue bien que la substance, en tant qu'elle est une matière capable de recevoir divers accidents, et qui est sujette à leurs changements, est aperçue et prouvée par le raisonnement; mais néanmoins elle n'est point conçue, ou nous n'en avons aucune idée. Si cela est vrai, comment peut-on dire que les idées qui nous représentent des substances sont quelque chose de plus et ont plus de réalité objective que celles qui nous représentent des accidents? De plus, il semble que M. Descartes n' ait pas assez considéré ce qu'il veut dire par ces mots, ont plus de réalité. La réalité reçoit-elle le plus et le moins? Ou, s'il pense qu'une chose soit plus chose qu'une autre, qu'il considère comment il est possible que cela puisse être rendu clair à l'esprit, et expliqué avec toute la clarté et l'évidence qui est requise en une démonstration, et avec laquelle il a plusieurs fois traité d'autres matières.

RÉPONSE.

J'ai plusieurs fois dit que j'appelois du nom d'idée cela même que la raison nous fait connoître, comme aussi toutes les autres choses que nous concevons, de quelque façon que nous les concevions. Et j'ai suffisamment expliqué comment la réalité reçoit le plus et le moins, en disant que la substance est quelque chose de plus que le mode, et que s'il y a des qualités réelles ou des substances incomplètes, elles sont aussi quelque chose de plus que les modes, mais quelque chose de moins que les substances complètes; et enfin que s'il y a une substance infinie et indépendante, cette substance a plus d'être ou plus de réalité que la substance finie et dépendante: ce qui est île soi si manifeste qu'il n'est pas besoin d'y apporter une plus ample explication.

OBJECTION Xe.

SUR LA TROISIÈME MÉDITATION.

[1]«Partant, il ne reste que la seule idée de Dieu, dans laquelle il faut considérer s'il y a quelque chose qui n'ait pu venir de moi-même. Par le nom de Dieu, j'entends une substance infinie, indépendante, souverainement intelligente, souverainement puissante, et par laquelle non seulement moi, mais toutes les autres choses qui sont (s'il y en a d'autres qui existent) ont été créées: toutes lesquelles choses, à dire le vrai, sont telles, que plus j'y pense, et moins me semblent-elles pouvoir venir de moi seul. Et par conséquent il faut conclure de tout ce qui a été dit ci-devant, que Dieu existe nécessairement.»

[Note 64: Voyez Méditation III.]

Considérant les attributs de Dieu, afin que de là nous en ayons l'idée, et que nous voyions s'il y a quelque chose en elle qui n'ait pu venir de nous-mêmes, je trouve, si je ne me trompe, que ni les choses que nous concevons par le nom de Dieu ne viennent point de nous, ni qu'il n'est pas nécessaire qu'elles viennent d'ailleurs que des objets extérieurs. Car, par le nom de Dieu, j'entends une substance, c'est-à-dire j'entends que Dieu existe (non point par une idée, mais par raisonnement): infinie, c'est-à-dire que je ne puis concevoir ni imaginer ses termes ou ses dernières parties, que je n'en puisse encore imaginer d'autres au-delà; d'où il suit que le nom d'infini ne nous fournit pas l'idée de l'infinité divine, mais bien celle de mes propres termes et limites: indépendante, c'est-à-dire je ne conçois point de cause de laquelle Dieu puisse venir; d'où il paroît que je n'ai point d'autre idée qui réponde à ce nom d'indépendant, sinon la mémoire de mes propres idées, qui ont toutes leur commencement en divers temps, et qui par conséquent sont dépendantes.

C'est pourquoi, dire que Dieu est indépendant, ce n'est rien dire autre chose, sinon que Dieu est du nombre des choses dont je ne puis imaginer l'origine; tout ainsi que dire que Dieu est infini, c'est de-même que si nous disions qu'il est du nombre des choses dont nous ne concevons point les limites. Et ainsi toute cette idée de Dieu est réfutée; car quelle est cette idée qui est sans fin et sans origine? Souverainement intelligente. Je demande aussi par quelle idée M. Descartes conçoit l'intellection de Dieu.

Souverainement puissante. Je demande aussi par quelle idée sa puissance, qui regarde les choses futures, c'est-à-dire non existantes, est entendue. Certes, pour moi, je conçois la puissance par l'image ou la mémoire des choses passées, en raisonnant de cette sorte: Il a fait ainsi, donc il a pu faire ainsi; donc, tant qu'il sera, il pourra encore, faire ainsi, c'est-à-dire il en a la puissance. Or toutes ces choses sont des idées qui peuvent venir des objets extérieurs.

Créateur de toutes les choses qui sont au monde . Je puis former quelque image de la création par le moyen des choses que j'ai vues, par exemple de ce que j'ai vu un homme naissant, et qui est parvenu, d'une petitesse presque inconcevable, à la forme et à la grandeur qu'il a maintenant; et personne à mon avis n'a d'autre idée à ce nom de créateur mais il ne suffit pas, pour prouver la création du monde, que nous puissions imaginer le monde créé. C'est pourquoi, encore qu'on eût démontré qu'un être infini, indépendant, tout-puissant, etc., existe, il ne s'ensuit pas néanmoins qu'un créateur existe, si ce n'est que quelqu'un pense qu'on inf ère fort bien de ce qu'un certain être existe, lequel nous croyons avoir créé toutes les autres choses, que pour cela le monde a autrefois été créé par lui.

De plus, où M. Descartes dit que l'idée de Dieu et de notre âme est née et résidante en nous, je voudrais bien savoir si les âmes de ceux-là pensent qui dorment profondément et sans aucune rêverie: si elles ne pensent point, elles n'ont alors aucunes idées; et partant il n'y a point d'idée qui soit née et résidante en nous, car ce qui est né et résidant en nous est toujours présent à notre pensée.

RÉPONSE.

Aucune chose de celles que nous attribuons à Dieu ne peut venir des objets extérieurs comme d'une cause exemplaire: car il n'y a rien en Dieu de semblable aux choses extérieures, c'est-à-dire aux choses corporelles. Or il est manifeste que tout ce que nous concevons être en Dieu de dissemblable aux choses extérieures ne peut venir en notre pensée par l'entremise de ces mêmes choses, mais seulement par celle de la cause de cette diversité, c'est-à-dire de Dieu.

Et je demande ici de quelle façon ce philosophe tire l'intellection de Dieu des choses extérieures: car pour moi j'explique aisément quelle est l'idée que j'en ai, en disant que par le mot d'idée j'entends la forme de toute perception; car qui est celui qui conçoit quelque chose qui ne s'en aperçoive, et partant qui n'ait cette forme ou cette idée de l'intellection, laquelle venant à étendre à l'infini il forme l'idée de l'intellection divine? Et ce que je dis de cette perfection se doit entendre de même de toutes les autres.

Mais, d'autant que je me suis servi de l'idée de Dieu qui est en nous pour démontrer son existence, et que dans cette idée une puissance si immense est contenue que nous concevons qu'il répugne, s'il est vrai que Dieu existe, que quelque autre chose que lui existe si elle n'a été créée par lui, il suit clairement de ce que son existence a été démontrée qu'il a été aussi démontré que tout ce monde, c'est-à-dire toutes les autres choses différentes de Dieu qui existent, ont été créées par lui.

Enfin, lorsque je dis que quelque idée est née avec nous, ou qu'elle est naturellement empreinte en nos âmes, je n'entends pas qu'elle se présente toujours à notre pensée, car ainsi il n'y en auroit aucune; mais j'entends seulement que nous avons en nous-mêmes la faculté de la produire.

OBJECTION XIe.

SUR LA TROISIÈME MÉDITATION.

[1]«Et toute la force de l'argument dont je me suis servi pour prouver l'existence de Dieu consiste en ce que je vois qu'il ne seroit pas possible que ma nature fût telle qu'elle est, c'est-à-dire que j'eusse en moi l'idée de Dieu, si Dieu n'existoit véritablement, à savoir ce même Dieu dont j'ai en moi l'idée.»

[Note 65: Voyez Méditation III.]

Donc, puisque ce n'est pas une chose démontrée que nous ayons en nous l'idée de Dieu, et que la religion chrétienne nous oblige de croire que Dieu est inconcevable, c'est-à-dire, selon mon opinion, qu'on n'en peut avoir d'idée, il s'ensuit que l'existence de Dieu n'a point été démontrée, et beaucoup moins la création.

RÉPONSE.

Lorsque Dieu est dit inconcevable, cela s'entend d'une conception qui le comprenne totalement et parfaitement. Au reste, j'ai déjà tant de fois expliqué comment nous avons en nous l'idée de Dieu, que je ne le puis encore ici répéter sans ennuyer les lecteurs.

OBJECTION XIIe.

SUR LA QUATRIÈME MÉDITATION. DU VRAI ET DU FAUX.

[1]«Et ainsi je connois que l'erreur, en tant que telle, n'est pas quelque chose de réel qui dépende de Dieu, mais que c'est seulement un défaut; et partant que pour faillir je n'ai pas besoin de quelque faculté qui m'ait été donnée de Dieu particulièrement pour cet effet.»

[Note 66: Voyez Méditation IV.]

Il est certain que l'ignorance est seulement un défaut, et qu'il n'est pas besoin d'aucune faculté positive pour ignorer; mais, quant à l'erreur, la chose n'est pas si manifeste: car il semble que si les pierres et les autres choses inanimées ne peuvent errer, c'est seulement parce qu'elles n'ont pas la faculté de raisonner ni d'imaginer; et partant il faut conclure que pour errer il est besoin d'un entendement, ou du moins d'une imagination, qui sont des facultés toutes deux positives, accordée à tous ceux qui se trompent, mais aussi à eux seuls.

Outre cela, M. Descartes ajoute: «J'aperçois que mes erreurs dépendent du concours de deux causes, à savoir de la faculté de connoître qui est en moi, et de la faculté d'élire ou bien de mon libre arbitre.» Ce qui me semble avoir de la contradiction avec les choses qui ont été dites auparavant. Où il faut aussi remarquer que la liberté du franc arbitre est supposée sans être prouvée, quoique cette supposition soit contraire à l'opinion des calvinistes.

RÉPONSE.

Encore que pour faillir il soit besoin de la faculté de raisonner, ou pour mieux dire de juger, c'est -à-dire d'affirmer et de nier, d'autant que c'en est le défaut, il ne s'ensuit pas pour cela que ce défaut soit réel, non plus que l'aveuglement n'est pas appelé réel, quoique les pierres ne soient pas dites aveugles pour cela seulement qu'elles ne sont pas capables de voir. Et je suis étonné de n'avoir encore pu rencontrer dans toutes ces objections aucune conséquence qui me semblât être bien déduite de ses principes.

Je n'ai rien supposé ou avancé touchant la liberté que ce que nous ressentons tous les jours en nous -mêmes, et qui est très connu par la lumière naturelle: et je ne puis comprendre pourquoi il est dit ici que cela répugne ou a de la contradiction avec ce qui a été dit auparavant.

Mais encore que peut-être il y en ait plusieurs qui, lorsqu'ils considèrent la préordination de Dieu, ne peuvent comprendre comment notre liberté peut subsister et s'accorder avec elle, il n'y a néanmoins personne qui, se regardant soi-même, ne ressente et n'expérimente que la volonté et la liberté ne sont qu'une même chose, ou plutôt qu'il n'y a point de différence entre ce qui est volontaire et ce qui est libre. Et ce n'est pas ici le lieu d'examiner quelle est en cela l'opinion des calvinistes.

OBJECTION XIIIe.

SUR LA QUATRIÈME MÉDITATION.

[1] «Par exemple, examinant ces jours passés si quelque chose existoit véritablement dans le monde, et prenant garde que de cela seul que j'examinois cette question il suivoit très évidemment que j'existois

moi-même, je ne pouvois pas m'empêcher de juger qu'une chose que je concevois si claire ment étoit vraie;

non que je m'y trouvasse forcé par une cause extérieure, mais seulement parce que d'une grande clarté qui étoit en mon entendement a suivi une grande inclination en ma volonté, et ainsi je me suis porté à croire avec d'autant plus de liberté que je me suis trouvé avec moins d'indifférence.»

[Note 67: Voyez Méditation IV.]

Cette façon de parler, une grande clarté dans l'entendement, est métaphorique, et partant n'est pas propre à entrer dans un argument: or celui qui n'a aucun doute préte nd avoir une semblable clarté, et sa volonté n'a pas une moindre inclination pour affirmer ce dont il n'a aucun doute que celui qui a une parfaite science. Cette clarté peut donc bien être la cause pourquoi quelqu'un aura et défendra avec opiniâtreté quelque opinion, mais elle ne lui sauroit faire connoître avec certitude qu'elle est vraie.

De plus, non seulement savoir qu'une chose est vraie, mais aussi la croire ou lui donner son aveu et consentement, ce sont choses qui ne dépendent point de la volonté; car les choses qui nous sont prouvées par de bons arguments ou racontées comme croyables, soit que nous le voulions ou non, nous sommes contraints de les croire. Il est bien vrai qu'affirmer ou nier, soutenir ou réfuter des propositions, ce sont des actes de la volonté; mais il ne s'ensuit pas que le consentement et l'aveu intérieur dépendent de la volonté.

Et partant, la conclusion qui suit n'est pas suffisamment démontrée: «Et c'est dans ce mauvais usage de notre liberté que consiste cette privation qui constitue la forme de l'erreur.»

RÉPONSE.

Il importe peu que cette façon de parler, une grande clarté, soit propre ou non à entrer dans un argument, pourvu qu'elle soit propre pour expliquer nettement notre pensée, comme elle l'est en effet. Car il n'y a personne qui ne sache que par ce mot, une clarté dans l'entendement, on entend une clarté ou perspicuité de connoissance, que tous ceux-là n'ont peut-être pas qui pensent l'avoir; mais cela n'empêche pas qu'elle ne diffère beaucoup d'une opinion obstinée qui été conçue sans une évidente perception.

Or, quand il est dit ici que, soit que nous voulions ou que nous ne voulions pas, nous donnons notre créance aux choses que nous concevons clairement, c'est de même que si on disoit que, soit que nous voulions ou que nous ne voulions pas, nous voulons et désirons les choses bonnes quand elles nous sont clairement connues: car cette façon de parler, soit que nous ne voulions pas, n'a point de lien en telles occasions, parce qu'il y a de la contradiction à vouloir et ne vouloir pas une même chose.

OBJECTION XIVe.

SUR LA CINQUIÈME MÉDITATION. DE L'ESSENCE DES CHOSES CORPORELLES.

[1]«Comme, par exemple, lorsque j'imagine un triangle, encore qu'il n'y ait peut-être en aucun lieu du monde hors de ma pensée une telle figure, et qu'il n'y en ait jamais eu, il ne laisse pas néanmoins d'y avoir une certaine nature, ou forme, ou essence déterminée de cette figure, laquelle est immuable et éternelle, que je n'ai point inventée, et qui ne dépend en aucune façon de mon esprit, comme il paroît de ce que l'on peut démontrer diverses propriétés de ce triangle.»

[Note 68: Voyez Méditation V.]

S'il n'y a point de triangle en aucun lieu du monde, je ne puis comprendre comment il a une nature, car ce qui n'est nulle part n'est point du tout, et n'a donc point aussi d'être ou de nature. L'idée que notre esprit conçoit du triangle vient d'un autre triangle que nous avons vu ou inventé sur les choses que nous avons vues; mais depuis qu'une fois nous avons appelé du nom de triangle la chose d'où nous pensons que l'idée du triangle tire son origine, encore que cette chose périsse, le nom demeure toujours. De même, si nous avons une fois conçu par la pensée que tous les angles d'un triangle pris ensemble sont égaux à deux droits, et que nous ayons donné cet autre nom au triangle, qu'il est une chose qui a trois angles égaux à deux droits , quand il n'y auroit au monde aucun triangle, le nom néanmoins ne laisseroit pas de demeurer. Et ainsi la vérité de cette proposition sera éternelle, que le triangle est une chose qui a trois angles égaux à deux droits ; mais la nature du triangle ne sera pas pour cela éternelle, car s'il arrivoit par hasard que tout triangle généralement périt, elle cesseroit aussi d'être.

De même cette proposition, l'homme est un animal, sera vraie éternellement à cause des noms; mais, supposé que le genre humain fut anéanti, il n'y auroit plus de nature humaine.

D'où il est évident que l'essence, en tant qu'elle est distinguée de l'existence, n'est rien autre chose qu' un assemblage de noms par le verbe est; et partant l'essence sans l'existence est une fiction de notre esprit: et il semble que comme l'image d'un homme qui est dans l'esprit est à cet homme, ainsi l'essence est à l'existence; ou bien comme cette proposition, Socrate est homme, est à celle-ci, Socrate est ou existe, ainsi l'essence de Socrate est à l'existence du même Socrate: or ceci, Socrate est homme, quand Socrate n'existe point, ne signifie autre chose qu'un assemblage de noms, et ce mot est ou être a sous soi l'image de l'unité d'une chose qui est désignée par deux noms.

RÉPONSE

La distinction qui est entre l'essence et l'existence est connue de tout le monde; et ce qui est dit ici des noms éternels, au lieu des concepts ou des idées d'une éternelle vérité, a déjà été ci-devant assez réfuté et rejeté.

OBJECTION XVe.

SUR LA SIXIÈME MÉDITATION.

DE L'EXISTENCE DES CHOSES MATÉRIELLES.

[1]«Car Dieu ne m'ayant donné aucune faculté pour connoître que cela soit (à savoir que Dieu, par lui-même ou par l'entremise de quelque créature plus noble que le corps, m'envoie les idées du corps), mais au contraire, m'ayant donné une grande inclination à croire qu'elles me sont envoyées ou qu'elles partent des choses corporelles, je ne vois pas comment on pourroit l'excuser de tromperie, si en effet ces idées partoient d'ailleurs ou m'étoient envoyées par d'autres causes que par des choses corporelles; et partant il faut avouer qu'il y a des choses corporelles qui existent.»

[Note 69: Voyez Méditation VI.]

C'est la commune opinion que les médecins ne pèchent point qui déçoivent les malades pour leur propre santé, ni les pères qui trompent leurs enfants pour leur propre bien; et que le mal de la tromperie ne consiste pas dans la fausseté des paroles, mais dans la malice de celui qui trompe. Que M. Descartes prenne donc garde si cette proposition, Dieu ne nous peut jamais tromper, prise universellement, est vraie; car si elle n'est pas vraie, ainsi universellement prise, cette conclusion n'est pas bonne, donc il y a des choses corporelles qui existent.

RÉPONSE.

Pour la vérité de cette conclusion il n'est pas nécessaire que nous ne puissions jamais être trompés, car au contraire j'ai avoué franchement que nous le sommes souvent; mais seulement que nous ne le soyons point quand notre erreur feroit paroître en Dieu une volonté de décevoir, laquelle ne peut être en lui: et il y a encore ici une conséquence qui ne me semble pas être bien déduite de ses principes.

OBJECTION XVIe.

SUR LA SIXIÈME MÉDITATION.

[1]«Car je reconnois maintenant qu'il y a entre l'une et l'autre (savoir entre la veille et le sommeil) une très notable différence, en ce que notre mémoire ne peut jamais lier et joindre nos songes les uns aux autres et avec toute la suite de notre vie, ainsi qu'elle a de coutume de joindre les choses qui nous arrivent étant éveillés.»

[Note 70: Voyez Méditation VI.]

Je demande si c'est une chose certaine qu'une personne, songeant qu'elle doute si elle songe ou non, ne puisse songer que son songe est joint et lié avec les idées d'une longue suite de choses passées. Si elle le peut, les choses qui semblent ainsi à celui qui dort être les actions de sa vie passée peuvent être tenues pour vraies, tout de même que s'il étoit éveillé. De plus, d'autant, comme il dit lui-même, que toute la certitude de la science et toute sa vérité dépend de la seule connoissance du vrai Dieu, ou bien un athée ne peut pas reconnoître qu'il veille par la mémoire des actions de sa vie passée, ou bien une personne peut savoir qu'elle veille sans la connoissance du vrai Dieu.

RÉPONSE.

Celui qui dort et songe ne peut pas joindre et assembler parfaitement et avec vérité ses rêveries avec les idées des choses passées, encore qu'il puisse songer qu'il les assemble. Car qui est -ce qui nie que celui qui dort se puisse tromper? Mais après, étant éveillé, il connoîtra facilement son erreur.

Et un athée peut reconnoître qu'il veille par la mémoire des actions de sa vie passée; mais il ne peut pas savoir que ce signe est suffisant pour le rendre certain qu'il ne se trompe point, s'il ne sait qu'il a été créé de Dieu, et que Dieu ne peut être trompeur.

FIN DU TOME PREMIER.

RENÉ DESCARTE
(1596-1650)

René Descartes a élevé dans le collège un jésuite de La Flèche (1604-1612), par alors l'un des plus prestigieux de l'Europe, où il a joui de certain traitement de faveur en faveur de sa santé délicate. Les études qu'à tel centre il a réalisées ont eu une importance décisive dans sa formation intellectuelle; connue la jeunesse trouble d'Écarts, sans doute dans La Flèche la base de sa culture a dû être cimentée. Les traces de telle éducation se manifestent qu'il objective et d'une manière marquée dans toute l'idéologie philosophique du savant.

Le propre programme d'études de ce collège (selon les divers témoignages, entre lesquels il figure de même Écarte) était très varié : il tournait essentiellement autour de l'enseignement traditionnel des arts libéraux, à lequel étaient ajoutées des notions de théologie et d'exercices pratiques utiles pour la vie des gentilshommes futurs. Même si le programme proprement dit semblait probablement probablement plustôt léger et orienté à un sens essentiellement pratique (il n'essayait pas de se former des savants, mais des hommes préparés aux missions élevées politiques son rang permettait à que d'aspirer), les élèves les plus actifs ou curieux pouvaient les compléter par son compte au moyen des lectures personnelles.

Des années après, Descartes critiquerait amèrement l'éducation reçue. Il est parfaitement possible, cependant, que son mécontentement procède à ce sujet non des considérations philosophiques et de la réaction naturelle d'un adolescent qui pendant tant d'années fut soumis à une discipline, et de la sensation d'inutilité de tout l'appris en relation avec ses occupations possibles futures (une bureaucratie ou une milice). Après son étape dans La Flèche, Descartes a obtenu le titre de bachelier et de titulaire d'une licenciatura dans un droit par la faculté de Poitiers (1616), et aux vingt-deux ans il est parti vers les Pays-Bas, où il a servi comme soldat chez l'armée de Mauricio de Nassau. En 1619 enroló dans les files du Maximiliano I de la Bavière.

Comme il raconterait propre les Écarts dans le Discours de la Méthode, durant l'hiver cru de cette année il s'est trouvé bloqué dans une localité du Haut Danube, possiblement près d'Ulm; là il est resté enfermé à côté d'un poêle et loin de n'importe quelle relation sociale, sans plus compagnie que celle-là de ses pensées. Dans tel lieu, et après une forte crise de scepticisme, elles lui se sont révélées, les bases sur lesquelles il édifierait son système philosophique : la méthode mathématique et le principe du cogito, ergo sum. Une victime d'une excitation fiévreuse, durant la nuit du 10 novembre 1619 a eu trois sommeils, dans dont le cours a deviné sa méthode et a connu sa vocation profonde de consacrer sa vie à la science.

Un portrait supposé d'Écarts

Après avoir renoncé à la vie militaire, Descartes a voyagé en Allemagne et les Pays-Bas et est revenu en France en 1622, pour vendre ses possessions et pour s'assurer ainsi une vie indépendante; une saison a passé en Italie (1623-1625) et s'est fixée tout de suite à Paris, où il s'est rattaché à la majorité de scientifiques de l'époque.

1628 il a décidé de s'installer en Hollande, le pays dans lequel les recherches scientifiques jouissaient d'une grande considération et, de plus, elles se trouvaient favorisées par une liberté relative de pensée. Descartes a considéré que c'était le lieu le plus favorable pour accomplir les objectifs philosophiques et scientifiques qui avaient été fixés, et a résidé là jusqu'à 1649.

Il a principalement dédié les cinq premières années à élaborer son propre système du monde et sa conception de l'homme et du corps humain. En 1633 il avait probablement la rédaction déjà très avancée d'un ample texte de métaphysique et physique Tratado diplômé sur la lumière; cependant, la nouvelle de la condamnation de Galileo a fait peur à lui, puisque aussi les Écarts il défendait dans celle-là il fait l'heliocentrismo de Copernic, l'opinion qui ne croyait pas censurable du point de vue théologique. Comme il craignait que tel texte pût contenir des théories condamnables, il a renoncé à sa publication qu'il aurait lieu de manière posthume.

En 1637 est apparu son fameux Discurso de la méthode, présentée comme prologue à trois essais scientifiques. Par l'audace et la nouveauté des concepts, le génie des découvertes et l'impétuosité des idées, le livre a suffi pour donner à son auteur une renommée dûe et immédiate, mais aussi par cela même un déluge de polémiques a provoqué, que dans en avant ils feraient pénible et toujours dangereuse sa vie.

Descartes proposait dans le Discours un doute méthodique, qui soumettait à un jugement toutes les connaissances de l'époque, bien que, au contraire des sceptiques, la leur fût un doute orienté à la recherche de derniers principes sur lesquels cimenter solidement le savoir. Ce principe l'a trouvé dans l'existence de la propre conscience dont il doute, à sa formulation fameuse "je pense, tout de suite existe". Sur la base de cette première évidence le chemin de son scepticisme a pu desandar en partie, en trouvant chez le Dieu le dernier garant de la vérité des évidences de la raison, qu'ils se manifestent comme idées "claires et distinctes".

La méthode cartésienne qu'il a proposé les Écarts pour toutes les sciences et discipline consiste à déranger les problèmes complexes dans des parties progressivement plus simple jusqu'à trouver ses éléments basiques, les idées simples, qui se présentent à la raison d'une manière évidente, et jusqu'à procéder à partir de celles-ci, par synthèse, à reconstruire tout le complexe, en exigeant à chaque nouvelle relation établie entre des idées simples la même évidence de celles-ci. Les essais scientifiques qui suivaient au Discours offraient un résumé de ses théories physiques, entre lesquelles se fait remarquer sa formulation de la loi d'inertie et une spécification de sa méthode pour les mathématiques.

Les fondements de sa physique mecanicista qui faisait de l'étendue la propriété principale des corps matériels ont été exposés par les Écarts dans les Méditations métaphysiques (1641), où il a développé sa démonstration de l'existence et la perfection de Dieu et de l'immortalité de l'âme, déjà pointée dans la quatrième partie du Discours de la méthode. Cependant, le mecanicismo radical des théories physiques d'Écarts a déterminé qui étaient surpassés plus loin.

Elle croissait conformément, sa renommée et la divulgation de sa philosophie, elles ont redoublé, les critiques et les menaces de persécution religieuse de la part de quelques autorités académiques et ecclésiastiques, aux Pays-Bas et dans la France. Nées au milieu des discussions, les Méditations métaphysiques avaient à valoir de diverses accusations promues par les théologiens; quelque chose par le style est arrivé durant la rédaction et après avoir publié d'autres ses oeuvres, comme Les principes de la philosophie (1644) et Les passions de l'âme (1649).

Des écarts avec la reine Cristina de la Suède

Fatigué de ces luttes, dans 1649 Écarts il a accepté l'invitation de la reine Cristina de la Suède, qui exhortait à se déplacer à Stockholm comme son précepteur de philosophie. Au préalable ils avaient maintenu une correspondance intense, et, malgré les satisfactions intellectuelles que Cristina lui fournissait, Descartes n'a pas été heureux dans "le pays des ours, où les pensées des hommes semblent, comme l'eau, être métamorphosées dans une glace". Il était habitué à la commodité et il ne lui était pas facile de se lever chaque jour à quatre heures du matin, dans une pleine obscurité et avec le froid hivernal royéndole les os, pour endoctriner une reine qui ne disposait pas de plus de temps libre grâce à ses obligations. Les Spartiates matinaux et le froid ont pu plus que le philosophe, qu'il est mort d'un pulmonaire au début de 1650, cinq mois après son arrivée.

La philosophie d'Écarts

D´Écarte il est considéré comme l'initiateur de la philosophie rationaliste moderne par son établissement et résolution du problème de trouver un fondement de la connaissance qui garantit sa certitude, et comme le philosophe qui suppose le point définitif de rupture avec la scolastique. Dans le Discours de la méthode (1637), Écarte il a déclaré pour ce que son projet d'élaborer une doctrine basée sur des principes totalement nouveaux procédât du désenchantement devant l'enseignement philosophique qu'il avait reçu.

Convaincu de ce que la réalité entière répondait à un ordre rationnel, son propos était de créer une méthode qu'il faisait possible d'atteindre dans tout le domaine de la connaissance la même certitude que l'arithmétique et la géométrie fournissent sur son champ. Sa méthode, exposée dans le Discours, s'arrange de quatre préceptes ou procédures : ne rien accepter comme vrai de ce qui n'existe pas la certitude absolue de ce qu'il il est; déranger chaque problème dans ses parties minimales; aller du plus compréhensible au plus complexe; et, finalement, réviser complètement le processus pour être sûr de qu'il n'y a pas d'omission.

René Descartes

Le système utilisé par des Écarts pour accomplir le premier précepte et pour atteindre la certitude est "doute méthodique". En suivant ce système, Descartes met à un tissu de jugement toutes ses connaissances acquises ou fortunées, le témoignage des sens et inclus sa propre existence et celle-là du monde. Maintenant bien, dans tout doute il y a quelque chose dont nous ne pouvons pas douter : du même doute. Dit autrement, nous ne pouvons pas douter que nous doutions. Nous arrivons ainsi à une première certitude absolue et évidente que nous pouvons accepté comme vraie : nous doutons.

Je pense, tout de suite existe

Le doute, il justifie les Écarts de l'époque, c'est une pensée : douter est de penser. Maintenant bien, il n'est pas possible de penser sans exister. La suspension de n'importe quelle vérité concrétise, le même doute, c'est un acte de pensée qui implique immédiatement l'existence de "moi" pensant. De là sa célèbre formulation : je pense, tout de suite existe (cogito, ergo sum). Par conséquent, nous pouvons être fermement sûrs de notre pensée et de notre existence. Nous existons et sommes une substance pensante, spirituelle.

À partir de cela il élabore les Écarts toute sa philosophie. Étant donné qu'il ne peut pas avoir confiance en choses, dont l'existence n'a pas pu démontrer toujours, Descartes essaie de partir de la pensée, dont l'existence a été déjà démontrée. Bien qu'il puisse se rapporter à l'extérieur, la pensée ne s'arrange pas des choses, mais des idées sur les choses. La question qui se pose est celle-là de s'il y a dans notre pensée une idée ou la représentation que nous pouvons percevoir avec la même "clarté" et la "distinction" (les deux critères cartésiens de certitude) avec laquelle nous nous percevons comme sujets pensants.

Des classes des idées

Écarte il se met alors à réviser toutes les connaissances qu'au préalable il avait écartées au commencement de sa recherche. Et après les avoir reconsidérés, il observe que les représentations de notre pensée sont de trois classes : des idées "innées", comme elles d'une beauté ou une justice; les idées "adventives", qui procèdent des choses extérieures, comme elles d'une étoile ou un cheval; et les idées "fictives", qui sont créations simples de notre imagination, comme par exemple les monstres de la mythologie.

René Descartes

Les idées "fictives", la somme simple ou la combinaison d'autres idées, ils ne peuvent pas servir évidemment d'une occasion. Et par rapport aux idées "adventives", provoquées par notre expérience des choses extérieures, il est précis d'agir avec précaution, puisque nous ne sommes pas sûrs que les choses extérieures existent. Il pourrait arriver, il dit les Écarts, que les connaissances "adventives" que nous considérons correspondantes aux impressions de choses qui existent réellement outre nous auraient été provoquées par un "caractère malin" qu'il voudrait nous tromper. Ou qui que l'on nous semble la réalité n'est plus qu'une illusion, un sommeil dont nous ne nous sommes pas éveillés.

De Moi au Dieu

Mais après avoir examiné les idées "innées", sans correlato un extérieur sensible, nous trouvons dans nous une idée très singulière, parce qu'elle est complètement éloignée de que je suis : l'idée de Dieu, d'un être suprême infini, éternel, immuable, parfait. Les êtres humains, finis et imparfaits, peuvent former des idées comme celle-là de "triangle" ou "une justice". Mais l'idée d'un Dieu infini et parfait ne peut pas naître d'un individu fini et imparfait : elle a été nécessairement placée dans l'esprit des hommes par la même Prévoyance. Par conséquent, le Dieu existe; et en étant comme il est un être très parfait, il ne peut pas se tromper nous tromper, permettre l'existence d'un "caractère malin" qui nous trompe, en faisant croire qu'un monde est réel, celui qui n'existe pas. Par conséquent, le monde existe aussi. L'existence de Dieu garantit ainsi la possibilité d'une vraie connaissance.

Cette démonstration de l'existence de Dieu constitue une variante de l'argument ontologique employé déjà au XIIe siècle par Saint-Anselme de Canterbury, et elle a été durement attaquée par les adversaires d'Écarts, qui l'ont accusé de tomber dans un cercle vicieux : pour démontrer l'existence de Dieu et pour ainsi garantir la connaissance du monde extérieur on utilise les critères de clarté et de distinction, mais la fiabilité de tels critères se justifie à son tour par l'existence de Dieu. Telle critique met en joue non seulement à la validité ou l'invalidité de l'argument, mais aussi au fait dont Descartes ne semble pas appliquer dans ce point sa propre méthodologie.

La communication des substances

La séparation radicale entre une matière et un esprit est appliquée sévèrement, en principe, à tous les êtres. Ainsi, les animaux ne sont plus que des machines très complexes. Cependant, Écarte il fait une exception quand il s'agit de l'homme. Étant donné qu'il est composé d'un corps et une âme, et en étant le corps matériel et étendu (une tête de bétail étendue), et l'âme spirituelle et pensante (une tête de bétail cogitans), il devrait y avoir entre ceux-ci un manque de communication absolu.

Cependant, dans le système cartésien cela n'arrive pas, mais l'âme et le corps communiquent entre oui, non à la manière classique, mais d'une manière singulière. L'âme est assise dans la glande pinéale, située dans l'encéphale, et depuis là il est en vigueur au corps comme "le nautonier régit le vaisseau", au moyen des esprits animaux, des substances intermédiaires entre un esprit et un corps en guise des particules très fines de sang, qui transmettent au corps les ordres de l'âme. La solution d'Écarts n'a pas semblé satisfaisante, et le problème dénommé de la communication des substances serait longuement discuté par les philosophes postérieurs.

Son influence

Tant pour ne pas avoir défini d'une manière satisfaisante la notion de substance comme par le franc un dualisme établi entre les deux substances, des Écarts a projeté les problèmes fondamentaux de la philosophie spéculative européenne du XVIIe siècle. Entendu comme système strict et fermé, le cartesianismo n'a pas eu d'adeptes excessifs et il a perdu sa vigueur dans peu de décennies. Cependant, la philosophie cartésienne s'est convertie juste d'une référence pour un grand nombre de penseurs, quelques fois pour essayer de résoudre les contradictions qu'il enfermait, comme les penseurs rationalistes ont fait, et les autres pour la réfuter frontalement, comme les empiristas.

Ainsi, Nicolas Malebranche a, avec sa doctrine ocasionalista, de concilier le cartesianismo avec la philosophie d'Agustín Sain. Le philosophe allemand Gottfried Wilhelm Leibniz et le Hollandais Baruch Spinoza ont établi des formes de parallélisme psychophysique pour expliquer la communication entre un corps et une âme. Spinoza, de fait, a été encore plus loin, et a affirmé qu'une seule existait une substance, qu'il englobait dans oui l'ordre des choses et celui-là des idées, et de que la tête de bétail cogitans et la tête de bétail étendue ils n'étaient pas mais des attributs, avec ce qu'il se rendait au panthéisme.

D'un point de vue complètement opposé, les empiristas britanniques Thomas Hobbes, John Locke et David Hume ont nié que l'idée d'une substance spirituelle fût démontrable; ils ont affirmé que des idées innées n'existaient pas et que la philosophie devait être réduite au terrain du connu à l'expérience. La conception cartésienne d'un univers mecanicista, dans une fin, a influé d'une manière décisive sur la genèse de la physique classique, dont la borne fundacional serait la publication des Principes mathématiques de la philosophie naturelle (1687), il agit dans que Newton a établi les trois principes fondamentaux de la dynamique, aussi appelés des lois de Newton.

Il n'en ressort pas exagéré d'affirmer, dans une somme, que bien que Descartes n'est pas arrivé à résoudre plusieurs des problèmes qu'il a projetés, tels problèmes se sont convertis en questions centrales de la philosophie occidentale. Dans ce sens, la philosophie moderne (un rationalisme, un empirisme, un idéalisme, matérialisme, fenomenología) peut se considérer comme un développement ou une réaction le cartesianismo.

13343784R10129

Made in the
USA
Monee, IL